北京市教育科学规划2020年一般课题“公立中小学承诺型人力资源管理系统构建研究——以海淀区人才储备库为例”（课题批准号：CFDB2020390）成果

U0864350

教育人力资源管理的研究与实践

——基于承诺型人力资源管理模式的探索

赵殿涛 等 著

首都师范大学出版社
CAPITAL NORMAL UNIVERSITY PRESS

图书在版编目（CIP）数据

教育人力资源管理的研究与实践：基于承诺型人力资源管理模式的探索/赵殿涛等著. —北京：首都师范大学出版社，2023.7

ISBN 978-7-5656-7622-2

Ⅰ.①教… Ⅱ.①赵… Ⅲ.①学校管理－人力资源管理－研究 Ⅳ.①G472.3

中国国家版本馆 CIP 数据核字（2023）第 118757 号

JIAOYU RENLI ZIYUAN GUANLI DE YANJIU YU SHIJIAN

教育人力资源管理的研究与实践

——基于承诺型人力资源管理模式的探索

赵殿涛 等 著

责任编辑 王 静

首都师范大学出版社出版发行

地 址 北京西三环北路 105 号

邮 编 100048

电 话 68418523（总编室） 68982468（发行部）

网 址 http://cnupn.cnu.edu.cn

印 刷 北京建宏印刷有限公司

经 销 全国新华书店

版 次 2023 年 7 月第 1 版

印 次 2023 年 7 月第 1 次印刷

开 本 710mm×1000mm 1/16

印 张 15.25

字 数 287 千

定 价 46.00 元

前　言

承诺型人力资源管理系统是一个旨在提高员工对组织的承诺水平的人力资源管理系统。多项研究证明，承诺型人力资源实践能够提高员工对组织的承诺水平，也能够有效激发员工的信息共享和创新行为，进而提高组织的绩效和创新力。本书以海淀区教育人才储备库的管理模式为例，探索了承诺型人力资源管理的结构以及在公立中小学中的应用效果。研究表明，承诺型人力资源管理包括基于胜任力的招聘与选拔，完善的绩效评价，开放灵活、动态调剂的薪酬管理制度，良好的职业发展促进举措、职业安全保障、教师参与管理等维度；承诺型人力资源管理能够提高教师的工作满意度，且能够通过提升教师的工作满意度促进教师的知识分享，降低教师的离职率，对提升教师工作绩效以及稳定教师队伍有着重要的意义。

在公立中小学现有体制框架下，采取正确而合理的方式引入、构建承诺型人力资源管理系统将有助于提高教师的组织承诺水平，稳定教师队伍；同时，由于承诺型人力资源管理系统能够促进教师之间的信息共享与知识交流，有利于教师自身知识的扩容、教学技能的提升和教学效果的提高，进而助力提升学校的整体绩效。

本书第一、第二章对海淀区教育人才储备库经过多年实践探索出来的承诺型人力资源管理模式进行了总结。在此基础上，本书第三章至第七章对承诺型人力资源管理中适用于公立中小学的做法进行了拓展与推广，并对其相关实践成果予以介绍。例如拓展了灵活多样的招募渠道；建构了有效的教师选拔体系；研究了如何开展推动教师生涯发展的学校人才规划；探索了教师职业压力的来源及减轻压力的办法；加强对新教师入职适应期的管理，帮助教师尽快融入新的环境；建构合理的教师专业能力评价指标体系，支持教师发展；开展“百人名师”项目，借助专业力量推动教师专业成长；梳理了中小学常见的合同类型和学校人事风险，稳定员工关系；使用信息化手段提升人事管理的效率；等等。这些做法的目的，都在于通过更加人性化、科学化的人力资源管理方法，提升教师的组织承诺水平，促进教师的专业发展，让教师能够安心教书育人。实践证明，在公立中小学推行承诺型人力资源管理既是可行的，也是有效的。由于人事制度随着时代在不断变化，书中涉及的各项人事制度以最新公布的为准。希望本书的出版能为公立中小学的人力资源管理模式提供参考，助力提升公立中小学人力资源管理效率。

赵殿涛

2023 年 3 月

目录

第一章 如何提高教师的组织承诺水平

——承诺型人力资源管理实践探索

随着我国经济的不断快速发展和社会保障体系的逐步健全与完善，公办学校教师的事业编制不再是“金饭碗”，同时，由于社会对教师的职业期待日益提高以及教师工作压力和工作强度不断增大等，导致公立教育教师离职现象屡见不鲜。如何建设一支具有高绩效、高组织承诺水平的稳定的教师队伍，是我国教育事业发展的关键问题。近些年学术界对于承诺型人力资源管理的研究，为有效提高教育人力资源管理水平提供了方向。

第一节 承诺型人力资源管理的概念

一、“承诺型人力资源管理”概念的提出

20世纪初期以来流行的泰勒制与官僚制管理方式把人视为完全追逐物质利益的“经济人”，认为员工工作只为取得物质报酬，因而主张对员工采取“控制型”管理模式，强调工作内容与职责划分。20世纪80年代以后，随着美国企业的衰落与日本企业的崛起，西方企业管理者逐渐意识到控制导向的传统管理模式尽管对员工职责做出了清晰的描述，但却存在诸多弊端，如管理成本过高、生产效率低下以及经营利润不高等。在这样的时代背景下，Walton(1985)①首次基于“人性假设”的观点，将人力资源管理分为控制型和承诺型两种，这是学术界第一次正式提出承诺型人力资源管理的概念，可谓具有开创性的意义。

进入20世纪90年代，Arthur(1992)②将人力资源管理划分为“降低成本”与“承诺最大化”两种类型。随后，他又从“最佳实践”的角度出发，进一步肯

① Walton R E. From Control to Commitment in the Workplace [J]. Harvard Business Review, 1985(1): 15－29.

② Arthur J B. The Link Between Business Strategy and Industrial Relations Systems in American Steel Minimills[J]. Industrial & Labor Relations Review, 1992, 45(3): 488－506.

定了"控制型"与"承诺型"的划分(1994)①。Arthur 指出控制型人力资源管理通过命令员工，使其严格按照企业制度和章程行事，采取一系列措施降低劳动成本并提高生产效率，以达到用最小的生产成本来完成工作任务；相反，承诺型人力资源管理则注重加强组织与员工的情感联系，向员工传达组织的信任与支持，使其追求与组织目标相一致，从而更好地完成组织任务(见表 1-1)。

表 1-1 控制型与承诺型人力资源管理体系比较

人力资源管理实践	控制型(降低成本)	承诺型(承诺最大化)
工作组织	狭窄的工作定义； 低工作参与度	宽泛的工作定义； 高工作参与度
员工关系	无投诉机制； 较少的沟通	有投诉机制； 信息共享
员工录用和监督	较低的技术要求； 以监督和控制为主	高比例的技术工人； 以自我管理为主
培训	有限的培训活动	广泛的培训活动
薪酬	低工资、低福利； 基于资历的薪酬	高工资、高福利； 基于绩效的薪酬

到 1996 年，Wood 首次提出了"高承诺管理"的理念，认为高承诺管理和人事管理是人力资源管理的两个方面。在进一步的研究中，Wood 和 Menezes (1998)②指出，高承诺管理并不是借助组织的独裁和压力，而是通过对组织做出承诺来调节员工自身行为，并且他们也强调组织内部的关系是基于彼此间的高度信任而形成的。此后，Lepak 和 Snell(2002)③基于"构造观"，提出了与组织结构和外部环境相融合的承诺型人力资源管理。

进入 21 世纪以后，Whitener(2001)④基于社会交换理论，再次确认了控制型与承诺型人力资源管理的分类，认为控制型人力资源管理实践重点关注企业制度、劳动报酬和对员工行为的监督；而承诺型人力资源管理实践则注

① Arthur J B. Effects of Human Resource Systems on Manufacturing Performance and Turnover [J]. Academic of Management Journal，1994，37(3)：670－687.

② Wood S，Menezes L D. High Commitment Management in the UK：Evidence From the WIRS and Employers' Manpower and Skill Utilisation Survey [J]. Human Relations，1998，51(4)：485－515.

③ Lepak D P，Snell S A. Examining the Human Resource Architecture：The Relationships Among Human Capital，Employment，and Human Resource Configurations [J]. Journal of Management，2002，28(4)：517－543.

④ Whitener E M. Do "High Commitment" Human Resource Practices Affect Employee Commitment? A Cross-Level Analysis Using Hierarchical Linear Modeling [J]. Journal of Management，2001，27(5)：515－535.

重员工追求与企业目标的一致性，进而激励员工努力工作提升生产效率，企业通过实施该管理模式激发员工的内在动机，促进其发展，而员工则会反过来回报企业，为企业做贡献。

二、“承诺型人力资源管理”的概念

“承诺型人力资源管理”的概念一经提出就受到学者们的重视。多年来，对于承诺型人力资源管理的概念多有研究，但至今仍未达成一致。众多学者在不同视角下分别赋予其不同的内涵。总的来说，现有承诺型人力资源管理主要存在三种研究视角，即员工感知、领导感知和组织战略目标(见表 1-2)。其中，领导感知的概念出现频率最高。但随着人本主义思想在学、企两界的深化，最大化员工自身利益成为顺应时代发展的新趋势，因此员工感知视角的承诺型人力资源管理逐渐更受关注。

表 1-2 承诺型人力资源管理的研究视角与概念内涵

研究视角	概念内涵
员工感知	从员工自身角度出发，认为承诺型人力资源管理为员工提供多种资源，如培训等，通常能促进员工发展，而员工为取得更好的发展，会努力完成组织目标以获取更多的资源
领导感知	从组织角度出发，认为当组织实施承诺型人力资源管理时，组织就会对员工寄予厚望，希望员工和组织目标一致、共同努力，从而最大化地促进组织发展
组织战略目标	基于组织宏观发展目标，认为承诺型人力资源管理与自身战略目标有机结合，能促使员工认同组织文化与价值体系，激发员工的主动性，从而实现组织战略目标

通过梳理以往的研究成果发现，目前与承诺型人力资源管理相关的人力资源管理模式或实践主要有以下五种：(1)控制型工作系统(Control Work System，简称 CWS)；(2)高承诺工作系统(High Commitment Work System，简称 HCWS)；(3)高绩效工作系统(High Performance Work System，简称 HPWS)；(4)高参与工作系统(High Involvement Work System，简称 HIWS)；(5)高承诺型人力资源管理系统(High Commitment Human Resource Magement System，简称 HCHRMS)。有些学者认为这些模式或实践都是一回事，可以相互替代，例如 Zheng 等(2006)①认为 HCWS 又称 HPWS、HIWS。但是这种观点显然失之偏颇，已有研究表明，它们之间存在显著不同。

① Zheng C, Morrison M, O' Neill G. An Empirical Study of High Performance HRM Practices in Chinese SMEs[J]. International Journal of Human Resource Management, 2006, 17(10): 1772—1803.

有学者(张正堂、李瑞，2015①)比较了HCWS、HIWS和HPWS之后发现，这三者其实既有联系又有区别。虽然三者的目的都是通过管理模式的实施帮助组织实现目标，但是其达成目标的途径各异。其中，HCWS强调提升员工承诺水平，HIWS强调员工参与，HPWS则注重绩效水平的提升，HCHRMS则更加注重组织目标的达成。

根据Arthur(1994)的观点，高承诺型人力资源管理系统(HCHRMS)主要包含授权、员工参与、培训、社会化过程、明确的程序和薪酬体系等维度。其管理的侧重点在于：基于组织目标的导向，在组织与员工之间构建起心理桥梁，让员工可以认可组织的目标，进而能够在目标上积极完成个人与组织的匹配。

总而言之，承诺型人力资源管理是影响员工承诺与动机的一种综合管理模式。也就是说，承诺型人力资源管理不是单一的某种人力资源管理手段，而是包含一系列组织层面的人力资源政策及程序，涉及招聘、培训、绩效、工作设计等多个模块的一组人力资源管理实践。组织通过实施这种综合性的管理模式，从招聘、培训、绩效管理、工作设计等多个角度发力，激发员工的内在动机，促进其发展。与此同时，员工会反过来回报组织，为组织做贡献，从而最终达到组织和员工的双赢。

第二节　承诺型人力资源管理的结构

一般来说，承诺型人力资源管理包含招聘、培训、薪酬管理、绩效评价等一系列人力资源管理实践，是一组人力资源管理活动的统称。从学术研究上来看，目前由于概念没有统一，关于承诺型人力资源管理的结构并未达成一致。现有文献表明，承诺型人力资源管理的结构测量因研究对象、方法和目的不同而存在差异。如Walton(1985)针对控制型人力资源管理存在的工作僵化和严密控制等问题而首次提出承诺型人力资源管理模式时，认为该模式共包含四个维度，即职业安全、员工参与、绩效评估以及信息分享。而Arthur(1992)将承诺型人力资源管理分成三个维度：员工参与、培训以及社会化活动。随后，Arthur(1994)又运用聚类分析的方法将其完善为四个维度：严格的招聘程序、广泛的内部职业发展通道和培训项目、权变的激励性薪酬机制以及较高的职业安全和自我管理团队。此后，很多学者展开了相关探讨，具体观点归纳如表1-3所示。

---

① 张正堂、李瑞：《企业高绩效工作系统的内容结构与测量》[J]，《管理世界》，2015年第5期，第100—116页。

表 1-3　承诺型人力资源管理的结构

研究者	具体维度	维度数量
Xiao，Bjorkman (2006)	严格的选拔、广泛的培训、严格的晋升、工作丰富化、绩效评估、平等主义、参与、信息分享、团队合作	9
宋培林、林亚清 (2010)	用人标准、培训、绩效评估、工作安全、工作分析、薪酬管理	6
McClean，Collins (2011)	选择性的招聘、广泛的培训与开发、发展型的绩效评估、竞争性和公平的薪酬	4
Chang(2014)	员工选拔、综合培训与发展、发展评估、竞争和公平	4
Ceylan(2013)	选拔、激励、培训、发展策略	4
王朝晖(2014)	严格的招聘、宽泛的工作设计、广泛的培训、自我管理团队、工作轮换、结果导向的绩效评价、发展式绩效反馈、员工参与、内部晋升、工作保障、员工建言机制、多职业生涯通道	12
Schimansky(2014)	招聘和选拔、训练和发展、职业管理、报酬、员工参与、绩效管理	6
田立法(2015)	招聘与选择、激励、培训与开发	3
Latorre(2016)	培训和发展、提供绩效薪酬、绩效评估、提供有趣/多样化的工作、氛围良好的环境、平等的机会、非工作责任的支持、参与决策	8
王朝晖(2016)	严格的招聘、广泛的培训、团队工作、群体薪酬设计、发展式绩效反馈、员工参与决策、内部晋升、多职业生涯通道	8
Chen(2017)	安全和关怀、赋权、绩效考核、奖励、晋升、招聘、培训	7

尽管现有承诺型人力资源管理的测量维度呈现多样化，但也存在一些共性，即将多种管理实践聚合在一起，通过改善员工的态度和行为，最大化地提高员工对组织的承诺水平。其中，大部分研究都认同承诺型人力资源管理实践包括了招聘与选拔、培训、绩效评估、薪酬、员工参与等内容。不难发现，学者们对这五种管理实践的认可度较高，同时也体现出承诺型人力资源管理中这五种实践的重要性。

第三节　承诺型人力资源管理的重要性

一般来说，承诺型人力资源管理系统适用于员工素质较高，特别是知识型员工较多、需要发挥员工更多主动性和创造性、以员工自主管理为主的组织。高承诺型人力资源管理系统不仅能够增加员工的主动性行为，促使员工主动创新、积极建言、主动发现工作中的问题和机会，还能够实现对员工的长期培养，激励员工高效完成组织绩效，促进组织创新和发展。从以往的大量研究结果来看，承诺型人力资源管理实践对员工和组织绩效都具有重要的积极影响。

一、承诺型人力资源管理对员工的影响

承诺型人力资源管理对员工的影响主要体现在对员工行为的影响上，例如知识共享行为、创新行为、主动性行为、建言行为、道德行为等，此外还体现在对员工工作满意度、工作绩效和组织承诺等方面的影响上，具体如图 1-1 所示。

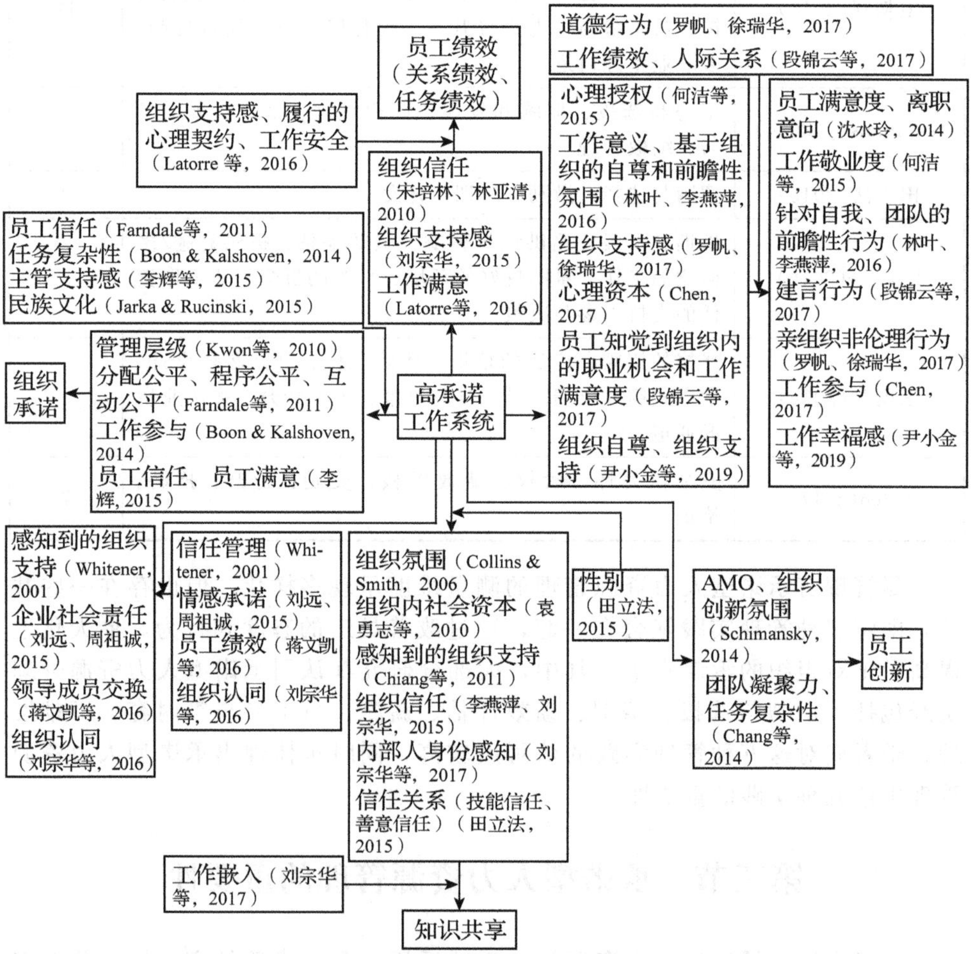

图 1-1　承诺型人力资源管理对员工的影响示意图

正是因为承诺型人力资源管理具有上述作用，所以组织在功能上才会格外注重其合理应用，比如会夯实员工培训、权限配置和决策分析功能，努力挖掘员工的潜力，扩充员工知识，提高员工技术和能力，通过授权和对员工的全面了解，激发员工的工作积极性和主动性。

二、承诺型人力资源管理对组织的影响

承诺型人力资源管理对组织的影响主要集中在以下两个方面。一方面，有助于促进组织绩效的提升。例如，MacDuffie (1995)通过对 62 家汽车装配厂的调查发现，承诺型人力资源管理实践会降低员工的流动率和旷工率，同时提高企业的生产率和绩效①；Kehoe 和 Collins(2017)通过调查大型水电组织科学与工程方面的 128 个单位发现，员工的集体组织承诺、企业特定的人力资本和从其他单位获取的知识在高承诺人力资源系统与单位绩效之间起中介作用②。另一方面，能够促进组织创新。例如 Ceylan(2013)通过对 103 家土耳其企业进行调查研究发现，承诺型人力资源管理系统能正向影响组织创新活动③。

如上所述，承诺型人力资源管理构建的良好工作环境、和谐的员工关系，有助于员工对工作内容、组织目标等表现出更高的理解认知能力，进而激发员工内在的创新动机，促进组织创新行为的产生。

第四节 海淀区公立中小学承诺型人力资源管理系统的构建

承诺型人力资源管理实践将员工看作组织发展的重要资源，它重视员工的成长和发展，努力在组织和员工之间建立心理联系，从而提升员工对组织目标的认同④。通过梳理文献发现，承诺型人力资源管理的研究范畴始于企业，也主要集中在企业。而近些年来，随着人们对承诺型人力资源管理认识的深入和对其价值的认可，已有部分研究将其应用于公共部门，如政府机关、高等院校等。但是探讨承诺型人力资源管理在公立中小学范围内的应用的研

---

① MacDuffie J P. Human Resource Bundles and Manufacturing Performance: Organizational Logic and Flexible Production Systems in the World Auto Industry[J]. Industrial & Iabor Relations Review, 1995, 48(2): 197—221.

② Kehoe R R , Collins J C. Human Resource Management and Unit Performance in Knowledge-intensive Work[J]. Journal of Applied Psychology, 2017, 102(8): 1222—1236.

③ Ceylan C. Commitment-based HR Practices, Different Types of Innovation Activities and Firm Innovation Performance[J]. The International Journal of Human Resource Management, 2013, 24(1): 208—226.

④ 林丛丛、李秀凤：《承诺型人力资源管理实践与团队创新：一个跨层次研究模型》[J]，《科学学与科学技术管理》，2019 年第 5 期，第 150—164 页。

究目前在我国鲜有发现。

基于承诺型人力资源管理实践对于组织发展和员工成长的双向促进作用，海淀区教育人才服务中心以海淀区教育人才储备库为例，率先探索了承诺型人力资源管理系统在公立中小学的应用，试图厘清公立中小学承诺型人力资源管理系统的构成要素，并探究不同组合的人力资源实践的影响，进而探究在公立中小学构建承诺型人力资源管理系统的具体策略，以提高教师的组织承诺水平和学校的整体绩效。

一、海淀区公立中小学承诺型人力资源管理探索过程

根据《海淀区“十三五”时期教育改革与发展规划》的战略要求，以深化教育领域综合改革的目标为指引，创新人事管理机制，拓展师资补充渠道，2016年海淀区教育委员会拓宽师资补充渠道，建立了教师人才储备库，探索建立统筹协调、区聘校用、高薪无编、动态调剂的非编制教育人才管理新制度。实行人才动态管理运行机制，以吸纳一流教育人才资源应对编制紧张压力，同时达到帮扶一般校、基础薄弱校和北部学校的目的，把更好的师资力量补充到这些学校。在满足教育改革发展的人力资源需求的同时，促进海淀区教育的优质、均衡发展。

人才储备库项目是一种大胆突破编制瓶颈、探索高薪无编的用人新机制，同时也是承诺型人力资源管理的有效尝试。从最初的产生到后期的发展，教育人才储备库都秉承了“创新管理”的本色，从承诺型人力资源管理的若干维度实施对库属人员的管理。例如：由海淀区教育人才服务中心负责与入库人员统一签订劳动合同，承担日常的招聘测评、绩效评价、薪酬管理、劳动关系管理等人力资源管理工作。

二、海淀区公立中小学承诺型人力资源管理模式的构成要素

在实践中，海淀区教育人才服务中心根据教育系统的实际，结合公立中小学人力资源管理的特点，在人才储备库人员的多年管理过程中，建立并完善了适合公立中小学的承诺型人力资源管理模式(见图1-2)。该模式主要包括招聘与选拔、绩效评价、薪酬管理、职业发展促进(教师专业成长或职业生涯管理)、职业安全保障、教师参与管理六大人力资源管理活动，并通过教育人力资源管理信息化提高承诺型人力资源管理效率。

1. 招聘与选拔

(1)招募渠道灵活多样

海淀区教委非编制管理的人才储备库制度极大拓展了海淀区面向全国吸引高端人才的通路。储备库遵循“需求导向”的人才引进思路，用人主体上报需求，海淀区教委通过《中国教育报》、中国教师人才网、海淀教育人才网、

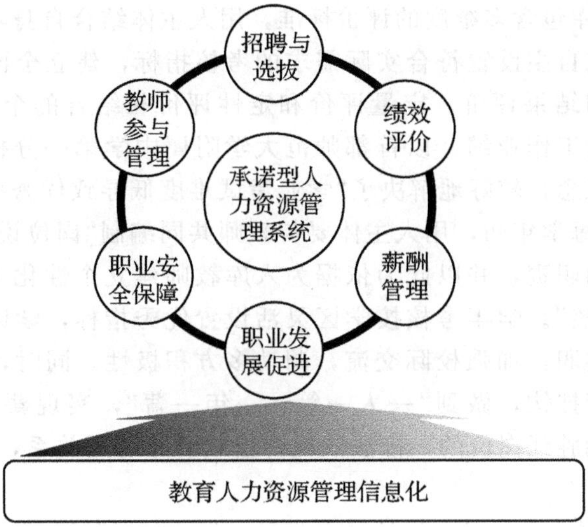

图 1-2　海淀区公立中小学承诺型人力资源管理系统模式

海淀教育网及其微信公众号等媒介，多渠道发布招聘信息，同时通过猎头公司面向全国开展寻访、招募工作。项目自 2016 年 5 月启动以来，已电话寻访千余人，收集简历数千份，向学校推荐高端教师几百人。

(2)教师选拔科学有效

海淀区教委严把“入口关”，在人才选拔方面，有关的人才测评内容和手段更加科学、灵活、有效。根据不同招聘途径，按照应届毕业生、社会人员、高端教师三类教师资源建构胜任力模型，建立测评体系，开发题库，采用灵活多样的测评手段把好教师“入口关”。对于人才储备库中的教师，根据教师岗位特点，分类设置测评内容和测评方式。合理界定和下放人才测评权限，高端人才库实行区、校两级测评，一般人才库、特岗人才库和返聘人才库的测评以用人主体为主，区级通过测评方案、结果备案和抽查进行管理。以高端教师入库测评为例，由教师进修学校与人事、人才部门联合学科专家反复研究，测评标准力求更加充分地体现中小学教师岗位特点。采用更加多样的测评手段，线上线下测评相结合，成果材料认定与现场测评相结合，综合使用背景调查、规范化面试、说课、试讲、答辩等多种测评方式，重点评价其教育教学方法、教书育人工作业绩和一线实践经历，力求提高测评的针对性和精准性。

2. 绩效评价

为了提高人才储备库教师的绩效，海淀区教委在实施承诺型人力资源管理的过程中建立了科学的绩效考核制度，实施科学的绩效评价和管理方式，为每一位教师制定了以岗位为基础的个性化考核方案，提高了教师评价的效度和科学性。海淀区教委开发了《海淀区教育人才储备库入库教师通用绩效指标库》。该指标库包含多维度的评价标准，用人主体结合自身功能定位和发展方向从中选择或自主设置符合实际需求的考核指标，建立全面考核和重点突出、过程评价和结果评价、定量评价和定性评价相结合的个性化考核体系，着重考查教师的工作业绩。以首都师范大学附属中学第一分校为例，学校引入"比均率"的概念，较好地解决了"学业考试难度低导致优秀率指标参考价值不大"的问题。每学年初，用人主体要与教师共同编制"岗位说明书"，明确各岗位工作内容和职责，并以此为依据为入库教师建立个性化考核方案，实行"一人一岗一考核"。学年考核按学区灵活设置优秀指标，学区可打破校际门槛，组织评优述职，加强校际交流，调动多方积极性。同时，考核结果与下一年的薪酬直接挂钩，做到"一人一策，一年一薪"，实现薪资"能上能下"。经考核确定不能胜任岗位的，依法依规终止或解除聘用关系，实现人员"能进能出"。

3. 薪酬管理

为了更好地吸引、留住和激励教育人才，海淀区教育人才储备库实行了高薪聘任制度，以海淀区同级别教师年薪 1.2—2 倍为基数，按照人才等级制定各级别基础薪酬标准，建立"分级聘任、以岗定薪、多劳多得、优绩优酬"的薪酬分配原则，实行协议薪酬制度。具体实施中，不同类别、同一类别不同层次的人员享受不同的薪酬待遇。以一般人才储备库为例，入库人员参照在编人员设定岗位薪酬等级，其中有专业技术职称的，按照职称确定起点薪级，没有职称的可根据学历、学位水平确定起点薪级，其后根据工作业绩、考核结果确定能否在薪酬区间内提升薪酬等级。这种"以绩调薪"的开放灵活、动态调剂的薪酬制度在原有的编制体系框架下是很难实现的，它在一定程度上摒弃了"唯资历、唯工龄论"，有利于调动教师工作积极性，形成了良性的竞争氛围。

4. 职业发展促进

教师职业发展是学校发展的基础，没有教师的职业发展，学校发展是难以实现的。为了促进教师职业发展，进而提高教师对海淀区教育的承诺水平，海淀区教委对教育人才储备库教师采取了多项职业发展促进措施，不断探索教师职业通道新模式，为教师的职业发展挖掘新思路。多年来，主要的教师职业发展促进举措包括：第一，做好教师生涯发展与学校人才规划；第二，关注新教师的职业适应问题，确立心理健康培训方案并试点实施；第三，研究教师职业压力来源，探索如何减少教师的职业倦怠和离职意向，提高教师的工作满意度；第四，建构合理的教师专业能力评价指标体系，为教师职业生涯发展奠定基础；第五，实施"百人名师"项目，借助外部专业力量提升教师的专业水平，助力教师从骨干教师成长为名师，促进教师职业发展。此外，也完善了教师的职业晋升通道系统，使非在编教师拥有与在编教师一样的职业晋升通道。

5. 职业安全保障

职业安全保障是承诺型人力资源管理的一项重要内容，旨在提高教育人才的职业安全感。相比于同一单位的在编教师，大多数非在编教师职业安全感较低，这会直接影响其工作积极性和工作绩效，特别是留任承诺。海淀区教委为了提高教育人才储备库教师的职业安全感，从劳动契约、校际调剂、社会保障等多方面着力。首先，与入库人员签订中长期劳动合同，与之建立较为稳定的劳动关系，从而为教育人才提供劳动契约保障。其次，为入库的教育人才提供包含养老保险、医疗保险、失业保险、工伤保险、生育保险、住房公积金在内的“五险一金”以及人才公寓等保障性待遇，从而为教育人才提供当前和未来的生活保障。最后，采用“区聘校用”，建立校际调节机制，保障教育人才的职业安全。校际调节机制规定入库教师在每所学校的任教期为三年，期满后根据区教委统筹调整到其他学校任教。此外还规定了被聘用教师和用人学校如有一方提出终止用人关系，可将该聘用教师调剂到其他学校，以此增加教师职业安全保障。

6. 教师参与管理

教师参与管理是指在某种程度上让教师享有学校参与权和决策权。事实证明，参与管理是一种有效的管理方式，在激发教师的积极性方面，其作用甚至超过物质奖励。让教育人才储备库的教师参与到学校的教育教学管理工作中，不仅是充分发挥教师主动性、充分挖掘教师潜能的需要，也是教师发展的重要保障，还是作为用人单位的学校再上新台阶的关键所在。一般来讲，教师参与管理的程度越深，他们抵制某些管理制度或措施的可能性就越小，实施态度就越认真，效果也就越好。同时，教师参与管理也有助于他们更加确切地理解和把握用人单位用人的目的和工作的意义，更准确且全面地把握聘用期间工作的内涵。海淀区教委对人才储备库的人员采用“区聘校用”的模式，鼓励作为学校的用人单位吸纳人才库教师全面参与学校管理，充分利用库内教育人才资源，并安排专人定期跟踪了解学校的用人情况及教师参与管理权利的发挥情况，这不仅增强了教师的主人翁意识，还进一步密切了用人单位领导与人才库教师的关系。特别是高端人才库的大部分教师不仅全面参与学校管理，甚至还直接担任学校领导及学科带头人等职务。由此可见，教师的参与管理权利得到了很好的实现，组织管理和辐射带动作用也得到了很好的发挥。

此外，为了强化承诺型人力资源管理的效果，提高人事干部的工作效率，海淀区还在信息化管理方面进行了诸多尝试，目前已经建立起了比较完善的基于信息化的承诺型人力资源管理体系。

第五节　海淀区公立中小学承诺型人力资源管理实践的现状与成效

为了解海淀区公立中小学承诺型人力资源管理实践的实施情况，2021 年 10—11 月，我们对北京实验学校(海淀校区)、中国农业科学院附属小学、清华大学附属中学永丰学校等 27 所签约海淀区教育人才储备库学校的教师进行了线上问卷调查。回收有效问卷 372 份，调查对象的人口学描述性统计情况如表 1-4 所示。

表 1-4　调查对象的人口学描述性统计

项目	选项	人数	百分比(%)
性别	男	62	16.67
	女	310	83.33
年龄	24 岁及以下	9	2.42
	25—30 岁	126	33.87
	31—40 岁	164	44.09
	41—50 岁	46	12.37
	51—60 岁	20	5.38
	60 岁以上	7	1.88
学历	专科	1	0.27
	本科	268	72.04
	硕士研究生	103	27.69
	博士研究生	0	0
工龄	1 年以下	1	0.27
	1—3 年	36	9.68
	4—5 年	101	27.15
	6—10 年	110	29.57
	11—20 年	76	20.43
	21—30 年	26	6.99
	31 年及以上	22	5.91

续表

项目	选项	人数	百分比(%)
入库时间	1 年以下	39	10.48
	1—2 年	55	14.78
	2—3 年	134	36.02
	3 年以上	144	38.71
职称	正高级教师	2	0.54
	高级教师	30	8.06
	一级教师	54	14.52
	二级教师	245	65.86
	三级教师	1	0.27
	未评聘	40	10.75
职务	高层干部	0	0
	中层干部	6	1.61
	基层干部	7	1.88
	普通教职工	359	96.51
任教学段	高中	18	4.84
	初中	46	12.37
	小学	308	82.80
	幼儿园	0	0
人才库类型	高端人才储备库	21	5.65
	一般人才储备库	349	93.82
	顶岗教师储备库	0	0
	特岗人才储备库	1	0.27
	返聘人才储备库	1	0.27

一、海淀区公立中小学承诺型人力资源管理实践的现状

高承诺型人力资源管理实践有助于营造良好的组织氛围，促进教师高度投入工作中。在本项研究中，我们采用的是 Xiao 和 Bjorkman(2006)在前人研究成果的基础上，结合中国实际，融入多样化、分享等管理实践而开发的高

承诺型人力资源管理量表①。我们将该量表的组织改变为学校，包含招聘与选拔、培训与发展、绩效评估、薪酬激励、团队参与5个维度，分“学校根据职位设计进行人员的招聘甄选（如个性特征、知识、技能等）”等15个项目，采用5点计分，从1至5表示从“非常不同意”到“非常同意”，量表的Cronbach's Alpha值为0.913。

依据表1-5可知，海淀区教育人才储备库的承诺型人力资源管理水平整体较高，接近于4分对应的“较高水平”。但是招聘与选拔、绩效评估和薪酬激励这三个维度均低于总量表的平均值3.99，高于整体方差0.35。这表明被调研的学校在招聘与选拔人才、绩效评估和薪酬激励的制度和办法方面还有待提高。

当然，也不排除部分教师由于不了解海淀区教委在人才储备库内实施承诺型人才资源管理的依据和具体情况，或者量表的文字表述过于专业等因素，导致在招聘与选拔、绩效评估和薪酬激励等方面的得分相对较低。

表1-5　学校承诺型人力资源管理描述性统计结果

变量与维度	平均值（*M*）	方差（*Var*）
招聘与选拔	3.82	0.36
培训与发展	4.20	0.43
绩效评估	3.92	0.64
薪酬激励	3.77	0.72
团队参与	4.22	0.58
承诺型人力资源管理	3.99	0.35

注：$N=372$。

二、海淀区公立中小学承诺型人力资源管理实践的成效

海淀区教育人才服务中心通过多年的探索，对人才储备库的教师开展了承诺型人力资源管理实践，起到了良好效应，尤其是在提高教师工作满意度、促进教师知识分享、降低教师离职意愿方面作用突出。

1. 承诺型人力资源管理实践与教师工作满意度

（1）教师工作满意度高

教师工作满意度是指教师对其教育教学工作或学校工作环境的情感反应程度。工作满意度作为教师专业素养的重要反映指标，不仅直接影响教师的

① Xiao Z, Bjorkman L. High Commitment Work Systems in Chinese Organizations: A Preliminary Measure[J]. Management and Organization Review, 2006, 2(3): 403-407.

工作积极性与专业发展动力①，而且也会影响其教学效果，进而影响学生的发展。本研究中教师工作满意度的量表采用5点计分，从1至5表示从“不满意”到“满意”，包含8个维度，共计10个条目，例如“您对目前的工作”“您对目前的收入水平”“您对单位的整体管理水平”等。经分析发现，本调查中量表的Cronbach’s Alpha值为0.926。依据表1-6可知，教师总体工作满意度的平均值为4.16，高于量表中的“较高水平”，但平均方差为0.43，表明海淀区教育人才储备库的教师整体满意度比较高，但教师的工作满意度存在一定的差异性，需要引起广泛关注。

从各维度的得分情况来看，教师对工作伙伴的满意度最高，对直接上级的满意度居于第二，对工作条件的满意度排在第三位。对于学校的整体管理水平和区教委人才库的管理水平的满意度均高于教师总体工作满意度的均值，这表明海淀区教育人才储备库的教师整体工作满意度较高。

但对于工作报酬和绩效考核，教师的满意度值低于其他维度的均值和总体工作满意度的平均值，其中，人才储备库教师的工作报酬满意度平均值最低，只有3.68，未达到“比较满意”的标准，且方差与各个维度和总体满意度的差异明显。尽管工作报酬满意度相对最低，但从人性的角度和管理理论上看，这也是非常正常和合理的，因为薪酬的特殊性，人们对其的期望值和要求相对较高，一般不太容易达到非常满意的程度。

表1-6　教师工作满意度描述性统计结果

变量与维度	平均值(M)	方差(Var)
工作本身	4.31	0.52
工作报酬	3.68	0.89
绩效考核	4.09	0.76
直接上级	4.50	0.47
工作伙伴	4.62	0.32
工作条件	4.44	0.50
学校的整体管理水平	4.39	0.58
区教委人才库的管理水平	4.25	0.86
工作满意度	4.16	0.43

注：$N=372$。

① 罗杰、周瑗、陈维，等：《教师职业认同与情感承诺的关系：工作满意度的中介作用》[J]，《心理发展与教育》，2014年第3期，第322—328页。

(2)承诺型人力资源管理实践提高了教师工作满意度

由表 1-7 可知，模型 R 平方值为 0.503，表明承诺型人力资源管理可以解释工作满意度的 50.3%的变化。对模型进行 F 检验时发现 $F=373.951$，$p=0.000<0.05$，说明承诺型人力资源管理一定会对工作满意度产生影响。承诺型人力资源管理的回归系数值为 0.709($t=19.338$，$p=0.000<0.01$)，意味着承诺型人力资源管理会对工作满意度产生显著的正向影响，即在实施高承诺型人力资源管理实践的学校，教师的工作满意度也越高。

表 1-7　承诺型人力资源管理对工作满意度的回归分析

项目	非标准化系数	标准化系数	t	p	VIF	R^2	调整 R^2	F
	标准误	β						
常数	0.164	—	6.181	0.000**	—	0.503	0.501	$F(1, 370)=373.951$，$p=0.000$
承诺型人力资源管理	0.041	0.709	19.338	0.000**	1.000			

注：* 表示 $p<0.05$，** 表示 $p<0.01$。

2. 承诺型人力资源管理实践与教师知识分享

(1)教师知识分享程度高

教师知识分享是学校知识管理的重要组成部分，涉及教师彼此之间知识的交流、沟通、协商、转移、流通。教师对知识进行转移、分享，在知识分享过程中促进教师自我的专业发展和组织文化的更新①。对于中小学教师群体而言，教师知识分享的意愿和行为不仅有利于教师个人提高专业素养，也有利于学校建设高质量的教师队伍。本次调查采用 Collins 等(2006)开发的量表，包括知识分享意愿和行为两个方面，共 7 个项目②，例如“为了跟上学校新理念、新方法和新项目，我愿意与同事分享”“同事间分享知识有助于提升彼此知识水平”等；采用李克特(1932)的五点量表进行评分，知识分享的得分为这 7 项的综合平均值(最高均分是 5 分)，分数越高代表人才库教师的知识分享度越高。本调查中量表的 Cronbach’s Alpha 值为 0.972。

由表 1-8 可知，海淀区教育人才储备库的中小学教师的知识分享意愿和行为均较高，分享意愿、分享行为以及总量表的平均值均高于 4 分对应的“同意”标准，且不同教师之间的差异较低，方差低于 0.5。这充分说明教育人才

① 李伟：《教师知识分享：瓶颈、过程与系统促进策略》[J]，《教育发展研究》，2021 年第 12 期，第 28—36 页。

② Collins C J，Smith K G. Knowledge Exchange and Combination：The Role of Human Resource Practices in the Performance of High-technology Firms[J]. Academy of Management Journal，2006，49(3)：544－560.

储备库教师知识分享程度较高，这有利于教师之间互相交流，促进教学水平的提升和学校的整体发展，也有助于发挥人才储备库的积极作用，特别是高端人才库的高端教育人才能够通过知识分享将其辐射带动作用更加充分地发挥出来，这对于进一步提高海淀区教育师资队伍的整体素质是非常有益的。

表 1-8 教师知识分享描述性统计结果

变量与维度	平均值(M)	方差(Var)
分享意愿	4.70	0.27
分享行为	4.66	0.28
知识分享	4.67	0.26

注：$N=372$。

(2)承诺型人力资源管理实践促进了教师知识分享

由表 1-9 可知，模型 R 平方值为 0.271，表明承诺型人力资源管理可以解释知识分享的 27.1%的变化。对模型进行 F 检验时发现 $F=137.417$，$p=0.000<0.05$，说明承诺型人力资源管理一定会对知识分享产生影响。承诺型人力资源管理的回归系数值为 0.520($t=11.722$，$p=0.000<0.01$)，表明承诺型人力资源管理会对知识分享产生显著的正向影响，即在实施高承诺人力资源管理实践的学校，教师会表现出更多的知识分享行为。

表 1-9 承诺型人力资源管理对知识分享的回归分析

项目	非标准化系数	标准化系数	t	p	VIF	R^2	调整 R^2	F
	标准误	β						
常数	0.154	—	18.719	0.000**	—	0.271	0.269	$F(1, 370)=137.417$，$p=0.000$
承诺型人力资源管理	0.038	0.520	11.722	0.000**	1.000			

注：* 表示 $p<0.05$，** 表示 $p<0.01$。

(3)承诺型人力资源管理实践通过提高教师的工作满意度对知识分享起到促进作用

研究发现，工作满意度在承诺型人力资源管理实践与知识分享之间起部分中介作用。

由表 1-10 可知，运用 SPSS22.0 进行回归分析，依据中介检验规则，首先，经检验，承诺型人力资源管理对知识分享的主效应结果是显著的，自变量和因变量之间的回归系数 β 是 0.520，p 值小于 0.01；其次，经检验，承诺型人力资源管理与工作满意度之间具有显著影响，两者之间的回归系数 β 是 0.709，p 值小于 0.01；最后，进行承诺型人力资源管理、工作满意度以及知识分享之间的回归分析，结果发现承诺型人力资源管理对知识分享的影响程度在减弱($\beta=0.407$，$p=0.000$)，两者之间仍然存在显著影响，这说明了中介效应存在，但仅仅为部分中介而非完全中介。通过较高的承诺型人力资源管理，教师获得组织提供的机会和关爱，从而提升了工作满意度，在一定程度上促进更多知识分享行为的产生。

表 1-10　工作满意度的中介效应检验

项目	知识分享				工作满意度				知识分享			
	β	标准误	t	p	β	标准误	t	p	β	标准误	t	p
常数	—	0.154	18.719	0	—	0.164	6.181	0	—	0.161	17.169	0.000
承诺型人力资源管理	0.520**	0.038	11.722	0	0.709**	0.041	19.338	0	0.407**	0.054	6.507	0.000
工作满意度									0.161*	0.048	2.570	0.011
R^2	0.271				0.503				0.284			
调整 R^2	0.269				0.501				0.280			
F 值	$F(1, 370)=137.417$，$p=0.000$				$F(1, 370)=373.951$，$p=0.000$				$F(2, 369)=73.053$，$p=0.000$			

注：* 表示 $p<0.05$，** 表示 $p<0.01$。

3. 承诺型人力资源管理实践与教师离职意愿

(1)教师离职意愿低

人才库教师主动离职会带来一些不利影响，离职意愿是离职行为发生的直接前兆，它衡量的是教师在一定时期内变换其工作的可能性。Fishbein(1967)认为，离职意愿与态度、愿望、行为一致，并且它通常被认为是离职行为的“预测者”。Shore 和 Martin(1989)指出离职意愿是一个合适的因变量，因为它与实际的离职行为有直接联系。

本次调查采用了 Farh 等(1998)的量表，之所以采用该量表是由于 Farh 等在中国香港使用该量表进行过研究，认为该量表有较高的内部一致性系数和重测信度①。量表包括“我常常想到辞去我目前的工作”等 4 个条目。回答仍采用 5 级尺度，其中第三个条目“我计划在这个单位做长期的职业发展”是反向计分的项目。离职意愿的得分为这四项的综合平均值，得分越高说明离职意愿越强，本量表在调查中的 Cronbach’s Alpha 值为 0.807。

通过描述性统计发现，教育人才储备库教师的整体离职意愿较低，平均

① Farh J L，TsuiA S，Xin，K R，et al. The Influence of Relational Demography and Guanxi：The Chinese Case[J]. Organization Science，1998，9(4)：471－488.

值为 1.90(方差为 0.68)，远低于总均分 3 分，且不同教师之间的离职意愿差异不显著。这表明海淀区教育人才储备库实施的承诺型人力资源管理对于增强教师对海淀教育的承诺水平、降低其离职意愿成效显著。

(2)承诺型人力资源管理实践降低了教师的离职意愿

将承诺型人力资源管理作为自变量，离职意愿作为因变量进行回归分析，由表 1-11 可知，模型 R 平方值为 0.111，表明承诺型人力资源管理可以解释离职意愿的 11.1%的变化，对模型进行 F 检验时发现 $F=45.996$，$p=0.000<0.05$，说明承诺型人力资源管理一定会对离职意愿产生影响。由于承诺型人力资源管理的回归系数值为-0.333($t=-6.782$，$p=0.000<0.01$)，表明承诺型人力资源管理会对离职意愿产生显著的负向影响，即高承诺型人力资源管理实践会降低教师的离职意愿。

表 1-11　承诺型人力资源管理对离职意愿的回归分析

项目	非标准化系数	标准化系数	t	p	VIF	R^2	调整 R^2	F
	标准误	β						
常数	0.277	—	13.566	0**	—	0.111	0.108	$F(1, 370)=45.996$，$p=0.000$
承诺型人力资源管理	0.069	-0.333	-6.782	0**	1.000			

注：* 表示 $p<0.05$，** 表示 $p<0.01$。

(3)承诺型人力资源管理通过提高教师的工作满意度降低了其离职意愿

通过研究发现，工作满意度在承诺型人力资源管理与离职意愿之间起完全中介作用。

由表 1-12 可知，运用 SPSS22.0 进行回归分析，依据中介检验规则，首先，经检验，承诺型人力资源管理对离职意愿的主效应结果是显著的，自变量和因变量之间的回归系数 β 值是-0.333，p 值小于 0.01；其次，承诺型人力资源管理与工作满意度之间具有显著影响，两者之间的回归系数 β 值是 0.709，p 值小于 0.01；最后，进行承诺型人力资源管理、工作满意度以及离职意愿之间的回归分析，结果发现承诺型人力资源管理对离职意愿的影响消失($\beta=0.049$，$p=0.000$)，这说明工作满意度在承诺型人力资源管理与离职意愿之间起到完全中介的作用，即承诺型人力资源管理通过提高教师的工作满意度降低了其离职意愿。

表 1-12　工作满意度的中介效应检验

项目	离职意愿				工作满意度				离职意愿			
	标准误	t	p	β	标准误	t	p	β	标准误	t	p	β
常数	0.277	13.566	0	—	0.164	6.181	0	—	0.267	16.666	0.000	—
承诺型人力资源管理	0.069	−6.782	0	−0.333**	0.041	19.338	0	0.709**	0.089	0.762	0.447	0.049
工作满意度									0.080	−8.432	0.000	−0.537**
R^2	0.111				0.503				0.254			
调整 R^2	0.108				0.501				0.250			
F 值	F (1, 370)=45.996, p=0.000				F (1, 370)=373.951, p=0.000				F (2, 369)=62.903, p=0.000			

注：* 表示 $p<0.05$，** 表示 $p<0.01$。

以上以海淀区教育人才储备库为例的研究表明，承诺型人力资源管理能够提升教师的工作满意度，从而促进了教师的知识分享，降低了教师的离职意愿，对教师队伍的稳定有着重要作用。

第二章　如何有效“区聘校用”
——教育人才储备库的探索

海淀区教育人才储备库是承诺型人力资源管理的探索与实践。该项目的设立是为了积极响应《中共中央、国务院关于全面深化新时代教师队伍建设改革的意见》中“把管理体制改革与机制创新作为突破口”“采取多种形式增加教师总量，优先保障教育发展需要”的指示。该项目旨在破除传统编制管理束缚，创新人事管理机制，通过统筹规划、非编管理、动态调剂、双向流动的方式，分层建立了高端人才储备库、一般人才储备库、特岗人才储备库、返聘人才储备库和顶岗人才储备库等非编制管理的教育人才储备库。其中，高端人才储备库主要招募、储备具有省级及以上荣誉称号的学科教师及教育管理人才；一般人才储备库主要招募、储备具有国家承认的国民教育序列硕士研究生及以上学历、教学实践能力强、教育效果好的学科教师；特岗人才储备库主要招募、储备学校课外教育教学活动指导教师(教练)，以及校医、电教、网管、实验员、财务等非教师类专技人才；返聘人才储备库主要招募、储备已办理退休手续的学科教师和非教师类专技人才；顶岗人才储备库是为解决学校突发性人员缺失问题设置的，主要招募社会培训机构、人力资源代理公司、劳务派遣机构提供的学科教师。

第一节　教育人才储备库整体情况

教育人才储备库的建立，为海淀区教育发展积蓄了一汪流动的“活水”。

教育人才储备库在运行过程中，基于承诺型人力资源管理理论，在实践探索中形成了一套完整的人力资源管理流程和方法，通过以需定招、以岗施测、以岗定绩、以绩调薪的方法，达到了较好的管理效果。后面我们会分别介绍教育人才储备库在人才招募、测评、绩效、薪酬、福利、劳动关系等方面的具体管理、实施方法和流程。

教育人才储备库的发展已经取得了较大进展，得到了社会的普遍认可，预期效果基本达成。第一，有效地缓解了教师队伍数量不足的问题。人才储备库现有651人，其中高端人才储备库42人，一般人才储备库563人，特岗人才储备库41人，返聘人才储备库5人，全区近100所单位从中受益。第二，在一定程度上促进了教育资源的优质与均衡发展。山后地区教育相对薄弱，目前共有入库教师35人，其中拥有省级特级教师、学科带头人及骨干教师等称号的6人服务于基础薄弱校，他们将自身的教育思想与海淀区教育发展理念有机融合，除完成基本教育教学任务外，在青年教师培养、学科整合和学校管理等方面起到了一定的辐射引领作用，为海淀区教育的发展注入了新的活力，有效地促进了区域间教育的均衡发展。第三，基本解决了海淀区教师队伍结构性缺失的问题。人才储备库工作团队积极招募紧缺的小学教师入库，调整教师整体结构，在一定程度上满足了个性化的教育需求。

第二节　招募入库

海淀区教育人才储备库人员招募入库工作是根据人力资源规划和工作分析，寻找、吸收那些符合海淀区教育发展的人员，并从中选出合适人员进行录取的过程。

一、人才储备库招募入库流程

(一)工作流程

1. 用人主体单位进行招募工作。
2. 用人主体单位负责对人才储备库拟入库人员进行资格审查和背景调查。
3. 用人主体单位上报人员材料至聘用主体单位。
4. 管理主体单位进行上会人员系统初审工作。
5. 聘用主体单位审核上会。
6. 聘用主体单位上会结束后进行公示。

(二)各主体责任

1. 用人主体单位

(1)负责简历的收集与筛选。

(2)负责对拟入库人员进行资格审查和背景调查。

(3)负责入库人员的系统上报。

(4)负责会后的公示工作。

2. 管理主体单位

负责系统审核上会人员情况。

3. 聘用主体单位

(1)负责最终审核上会人员情况表与相关材料。

(2)负责组织材料上会。

(三)招募入库操作说明

1. 用人主体单位汇总本单位用人需求，编写招聘公告。

2. 根据拟招聘人员特征选择合适的招聘渠道，发布招聘公告。

3. 收集整理简历，建立简历库。

4. 根据人才储备库入库标准对简历进行初步挑选，判断其是否符合入库范围。入库人员范围包括以下几种：

(1)高端人才储备库入库高端专任教师和高端管理人才，一般人才储备库只入库一般专任教师，返聘人才储备库入库退休专任教师，特岗人才储备库入库非专任教师的其他专业技术人才和一般管理人才。

(2)退休时仍具有省级骨干教师(“教学能手”)以上称号的，可申请进入高端人才储备库。退休人员进入高端人才储备库的，除北部农村地区学校外，原则上不能在原单位(办学集团)返聘；确有需要在原单位(办学集团)返聘的，只能享受本等级的最低薪酬标准。

(3)本区专任教师在达到法定退休年龄、办理正常退休的同时，在本人自愿，且与返聘单位达成意向的前提下，可由达成返聘意向的单位申请，优先进入返聘人才储备库。

(4)应届大学毕业生在本人自愿，且与用人主体单位达成意向的前提下，可由达成聘用意向的单位申请进入一般人才储备库。

5. 对申请人做详细的资格调查及背景调查，最终确定申请入库人员情况后将调查结果报备至聘用主体单位。资格审查包括身份证、学历、职称和荣誉称号等，背景调查包括思想政治素质、师德师风、业绩、诚信、舆情等方面。此外还要收集库属人员资历文件(相关荣誉证书、学历学位证书、职业资格证书、职称证书等原件)。

6. 用人主体单位需对申请人进行上会讨论，讨论完成后出具会议纪要，会议纪要需包含申请人的姓名、身份证号、所聘岗位、年薪等关键信息。完成后需报送聘用主体单位。

7. 用人主体单位需在系统内录入拟入库教师基本信息，生成账号、密码发送至教师个人。汇总上会材料，报送至管理主体单位。系统上报内容主要包括学历、职称、从业资格证、主要荣誉和业绩、教学任务、岗位职责及薪酬方案等信息。

8. 管理主体单位审核通过后，纸质材料返还用人主体单位，系统信息上报聘用主体单位。

9. 聘用主体单位对系统内上报人员情况进行审核，并生成上会表格进行上会，同时对入库人员进行测评。

二、人员入库

拟入库人员根据自身的情况分别进入高端人才储备库、一般人才储备库、特岗人才储备库、返聘人才储备库、顶岗人才储备库五个人才储备库。除特岗人才储备库还需签订用工单位的补充管理合同或条例外，其他人员均需签署劳动合同(劳务协议)和绩效合同，以下是签订劳动合同(劳务协议)的操作流程。

(一)关键操作流程

1. 聘用主体单位：整理过会入库人员名单，在海淀区教委人力资源管理系统上发布公告信息。管理主体单位在对拟签约人员的材料审核通过后，对准备签约的入库人员进行签约培训和岗前培训，按库属类别与入库人员分别签订劳动合同(劳务协议)，并办理相应的“五险一金”或雇主责任险事宜。最后整理归档。

2. 用人主体单位：负责通知过会人员准备相应的签约材料，同时进行审核，人事老师准备单位所需签约材料。

3. 管理主体单位：对签约人员的个人材料及学校需提供的材料进行审核，有不合格项目一律不予签约，合格者到聘用主体单位进行签约。

(二)工作要求

1. 与过会人员签订劳动合同或者劳务协议时，该签约人员拟就任单位与聘用主体单位应已签订支持服务协议且单位代表在场。

2. 审核签约人员提供的材料。

3. 对签约人员进行情况说明。

4. 签署劳动合同或劳务协议。

5. 进行入职告知。

6. 签署相关入职文件。

7. 劳动合同盖章后，返还库属人员一份留存，用人主体单位一份留存，聘用主体单位一份归档。

8. 形成入库人员档案，便于查阅审核。

聘用主体单位将为用人主体单位提供签约需准备材料的清单，里面包含部分文件的模板，届时可查看通知，或到人才库系统里查看。

(三)入库后的工作安排

1. 入库后各用人主体单位人事需切实对人才储备库的人员进行管理、培训、按绩效合同的薪酬方案制作工作方案并上报。定期开展对库属人员的考核，并上报管理主体单位考核结果。

2. 用人主体单位负责接收库属人员的工会关系、党组织关系，安排库属人员参加单位的工会活动和党组织活动，不得区别对待。

3. 入库人员开具薪酬、档案、工作单位等证明材料时，需人事老师提前上报人才中心；学校开具证明，校长签字加盖公章并备案，方可通知库属人员前来开具证明，否则人才中心拒不出具证明。

第三节　人员测评

入库人员测评工作是海淀区教育人才储备库鉴别人才类型、配置教育教学人才资源、把好教育“入库关”的重要步骤。区教委分层组织测评选拔，通过资格审核、笔试、面试、试讲、听评课、教育教学成果评估、体检等方式对职业道德、成就动机、专业水平、身心健康等职业要素进行测评选拔。高端人才储备库人员还需额外参加由区教委组织的高端人才测评。

一、测评工作指导规范

(一)聘用主体单位的职责

开展教育人才储备库测评工作的指导、监督和检查工作。其中，指导工作主要是指制定和完善测评工作规范；监督工作主要是指开展入库人员测评方案和报告的审查、备案工作；检查工作包括参与测评的组织实施、报告形成及执行情况调研等方面。

(二)用人主体单位的职责和工作规范

1. 主要职责

(1)负责制定测评方案。

(2)负责组织申请入库人员的综合素质测评，包括笔试及面试测评等。

(3)负责组织申请入库人员的专业素质测评，包括试讲、听评课、专业技能测试和教育教学成果评估等。

(4)负责汇总测评报告，及时、客观地向聘用主体单位提交测评报告并进行备案。

2. 业务规范

(1)组织规范

① 有与开展测评相适应的场所、设施和工作人员；

② 有适应测评发展需要的规章制度；

③ 保守被测对象信息和测评结果等工作秘密；

④ 保证测评工具信度与效度达到测评要求；

⑤ 及时处理各方面反馈问题。

(2)人才测评人员基本条件及要求

第一，基本条件

①具有大学专科及以上学历；

②具备心理学、管理学、人力资源管理等相关专业知识；

③熟练掌握并使用人才测评技术和工具；

④有责任心，有教育教学或面试测评经验；

⑤主考官必须指定有担当、有较强的领导力和组织协调能力、具备出色的沟通表达能力的骨干教育工作者担任。

第二，基本要求

①人员着装应端庄、大方、整洁；

②应规范用语，保持热情的工作态度，言行举止符合考官身份；

③应按照流程和标准实施人才测评；

④应对人才测评方案、试题、工具、结果和受测者及单位信息等保密；

⑤应根据人才测评要求客观、公正地评价受测者；

⑥注意言语分寸，对受测者以礼相待；

⑦测评过程中不接打电话或者频繁查看手机。

(3)场地及设施

① 有相对独立的人才测评场地，环境安静、整洁、宽敞、明亮，通风良好、温度适宜；

② 应配备电话、计算机、复印机、打印机等；

③ 人才测评场地宜配备音频、视频、录影、录像等设备。

二、测评流程

应采用笔试、面试、试讲、评课、专业技能测试和教育教学成果评估等方式，从心理健康、一般职业能力等综合素质和师德、专业理念、专业知识和专业能力等专业素质方面进行测评。

(一)制定测评方案

确定测评目标和任务、测评维度、测评方法、工具和基本程序；确定测评人数、时间、场地、设备、资料等内容；确定评价者和工作人员的条件。

(二)实施测评

用人主体单位制定实施方案；开展评价者和工作人员培训；实施测评工作。

可结合实际情况，自行组织或指导用人主体单位承担综合素质测评和专业素质测评，并参与全过程。

(三)撰写测评报告

1. 笔试统一通过海淀区教育人才测评系统完成，并由系统自动生成客观题报告，评价者完成主观题评价；面试需由各考官独立填写面试评价表。

2. 专业素质测评需填写测评内容相对应的专业素质评价表，并附相关支撑材料，如课堂教学能力评价表、专业技能评价表等。

3. 笔试、面试和专业素质测评结果由用人主体单位完成。

(四)报备测评报告

1. 用人主体单位将申请入库人员的花名册(以实际参加测评人员为准)、

综合素质测评报告、专业素质测评报告、总测评报告及录用意见提交聘用主体单位进行备案，接受聘用主体单位的业务指导。

2. 测评报告由聘用主体单位提交至人才库领导小组专题会进行决策。

(五)录用人员公示与反馈

经人才库领导小组专题会研究决定录用的人员，由聘用主体单位统一在海淀教育人才网进行名单公示，接受社会监督，重点关注录用人员的信息真实性、师德师风，以及招聘程序的规范性等方面。

三、高端测评工作

(一)用人主体单位推荐

用人主体单位在资格审查的基础上开展听课鉴定；用人主体单位需进行充分的背景调查(包括思想政治素质、师德师风、业绩、诚信、舆情等方面)；教学部门审核教育教学水平及能力；校务会或同等决策委员会会议审议通过后形成用人主体单位意见及会议纪要，完成综合推荐评议表。用人主体单位可根据个人意愿按同级别或降级别申报。

(二)专家评议

1. 专业成果认定

申请人员须提交教育教学业绩和学术研究方面的代表性成果，区教委组织专家审核、评定，成果认定满分 100 分，占综合评定的 20%。

2. 面试答辩

(1)建立题库

由教师进修学校组织专家根据海淀区中小学、幼儿园的实际情况，开发符合各学段高端人才需求的说课题库，说课题目供申请人员抽取，答辩题目由各学科评委组根据现场情况进行提问。

(2)实施面试

区教委组织专家团队对应聘者进行面试，中小学重点考核“学科专业水平、教育教学成果、对课程改革方向的理解、对学科核心素养落实的设想”等。幼儿园重点考核“幼儿园保教工作专业水平、教育教学及科研课题成果、依据《幼儿园教育指导纲要(试行)》《3—6 岁儿童学习与发展指南》精神对幼儿园课程及游戏的理解”等。面试环节满分 100 分，占综合评定的 80%。

具体实施办法：成果认定和面试答辩成立评议组，每组评委 3 人，其中至少 1 人具有不低于拟入库人员层次的职称或荣誉称号。评委在说课答辩前完成成果认定并评分，以及观看录像课资料并做出评价。说课答辩过程每人 85 分钟，其中 40 分钟备课，45 分钟做说课答辩和成果介绍，评委做评价。每组 1 天最多可安排 10 人，学科人数每超过 10 人可增设组别。

3. 综合评议

申请人员的最终成绩＝专业成果认定分数×20%＋面试答辩分数×80%。应聘者的最终成绩由高到低排序。

第四节　绩效管理

绩效管理是人才管理的战略性手段，是管理工作的重点。教育人才储备库绩效管理的目的是提高入库人员的工作业绩、支持用人主体单位的发展目标，同时使人才中心了解各用人主体单位对库属人员的使用情况，切实发挥人才储备库的作用。

一、绩效管理工作流程

教育人才储备库将按照“五库三统筹”模式（见表2-1）发展壮大，其中“五库”包含高端人才储备库、一般人才储备库、特岗人才储备库、返聘人才储备库、顶岗人才储备库；“三统筹”是指聘用、管理、用人三级主体相互配合、统一筹划的创新型管理体制。

表 2-1　“五库三统筹”模式

分库名称	聘用主体单位	管理主体单位	用人主体单位
高端人才储备库	人才中心	人才中心	用人学校
一般人才储备库	人才中心	学区	用人学校
特岗人才储备库	人才中心	业务主管单位	用人学校
返聘人才储备库	人才中心	学区	用人学校
顶岗人才储备库	劳务派出机构	学区	用人学校

为明确聘用主体单位、管理主体单位和用人主体单位的职责，我们以考核年度为周期，划分三级主体职责（见图2-1）。其中，学年初制订绩效计划，学年中开展绩效实施与辅导，学年末进行绩效考核和绩效反馈。

二、绩效管理主体单位职责

根据绩效管理流程，分别确定三级主体单位的职责。

(一)制订绩效计划

1. 聘用主体单位

(1)制定绩效管理制度和通用绩效考核指标库；

(2)组织绩效考核工作并对管理主体单位及用人主体单位进行培训；

(3)学年初备案《学年度绩效合同》，学期初备案《课程表》；

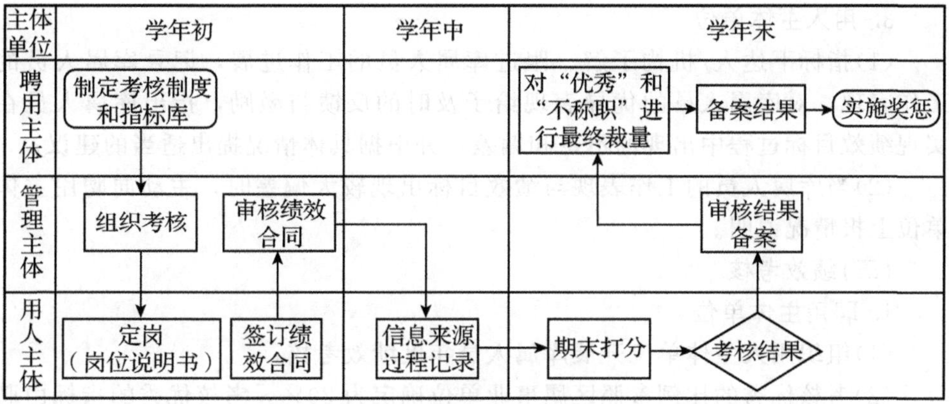

图 2-1　三级主体职责流程图

(4)将审核通过的《学年度绩效合同》返回各用人主体单位人事部门。

2. 管理主体单位

系统审核各用人主体单位与库属人员签订的《学年度绩效合同》和学期初库属人员的《课程表》。

3. 用人主体单位

(1)库属人员的指标下达人/机构根据通用绩效考核指标库、学校年度工作计划，结合库属人员岗位职责，制定库属人员《学年度绩效合同》和学期初的《课程表》，报用人主体单位人事部门；

(2)用人主体单位人事部门对《学年度绩效合同》和学期初的《课程表》进行审核，通过后上报用人主体单位绩效考核领导小组审批；

(3)指标下达人/机构与库属人员签订《学年度绩效合同》，并报用人主体单位人事部门备案；

(4)用人主体单位人事部门将管理主体单位系统审核通过后的《学年度绩效合同》和学期初的《课程表》上报至聘用主体单位，并将相关纸质版材料报送聘用主体单位备案，所需材料为：绩效合同一式三份(库属人员、用人主体单位和聘用主体单位各留存一份)、学期初的《课程表》。

(二)绩效实施与辅导

1. 聘用主体单位

(1)为各用人主体单位、管理主体单位开展库属人员的绩效管理工作提供培训与指导，并对实施过程进行监督抽查，如下校听课、一对一访谈等；

(2)跟踪、抽查、辅导管理主体单位对用人主体单位的绩效辅导工作。

2. 管理主体单位

可为各用人主体单位开展库属人员的绩效管理工作提供培训与指导，并有责任对实施过程进行监督、抽查。

3. 用人主体单位

(1)指标下达人/机构了解、跟进库属人员的工作进展，记录库属人员的工作表现，对库属人员的优异表现给予及时的反馈与激励，指出库属人员在实现绩效目标过程中出现的不足和偏差，并根据具体情况提出适当的建议；

(2)当库属人员的工作表现与绩效目标出现较大偏差时，主动向聘用主体单位上报情况说明。

(三)绩效考核

1. 聘用主体单位

(1)组织用人主体单位开展库属人员年度绩效考核；

(2)考核优秀的比例参照区属事业单位确定为20%，考核优秀的指标由聘用主体单位统筹分配至各用人主体单位、业务主管单位(管理主体单位)和集团总校(管理主体单位)；

(3)对考核优秀及不称职的库属人员进行最终审批，并建立绩效考核档案。

2. 管理主体单位

(1)系统审核用人主体单位考核结果并上报聘用主体单位；

(2)特岗人才储备库管理主体单位可组织库属人员绩效考核复审。

3. 用人主体单位

(1)各用人主体单位组建绩效考核工作评估小组，对参与年度绩效考核的库属人员进行打分，并将初步考核结果上报用人主体单位人事部门；

(2)各用人主体单位人事部门完成库属人员的《绩效考核打分表》审核，并报用人主体单位绩效考核工作领导小组审批；

(3)各用人主体单位绩效考核工作领导小组召开会议，对年度评价结果，尤其是被评为“优秀”和“不称职”的库属人员进行审核和初步确定(单位内部)，公示考核结果，同时向聘用主体单位上报考核不称职的库属人员情况说明；

(4)各用人主体单位人事部门将《绩效考核打分表》、过程性记录材料及相关电子、纸质资料上报聘用主体单位，具体为：用人主体单位领导小组及考核小组成员名单、工作情况说明、年度工作总结、年度绩效考核打分表、年度绩效考核打分汇总表、会议纪要、公示照片。

(四)考核反馈

1. 聘用主体单位

(1)运用考核结果对库属人员实施奖惩。

若被考核人未参加学年度绩效考核，不发放奖金；若被考核人本学年度离职，其在职时间不满6个月，不参与学年度绩效考核，不发放奖金；在职时间6个月及以上但不满1年，根据考核结果及出勤情况，奖金按月折算；若被考核人本学年度每个自然月出勤天数少于当月应出勤天数的50%，不发放当月奖金。

若学年绩效考核不称职，本学年度奖金不予发放，下一学年度年薪总额调整为本学年度年薪总额的80％。

若连续两年绩效考核优秀，第二个年度单独发放一次性奖励(一次性奖励为协议薪酬的10％)，并从下一个考核年度起重新计算一次性奖励周期。

(2)组织全区连续两年绩效考核结果为“优秀”的库属人员进行区级述职工作。

2．用人主体单位

向库属人员反馈绩效考核结果。

三、绩效管理操作说明

特岗人才储备库考核方案由管理主体单位自行制定并报聘用主体单位审批，其余“四库”参照“入库教师通用绩效指标库”制定考核方案。若绩效合同签订备案后，库属人员工作内容出现调整，需及时签订变更协议并重新向管理主体单位报送、向聘用主体单位备案。

(一)岗位说明书

岗位说明书根据库属人员实际工作填写，并与设定的绩效指标相匹配。岗位说明书中的“职责与工作任务”需涵盖库属人员所有工作内容，避免遗漏。

(二)通用绩效考核指标库

1．指标的选取原则

(1)可控性：指标能够测量或具有明确的评价标准，必须是库属人员所能影响或改变的；

(2)关键性：指标项不宜过多，6—7个即可(至多不超过10个)，注重对绩效有直接影响的关键指标；

(3)挑战性：目标值不宜过高或过低，应使库属人员经过努力可以达到；

(4)一致性：目标应与学校的目标相一致；

(5)明确性：所有考核指标、目标值的制定均应由库属人员与其指标下达人/机构共同商定。

2．目标值的设定原则

KPI定量指标需要设定定量的目标值。目标值设定时，应综合考虑库属人员的历史业绩、班级未来发展预测、学生特征、库属人员能力经验等，目标值不宜过高或过低，应使库属人员经过努力可以达到。例如：参加公开课听评课次数、参加进修活动次数、组织教研活动次数等，设定至少应达到的次数，并说明每提高/降低一次，加/减多少分。

GS定性指标可不设定目标值。定性指标应尽可能描述清楚，比如课题研究、论文发表、编写教材等，陈述科研成果发表在何种级别的刊物、是否核心、是否为第一作者，并酌情加分。

3. 指标的评分说明

不同类型的指标有不同的评分方式。

4. 指标权重的设定原则

权重表示单个指标在指标体系中的相对重要程度，以及该指标针对不同库属人员进行评估时的相对重要程度，指标权重的设定原则如下。

(1)用人主体单位近期内的重点工作任务分解的指标权重较大；

(2)本岗位最重要的工作职责权重较大；

(3)必须完成的工作任务的指标权重较大；

(4)单个指标的权重不宜过大，一般不超过 30%(一级维度权重×二级维度权重不超过 30%)；也不宜过小，一般不低于 5%(一级维度权重×二级维度权重不低于 5%)，否则难以在整体指标中体现出作用；

(5)指标之间的权重差异不低于 5%(一级维度权重×二级维度权重不低于 5%)，以体现不同指标的重要性差异；

(6)否决项不占权重。

5. 考核维度

根据各类用人主体单位学生年龄和教学目标的不同，把用人主体单位分成“中小学”和“幼儿园”两大类，每类分别设置不同的考核维度，具体如下。

中小学：从教学、教研、教育、工作量、考勤、梯队培养、否决项 7 个维度进行考核。

幼儿园：从职业道德、工作态度、工作任务、考勤、否决项 5 个维度进行考核。

在用人主体单位分类的基础上，根据库属人员岗位职责的不同，又把入库教师岗位分为特级教师、学科带头人、骨干教师、特殊人才、班主任、教研组长 6 类，每类分别对应不同的考核维度。

(三)绩效考核打分表

学年末，用人主体单位绩效考核领导小组根据库属人员一年的工作情况进行打分。

打分表可增设用人主体单位认可的“特殊贡献”项，对于库属人员在学年度中承担的临时性工作给予适当评分奖励。

用人主体单位最终审核打分表后汇总材料上报聘用主体单位。

(四)绩效考核连续两年评优述职评价表

聘用主体单位根据历年考核记录，确定连续两年评优述职人员名单，并组织区级两年评优述职工作。参加评定的专家根据述职人员的述职情况给予评价或评定。

第五节　薪酬管理

一、薪酬及福利

(一)薪酬标准与职级

用人主体单位根据入库人员的个人和岗位情况，参照同岗位在编人员年薪范围，确定入库人员岗位薪酬级别。高端人才储备库与一般人才储备库年度薪酬区间根据当年度适用的北京市海淀区教育委员会《海淀区教育人才储备库工作方案》确定。

入库人员应如实提交其教师身份材料，如符合高端人才库储备的条件，原则上应申请入高端人才储备库，参加高端人才储备库测评。如入库人员通过高端人才储备库测评，按照相应人才等级及职级核定年度薪酬；如测评未通过，可以申请入一般人才储备库或返聘人才储备库，但年度薪酬不得高于高端人才储备库市级骨干E职级薪酬最低值。

(二)薪酬构成

入库人员薪酬结构中设四类一级科目，为基本工资、绩效工资、奖金和其他工资(见表2-2)。

表2-2　入库人员薪酬科目表

薪酬科目(一级)	工资科目(二级)
基本工资	基本工资
绩效工资	岗位工资
	班主任绩效
	工作补贴
	出勤奖
	工作贡献奖
奖金	学年度绩效考核奖励
其他工资	临时工资
	临时奖励

1. 基本工资

基本工资指在入库人员正常履行工作职责情况下向其支付的基础性工资，是薪酬结构中相对稳定的部分，以满足入库人员的基本生活需要。基本工资可由各单位参照同类人员基本工资标准设定，不得低于当年度北京市最低工资标准。

2. 绩效工资

绩效工资包括以下5类：

(1)岗位工资。按照入库人员在用人主体单位中的不同岗位确定工资，并根据入库人员完成规定的岗位职责情况支付工资。岗位绩效标准根据各岗位的能力要求高低、责任大小、工作强度等因素综合确定。

(2)班主任绩效。根据入库人员身份，如是否为班主任、副班主任、年级组长、教研组长、保育员、班级助理等，视具体情况发放。

(3)工作补贴。指发放的各类补贴。

(4)出勤奖。出勤奖在考核月出勤为满勤方可享受，如病假、事假或迟到、早退及旷工，不享受出勤奖。

(5)工作贡献奖。根据入库人员的课题研究、论文发表、公开课活动等教研成果以及入库人员在各级评优、评先等活动中的获奖情况，取得特殊人才称号、有先进事迹、做出重要贡献、受到表彰、在活动中表现突出且产生贡献的，参加小升初、中考、高考科目教学工作的，开展课后托管及社团看管或授课、课后一小时看管或授课及其他工作的，由用人主体单位根据入库人员在校工作年限及入库工作年限综合评定校龄等，均可发放工作贡献奖。

3. 奖金

奖金指学年度绩效考核奖励。根据日常工作表现及工作结果，学年度考核合格及优秀人员可获得相应工资待遇。

学年度绩效考核奖励占入库人员绩效合同签约薪酬扣除其他工资后的20%，根据考核结果一次性发放。根据《海淀区教育人才储备库入库教师绩效管理制度》，由用人主体单位具体实施考核，结果分为优秀、称职和不称职。考核优秀和称职的，全额发放一次性学年度绩效考核奖励；考核不称职的，不予发放。

4. 其他工资

其他工资包括临时工资和临时奖励。其他工资金额由各单位根据入库人员完成临时工作、绩效产出成果、个人工作表现等自行安排。

(1)临时工资：用人主体单位教学处安排入库人员协助缺勤教师临时授课的，安排在库人员负责招生等工作的，协助学校开展运动会等，需向授课人员发放临时工资。

(2)临时奖励：各单位根据本单位情况给予的临时性奖励。

(3)其他类别：单位可根据自身情况自行设置。

(三)试用期薪酬

新入库人员实行半年试用期，试用期内薪酬按薪酬标准的80%发放，包括试用期内的基本工资、绩效工资、奖金和其他工资。入库前已在海淀区教委所属单位工作满6个月的人员可免除试用期。

(四)福利及其他奖励

1. 法定福利：指按照国家法律法规和政策规定必须支付的福利。法定福利包括社会保险和住房公积金。

2. 其他福利：指有条件的用人主体单位为库属人员提供培训、交通和通信补助、住房补助、节日补助、健康体检、工会活动等。

3. 其他奖励：指用人主体单位对库属人员给予的特别奖励，具体依据用人主体单位的奖励的不同标准发放奖金。

二、薪酬调整

(一)薪酬调整的目的和分类

薪酬调整的目的为进一步规范薪资管理标准，激发入库人员的工作积极性，便于海淀区教育人才储备库统一计划管理，为用人主体单位创造良好的用才、留才的教学环境。薪酬调整分为四类，即：试用合格转正调薪、岗位调整调薪、学年度调薪、职称学历晋升调薪。

1. 试用合格转正调薪：经用人主体单位和人才储备库评定为试用合格，用人主体单位需对该人员的薪酬变更提出申请，调薪标准参照一般人才储备库标准。

2. 岗位调整调薪：入库人员的岗位、课时、任教毕业班级等情况发生变动，用人主体单位可对该人员的薪酬变更提出申请。

3. 学年度调薪：应在每年度海淀区教育人才储备库下年度财务预算制定前开展。用人主体单位可根据入库人员的工作情况自主量化，进行调薪申请。入库人员符合以下条件的，可申请学年度调薪：

(1)入库人员入库满1年，且已在用人主体单位连续工作满1年。

(2)入库人员病假、事假未超过15天的。

(3)入库人员本年度绩效考核合格。

4. 职称学历晋升调薪：职称或学历发生变动后，用人主体单位可根据调整后的专业技术职称重新确定起点薪级，在新的起点薪级范围内申请薪酬调整。

(二)薪酬调整的要求

凡有下列情况之一者，不允许申请调薪：

1. 以非法方式表达诉求、干扰正常教育教学秩序、损害学生和用人主体单位利益；

2. 出现旷工情况；

3. 拒不接受培训、交流、担任班主任、教学安排及其他工作任务，情节严重；

4. 违反师德师风；

5. 因违法违纪行为受到纪律处分，在处分期内；

6. 学年度考核为不合格；

7. 其他类似情况。

所有类型的调薪申请需在海淀区教育委员会规定的时间范围内进行提交，薪酬区间不得超过各类库别规定的薪酬范围，调整后的薪酬需经海淀区教育人才工作领导小组会议审议通过后方可执行。

第六节　社保及公积金管理

为保证人才储备库教师的合法权益，规范人才库社保、公积金管理，建立完善的社保、公积金管理体系，保证社保、公积金的及时、足额上缴，海淀区教育人才服务中心将已签订劳动合同的人才储备库教师纳入社保、公积金管理范畴，为其办理参保或续保事项。

一、社保及公积金整体业务流程

(一)入库增员

1. 签约入库完成后，聘用主体单位根据实际签约名单，为签订劳动合同的库属人员办理社保、公积金增员手续；

2. 社保、公积金为首次参保的入库人员，需按要求提供新参保人员材料；

3. 非首次参保的入库人员，需与原单位协调在入库当月 15 日之前办理社保、公积金减员，其中入库前即在用人主体单位缴纳社保和公积金的，由用人主体单位负责及时减员。

(二)在库期间

1. 聘用主体单位负责按月核算社保、公积金数据，并按照社保中心、公积金中心的规定及时缴费；

2. 库属人员如需办理社保、公积金业务，如生育津贴领取、公积金提取等，需将材料交给用人主体单位人事老师，由用人主体单位人事老师统一提交至聘用主体单位；聘用主体单位办理完成后，通知用人主体单位人事老师领取材料，并告知办理结果；用人主体单位人事老师再将材料返还给库属人员，并反馈办理结果。

(三)出库减员

1. 库属人员填写异动表，提交至用人主体单位；

2. 用人主体单位审核无误后将异动表提交至聘用主体单位；

3. 聘用主体单位审核无误后根据异动表办理社保、公积金减员。

二、社保、公积金业务办理的工作内容

（一）社保业务

1. 新参保；
2. 社保转外省；
3. 社保由外省转入；
4. 定点医院变更；
5. 个人身份变更；
6. 社保个人信息变更；
7. 基本医疗保险门（急）诊费用手工报销；
8. 基本医疗保险住院费用手工报销；
9. 生育（流产）津贴及报销；
10. 工伤认定；
11. 工伤医疗费用（门诊、住院）手工报销；
12. 劳动能力鉴定；
13. 申领工伤保险待遇；
14. 社保卡业务。

（二）住房公积金业务

1. 住房公积金提取业务办理；
2. 通过住房公积金服务平台网上办理提取；
3. 线下提取住房公积金材料清单。

第七节　劳动关系管理

劳动关系管理指签合同、解决劳动纠纷等内容。通过规范化、制度化的管理，使聘用主体单位与入库人员的行为得到规范，权益得到保障，维护稳定、和谐的劳动关系，促进海淀区教育事业的发展。

一、与用人主体单位签订支持服务协议

（一）关键操作流程

与用人主体单位签订支持服务协议的关键操作步骤如下：

1. 用人主体单位准备签约材料；
2. 管理主体单位审核签约材料；
3. 聘用主体单位签订协议，并整理归档。

（二）工作要求

1. 准备签约授权材料。

(1)用人主体单位法人证书复印件一份，加盖单位公章；

(2)《支持服务协议》一式两份(需在落款处盖章，并加盖骑缝章)。

2. 约定双方签约时间，签约当天用人主体单位人事老师携带公章进行签约。

3. 签约后建立支持服务档案，便于查阅审核。

(三)入库后的工作安排

1. 为方便各用人主体单位经办人相互交流与咨询，设置微信工作群；

2. 每月定期上报人才储备库库属人员的工资和考勤情况，因病、因事请假天数连续超过5个工作日(含)的，均向聘用主体单位提交请假备案；

3. 入库教师有任何问题需及时沟通。

二、人员调岗

人才储备库致力于解决海淀区教育师资力量短缺的现状。由于海淀区教育发展的不均衡性，海淀区教委对人才储备库内人员岗位进行统筹管理，区域内可进行调岗。如工作一段时间后，库属人员的工作并不能得到用人主体单位的肯定，或库属人员对用人主体单位的工作和生活不能很好地适应、融入，用人主体单位或者库属人员本人可申请调出原用人主体单位。

(一)关键操作流程

1. 用人主体单位或库属人员提出申请；

2. 聘用主体单位进行审批，区域内调剂；

3. 新用人主体单位对库属人员进行岗前综合测评，测评通过者与新用人主体单位签订新绩效合同，不通过者继续调剂。经过两次调剂仍不能胜任工作岗位的，按照相关法律规定予以辞退。

(二)工作要求

1. 调出单位对拟调出人员提出书面申请，填写《海淀区教育人才储备库库属人员调出表》，上报管理主体单位；

2. 聘用主体单位审批调动手续；

3. 与其他人才储备库单位缺编岗位进行调剂；

4. 拟调入学校请调入人员进行面试、测评、试讲；

5. 面试、测评、试讲通过后，拟调入学校填制《海淀区教育人才储备库库属人员调入表》；

6. 调动时间必须为每年的8月31日。

(三)调岗后的工作安排

1. 新的用人主体单位与库属人员按照岗位职责签订新的绩效合同，一式三份，一份用人主体单位留存，一份库属人员留存，一份聘用主体单位留档。

2. 新的用人主体单位应定期对调岗人员进行考察，有问题及早发现、及早上报聘用主体单位，由聘用主体单位视情况决定调岗后的人员去留问题。

三、库属人员退库

库属人员退库的关键操作流程如下：

1. 库属人员提前30天提交《离职申请》，或用人主体单位提出申请并出具情况说明；

2. 管理主体单位提出初步意见并决定是否同步解除劳动合同/劳务协议；

3. 依据《劳动合同法》相关规定，完成离职交接；

4. 用人主体单位需在库属人员离职5个工作日内填制《海淀区教育人才储备库库属人员异动申请表》；

5. 聘用主体单位为库属人员开具《离职证明》。

四、库属人员退休

为保障海淀区教育人才储备库库属人员的社保权益，对人才储备库中即将达到退休年龄(男60周岁，女工人50周岁，女干部55周岁)的职工的退休办理方法进行规范和指导。

1. 在京退休

按规定缴纳基本养老保险费累计满15年(含视同缴费年限)。如为外地户籍，还需满足男性年满50周岁、女性年满40周岁前在北京参加基本养老保险，且在京缴费累计满10年，方可在京办理退休手续。

2. 外地退休

在北京缴费不满10年的，应将基本养老保险关系转回上一个缴费年限满10年的参保地办理待遇领取手续；若每个参保地的累计缴费年限均不满10年，应将所有养老保险关系转回户籍所在地，由户籍所在地按规定办理待遇领取手续，享受基本养老保险待遇。

3. 重要提醒

符合在京办理退休的，个人需要核实是否在外地有缴纳社保记录，如有并在退休前6个月将外地社保转移至北京社保中心，以免影响退休待遇金额。

第三章 如何招募优秀教育人才
——教师招聘模式探索

本章主要解决的问题是如何通过多种渠道招募到优秀的教育人才。从当代大学生择业时看重的因素、获取就业信息的主要渠道两个方面进行了调研，对比分析了校园招聘、借助第三方招聘、广告招聘、网络招聘等形式的有效程度，尤其针对教师人才招聘的主要对象——师范专业学生进行了招聘形式的调研，发现校园双选会是最有效的招聘方式。

第一节 影响毕业生择业的因素

学校发展的基础是师资。为了能招聘到更好的人才，就必须先了解大学生求职的择业心理和择业行为特点。为此，我们编制了由 35 个条目构成的《应届毕业生择业意向调查问卷》。北京市某师范类院校的 1000 名应届毕业生参与了正式的调查，回收有效问卷共 681 份，按照实际填写选项的人数计算①，男性占 28.5%，女性占 71.4%；本科生占 72.3%，研究生占 27.6%；师范生占 46%，非师范生占 54%；北京常住户口占 52%，非北京常住户口占 48%；所学专业中，理工类占 31.5%，文科类占 27%，教育类占 19%，其他占 22%。其中回答愿意从事教育工作的占 63.2%。

一、毕业生的就业价值取向现状

(一)较看重薪资福利、职业稳定性及个人发展空间

毕业生在就业时最看重什么？这种内在的就业价值取向在很大程度上决定了毕业生的择业意向及行为。在表 3-1 所列举的 14 个选项中，毕业生最为看重的 5 项因素依次是：薪资福利、职业稳定性、个人发展空间、兴趣与特长以及工作强度。其中前三项在所有选项中占绝对优势。70%左右的毕业生都认为，择业时自己会重点考虑单位的薪资福利、职业稳定性和个人发展空间。

---

① 在所回收的有效问卷中，“性别”“学历”“所学专业”三项，有的问卷未填写相关信息，故未统计。

表 3-1　毕业生择业时看重的因素

选项	重要性等级指数	选择人数比例(%)
薪资福利	0.62	83.9
职业稳定性	0.44	65.3
个人发展空间	0.43	68.5
兴趣与特长	0.24	42.8
工作强度	0.24	40.3
单位发展前景	0.20	41.1
工作自由度	0.19	35.9
解决户口	0.17	23.8
单位地理位置	0.15	29.2
专业对口	0.14	27.5
社会地位	0.10	21.5
单位知名度	0.06	13.6
培训机会	0.02	6.0
其他	0	0.7

注：重要性等级指数的数值越大，代表等级越高，该因素也更为重要。

对毕业生期待的工作单位性质的调查结果显示：毕业生最希望选择的工作单位依次是：国家机关、国有企业、行政事业单位，选择的人数比例均在70%以上。相对而言，自主创业、民营企业等选项不受毕业生青睐(见表3-2)。对毕业生希望与单位签约年限的调查结果显示(见图3-1)，79%以上的毕业生希望与用人单位签约3年以上。这些数据反映了毕业生对职业稳定性的渴望。

表 3-2　毕业生希望从业的单位性质

选项	重要性等级指数	选择人数比例(%)
国家机关	0.61	73.4
国有企业	0.55	75.5
行政事业单位	0.50	73.4
外资企业	0.30	57.6
科研机构	0.27	51.5
自主创业	0.16	35.1
民营企业	0.15	31.3
其他	0.01	3.2

注：重要性等级指数的数值越大，代表等级越高，该因素也更为重要。

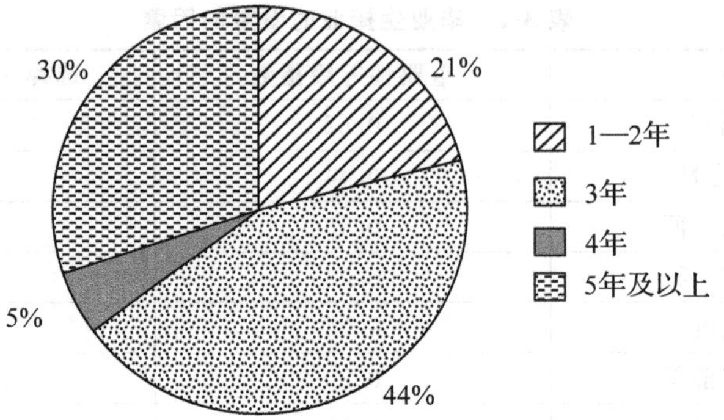

图 3-1　毕业生希望与用人单位签约年限人数百分比

(二)不同类型毕业生群体择业时考虑的因素略有差异

1. 男生更看重工作自由度及社会地位，女生更看重职业稳定性

对不同性别的毕业生择业时看重的因素对比分析发现，二者虽然都看重薪资福利、个人发展空间等，但在某些方面也存在一定的差异，具体体现在女生更重视职业的稳定性、单位的发展前景等，而男生则更重视工作的自由度、社会地位的高低及个人的兴趣和特长。这一结果与社会对不同性别的角色期待是比较一致的。

2. 有从教意向者较看重职业稳定性、寒暑假及学校氛围

对比有从教意向和无从教意向的毕业生，发现有从教意向者比无从教意向者更看重职业稳定性、专业是否对口等；而无从教意向者对工作自由度、工作带给自己的社会地位的高低以及个人的兴趣与特长等因素较为看重。进一步分析有从教意向者选择教师职业的原因，发现虽然在薪资福利、与学生互动、服务社会、社会地位高等因素上也有一定的选择比例，但相对而言，职业稳定和有寒暑假是具有绝对吸引力的两个主要因素(见表 3-3)。可以说，大部分有从教意向者对教师职业有初步的认识和认同，但也对教师职业持有一定的刻板印象。这种刻板印象在一定程度上也折射出了社会上对教师职业的认知偏差，而无从教意向者的择业意向及影响因素的选择结果中也或多或少地体现了这一点。

表 3-3　有从教意向的毕业生选择教师职业的原因

选项	重要性等级指数	选择人数比例(%)
职业稳定	0.78	94.4
有寒暑假	0.63	88.8
薪资福利高	0.26	42.2
与学生互动	0.23	44.7

续表

选项	重要性等级指数	选择人数比例(%)
服务社会	0.20	41.6
个人发展空间大	0.20	37.7
社会地位高	0.20	43.9
工作强度低	0.16	26.0
工作自由	0.16	33.2
子女入学及教育	0.12	31.8
学生家长资源	0.05	12.8
其他	0.02	2.8

注：重要性等级指数的数值越大，代表等级越高，该因素也更为重要。

有从教意向的毕业生在选择某所具体学校时，对学校类型及学校氛围比较看重。绝大部分毕业生希望去重点学校任教(76.6%)，对于一般的普通学校不甚看重。同时也有较多的毕业生希望去高级中学任教(54.8%)。除了上述的薪资福利、职业稳定性、个人发展空间等重要因素外，毕业生对学校氛围也非常看重。当问及"有些学校或许无法提供您最看重的大部分条件，但也可能在某些方面有优惠政策。提供哪种优惠，您会选择该类学校呢?"时，除极少数毕业生(7%)表示无论如何都不会选择此类学校外，大部分毕业生都表示，如果这些学校能够提供一些额外的待遇，如比同类学校的工资待遇高、提供宿舍、提供更多的进修机会等，他们是愿意到办学条件稍差的学校工作的(见图3-2)。换句话说，若能给予适当的优惠政策，对毕业生也是有吸引力的。

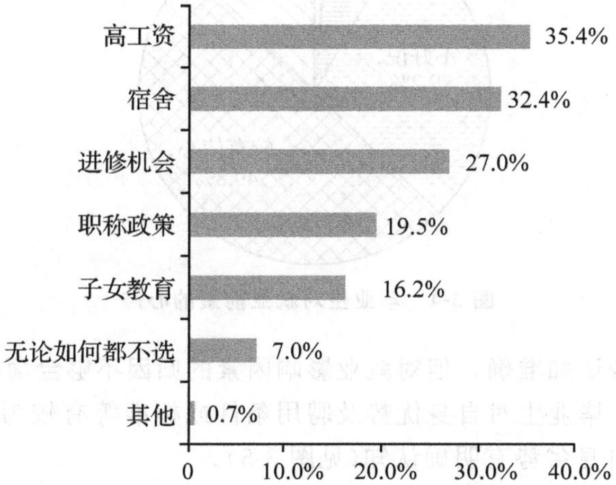

图3-2　毕业生期望条件稍差学校提供的优惠政策选择人数比例

二、毕业生对就业问题的认知与感受

(一)认识到就业形势的严峻，但就业心态较积极

由图 3-3 可知，23.1％的毕业生认为就业形势比较好，34.8％的毕业生认为就业形势不好说，42.1％的毕业生表示就业形势比较困难。总体来看，大部分毕业生认为目前的就业形势不容乐观。对毕业生个人就业前景信心的调查结果(见图 3-4)显示，62.6％的毕业生对个人就业前景比较有信心。虽然大部分毕业生认为当前就业形势比较严峻，但是他们对个人的就业前景还是充满信心的。

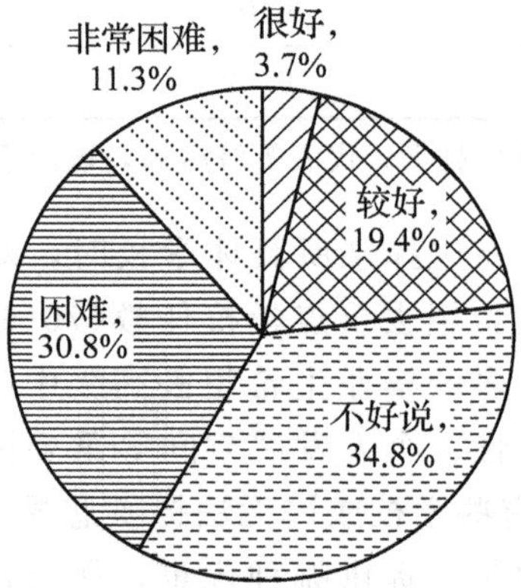

图 3-3　毕业生对就业形势的判断

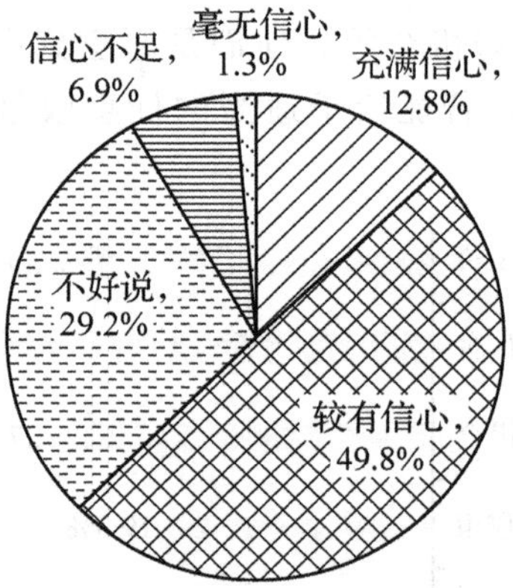

图 3-4　毕业生对就业前景的心态

(二)对自身认知准确，但对就业影响因素的归因不够全面客观

总体来看，毕业生对自身优势及聘用条件或标准等有较为准确的认知(见表 3-4)，也对自身劣势有明确认知(见图 3-5)。

表 3-4　毕业生对自身就业优势的感知

选项	重要性等级指数	选择人数比例(%)
综合素质	0.43	78.0
就读的专业	0.41	55.8
责任心	0.41	66.5
工作或实习经验	0.39	64.7
良好性格	0.37	64.0
发展潜力	0.32	58.3
就读的大学	0.28	55.8
担任学生干部	0.16	27.0
性别	0.11	19.7
相貌	0.07	15.7
家庭背景	0.03	7.0
其他	0.02	2.3

注：重要性等级指数的数值越大，代表等级越高，该因素也更为重要。

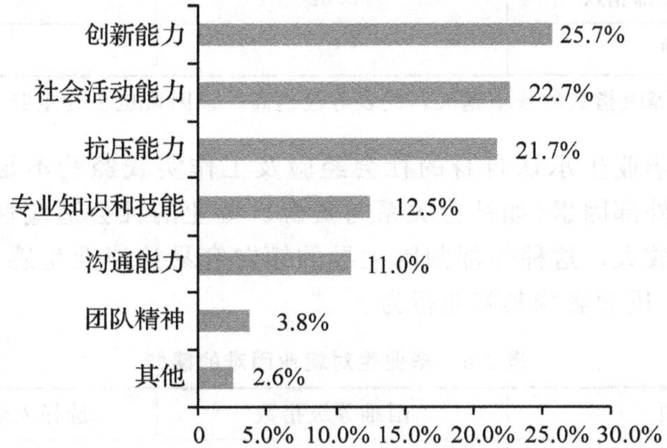

图 3-5　毕业生对个人就业劣势的认知

在用人单位看重因素方面，尽管大部分毕业生对自身的就业竞争力有比较客观的评价，比如，84%的人认为缺乏工作或实习经验是导致就业困难的不容忽视的因素，但也有相当一部分毕业生将缺乏社会关系与资源、专业社会适应性不强或不对口等视为最具影响力、在就业中起决定作用的因素(见表 3-5)。

表 3-5 毕业生对用人单位看重因素的认知与判断

选项	重要性等级指数	选择人数比例(%)
工作或实习经验	0.66	84.0
性格因素	0.29	44.8
性别	0.25	40.1
所学专业	0.24	39.0
发展潜力	0.24	41.3
实践能力	0.23	40.0
外形条件	0.20	34.5
领导力	0.18	30.3
沟通能力	0.18	40.5
责任心	0.16	31.9
毕业学校是否为 985、211	0.13	20.9
团队意识	0.10	21.5
创新能力	0.09	16.5
成绩综合排名	0.04	8.6
担任学生干部情况	0.02	6.1
其他	0	0.2

注：重要性等级指数的数值越大，代表等级越高，该因素也更为重要。

一方面，毕业生承认自身的社会经验及工作实践经验不足，另一方面，又把不可控的外部因素(如社会关系与资源、专业的社会适应性、性别等)所起的作用加以放大，这种外部归因主导的倾向容易让毕业生感到无助甚至不公(见表 3-6)，进而影响其就业行为。

表 3-6 毕业生对就业困难的感知

选项	困难等级指数	选择人数比例(%)
缺乏社会关系与资源	0.46	35.7
专业的社会适应性不强	0.33	49.5
缺乏求职技巧	0.31	43.2
缺乏实践或实习经验	0.31	70.4
招聘信息缺乏	0.29	33.5
专业不对口	0.26	55.7

续表

选项	困难等级指数	选择人数比例(%)
地域歧视(北京户口)	0.22	38.0
性别歧视	0.21	53.2
知识能力储备不够	0.21	9.9
自我定位不够准确	0.20	10.9
用人单位选拔不公正	0.10	41.8
外语和计算机未过级	0.06	35.3
专业成绩不佳	0.04	21.5
其他	0.02	1.4

注：困难等级指数的数值越大，代表等级越高，该因素也更为困难、重要。

三、毕业生的就业行为

(一)大部分毕业生有实际求职行为

大部分毕业生都选择就业(68.6%)或出国深造、读研等(24.6%)。在选择就业的毕业生中，已经签约者占总人数的26.2%，正在求职且有明确意向者占总人数的32.8%，正在求职但无明确的就业意向者约占总人数的9.6%，极少部分毕业生仍处于迷茫状态(1.9%)。除14.4%的毕业生完全没有面试经验外，其余毕业生或多或少都有面试经历(见图3-6①)。总体来看，愿意选择就业且有实际求职行为的毕业生占相当大的比例。

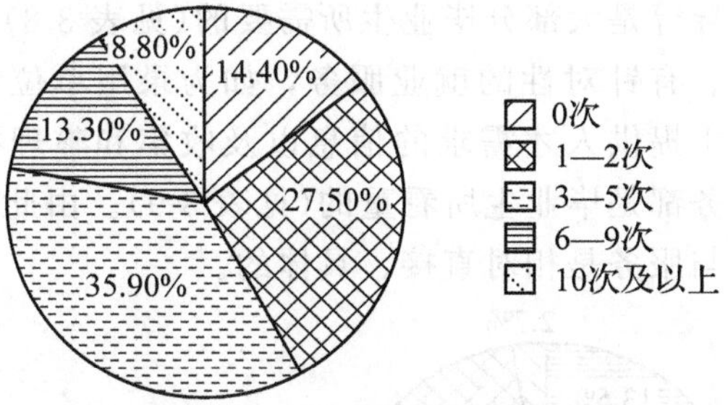

图3-6 毕业生参与面试的次数

从收集、利用招聘信息的渠道来看，大部分毕业生都会采取多种不同的方式(见表3-7)，但就其有效性和重要性而言，毕业生普遍会选择学校招聘会、报刊或求职网站、老师推荐、亲友介绍等，而学校就业指导中心、学校

① 个别毕业生在填写问卷时未在面试次数方面做出标注，此种情况未统计，图3-6中也未显示。

就业网站等形式在毕业生看来是一些可能的渠道，但未必是最有效的。

表 3-7　毕业生收集招聘信息的渠道

选项	重要性等级指数	选择人数比例(%)
学校招聘会	0.64	86.4
报刊或求职网站等	0.40	57.7
老师推荐	0.37	60.6
亲友介绍	0.34	53.2
实习、实践	0.30	59.4
校外招聘会	0.27	50.5
学校就业指导中心	0.26	46.0
学校就业网站	0.24	50.1
招聘单位宣讲会	0.18	35.3
其他	0	0.8

注：重要性等级指数的数值越大，代表等级越高，该因素也更为重要。

(二)毕业生就业准备不够充分

调查结果发现，只有 13.5%的毕业生有比较清晰的职业生涯规划，而大部分毕业生只是停留在意向层面，缺乏具体、明晰的职业生涯规划(见图 3-7)。由于缺乏长远的职业规划，在求职阶段也就难免有盲目性，其就业的有效性也会受到影响。显然，对大学生进行职业生涯规划的训练是有必要的。

除长期、长远的职业生涯规划辅导外，毕业生也期望得到具体的就业技巧指导，其中求职经验与技巧、面试技巧、求职信与简历的撰写、就业形势介绍、就业心理辅导等是大部分毕业生所需要的(见表 3-8)。此外，毕业生还期望得到更为有效、有针对性的就业服务，如为录用单位和毕业生之间的双向选择搭桥、向学生提供人才需求的信息以及收集和整理社会上有关人才需求的信息等就业服务都是毕业生所看重的(见表 3-9)。由此可见，毕业生所期待的就业技巧指导与服务是相对直接、具体的。

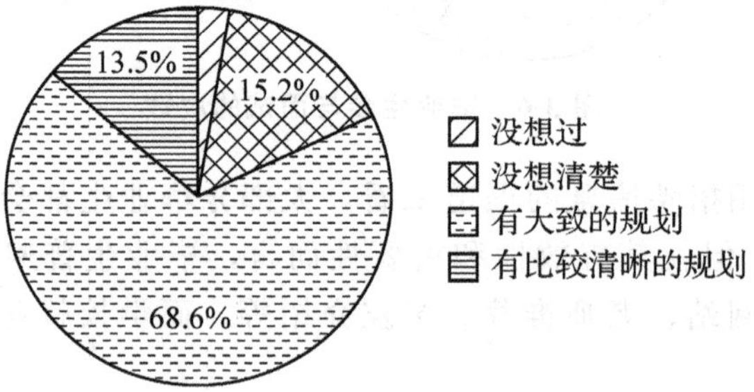

图 3-7　毕业生职业规划状况

表 3-8 毕业生期待的就业技巧指导

选项	重要性等级指数	选择人数比例(%)
求职经验、技巧	0.69	92.3
面试技巧	0.59	87.6
求职信及简历的撰写	0.49	74.9
就业形势介绍	0.40	70.8
就业心理辅导	0.33	61.3
面试礼仪	0.19	45.9
个别咨询	0.18	38.3
面试服饰搭配	0.11	28.0
其他	0.01	0.9

注：重要性等级指数的数值越大，代表等级越高，该因素也更为重要。

表 3-9 毕业生期待的就业服务

选项	重要性等级指数	选择人数比例(%)
为录用单位和毕业生之间的双向选择搭桥	0.65	59.1
向学生提供人才需求的信息	0.61	54.1
收集和整理社会上有关人才需求的信息	0.40	41.8
毕业生就业市场的分析及开拓	0.35	31.7
帮助毕业生推荐工作单位	0.33	46.7
宣传和解释国家有关毕业生就业的方针政策	0.25	26.7
学生就业意向的调查	0.10	12.1
接待毕业生进行个别的就业咨询谈话	0.08	16.8
为毕业生开设就业指导课程或就业教育讲座	0.06	10.8
其他	0	0.4

注：重要性等级指数的数值越大，代表等级越高，该因素也更为重要。

四、对教师招聘工作的启示

(一)对开展公开招聘工作的启示

1. 加大宣传力度，吸引优秀人才

调查发现，毕业生择业时最为看重的因素是薪资福利，而选择教师职业的毕业生则多是因为这个职业比较稳定，且有寒暑假。这种结果意味着那些对薪资福利有较高要求的优秀人才有可能不会将教师职业作为首选甚至不考虑教师职业；即使是那些有从教意向的毕业生，他们也有可能因薪资福利的刚性需求未能得到适度满足而动摇其择业意向。因此，切实提高教师的待遇和社会地位将有助于吸引更多的优秀人才加入教师队伍行列中，以提高整个教师群体的素质水平。此外，还要加大宣传力度，让更多毕业生了解当前教师职业的价值与意义，树立积极的教师职业形象，消除毕业生对教师职业的偏见。

2. 制订人才流动与培训计划

调查发现，大部分有从教意向的毕业生都希望去重点学校（中学）任教，而不愿到一般学校、职业学校或小学等任教。毕业生这种带有倾向性的选择是可以理解的。根据区域发展格局，通过制订人才培训与流动、校际合作互助等计划或政策，鼓励和引导优质教育资源、优秀教师合理、有序、持续地流动与共享。鼓励优质资源丰富的学校输送优秀教师到资源不足的学校“传经送宝”，并成为常态化；同时给资源缺乏的学校提供多种机会，使其教师能够“走出去”，到其他学校学习、培训。优质资源的共享、优秀人才的良性流动，不仅为薄弱校提供了可用的资源，同时也为教师成长提供了机会与空间。

3. 对薄弱学校给予更多的扶持和政策优惠

调查显示，不少毕业生不愿意到工作地点偏远、办学条件稍差的学校任教。同时调查结果还显示，这些学校若能够在解决北京户口、提高薪水、提供住宿等方面给予一定优惠的话，大部分毕业生也会考虑到这些学校任教。因此，为了吸引毕业生到偏远或办学条件稍差的学校工作，在统筹安排可用的教育资源的前提下，可对薄弱学校给予适当的政策倾斜，如更多的进京户口指标、财政补贴等，以提高这些单位的就业吸引力。

4. 加强对招聘工作流程的监督与指导

相当一部分毕业生感到缺乏社会资源与关系是影响择业的重要因素，这也从一个侧面反映出毕业生对用人单位招聘操作不公的担忧。所以应加强对学校人事部门招聘工作的监督和指导，保证学校人才招聘工作的公开、公正、公平，让更多有发展潜力的优秀毕业生敢于报考，并能有机会凭实力竞争而被录用。

（二）对学校招聘工作的建议

1. 扩大宣传渠道，提高宣传力度

学校招聘会、老师推荐、报刊或者网站等是大部分毕业生收集招聘信息的主要渠道，而高校的招聘网站、就业宣讲会等形式毕业生虽然也会关注，但相对而言不是最有效的。其原因之一是学校招聘会、老师推荐、报刊或网站的信息收集渠道是具有普适性的，是面向大部分毕业生群体的，同时也是多元性的，给毕业生提供更多的选择。而其他的一些渠道在宣传力度、针对性等方面相对较弱，对毕业生的影响力不够。尽管如此，也有相当一部分毕业生还是会利用这些渠道来获取招聘信息，这对于招聘单位而言，无疑是一个不容错过的良机。毕业生对学校的了解往往基于学校自身的知名度及学校的宣传，且学校自身的知名度的高低也和学校的宣传工作分不开。因此，要想吸引更多优秀的人才了解学校进而选择学校，必须加强学校自身的宣传工作，扩大宣传的渠道，尤其要重视建设学校自己的网站，突出学校特色、良好氛围及为新任教师提供的发展平台等内容，同时应及时发布相关的招聘信息。还要认真准备，主动到相关大学开展有针对性的校园宣讲会，让更多的毕业生能够便捷、全面地了解学校的状况。通过与毕业生的直接互动交流，可以答疑解惑，消除毕业生可能存在的某些担忧。

2. 营造良好的学校氛围

虽然毕业生对薪资福利非常看重，但学校氛围、个人发展空间也是毕业生看重的择业因素。在薪资福利这一因素目前无法得到根本性改善的情况下，营造良好的学校氛围、搭建适于新任教师发展的平台无疑是吸引更多优秀人才应聘的关键。学校应该努力营造良好的学校氛围，形成团结友爱、互帮互助的合作氛围，提倡公平竞争、积极向上、争先创优。这不仅能使教师在一个愉悦的环境中工作，更重要的是，能够使教师在此环境中不断地提升自身专业化水平，实现个人发展，最终提升学校的软实力，促进学校发展的良性循环。

3. 招聘过程透明化

正如上述分析，部分毕业生持有用人单位存有不公平的招聘操作的观念，为此学校在招聘过程中要做到招聘信息完全公开、招聘要求合理、招聘流程规范和公平、招聘结果公示等，只有这样才能让更多的毕业生看到招聘信息，了解学校的相关要求，并打消应聘者对招聘不公平的疑虑，吸引更多的优秀人才来应聘。

4. 适当放宽对专业对口的要求

不少毕业生在择业时虽然希望能够从事专业对口的工作，但他们并不拒绝去做一些虽然不是本专业，但自己可以胜任的工作。因此，对于那些招不到专业对口的教师而经常出现空岗的学校，在不违背政策的前提下，若能根据实际情况适当放宽对专业对口的要求，则有可能扩大人才选拔的范围，吸引更多的有胜任潜力的人才来应聘。

第二节　当代大学生获取信息的主要渠道

有效的招聘可以降低招聘成本，吸纳优秀人才，促进人力资源的合理流动，最大限度地调动和发挥广大教育人员的主观能动性，使人尽其才、人事相宜。

为了解毕业生有效搜索招聘信息的渠道，我们对 514 名已经成功通过教师公开招聘，即将签订三方协议的准教师发放问卷进行调查，旨在了解大学应届毕业生招聘信息获取渠道、应聘方式的基本情况。共回收有效问卷 506 份，按实际填写选项的人数计算，男性占 13.8％，女性占 86.2％；25 岁及以下的占 62.1％，26—30 岁的占 37.7％；专科占 5.1％，本科占 35.6％，硕士研究生占 55.1％，博士研究生占 3.4％；首都师范大学的占 38.7％，北京师范大学的占 10.7％；任教学段中，幼儿园占 7.1％，小学占 52.4％，中学占 39.1％。

一、招聘信息获取渠道

对于签约单位所发布的招聘信息，大学应届毕业生是通过哪种渠道获知的？他们还通过哪些方式获取招聘信息？

调查结果如图 3-8 所示，大学应届毕业生工作搜寻渠道呈多元化态势，使用最多的三条渠道依次是：校园双选会（占 24.4％）、网络搜寻（占 23.3％）、人才招聘市场（占 15.2％）。

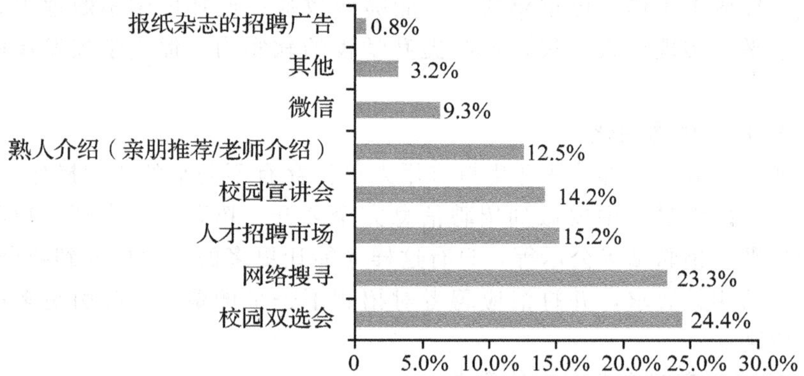

图 3-8　大学应届毕业生招聘信息获取渠道

以上调查结果的出现可能涉及几方面的原因。其一，教委对以上三种信息发布渠道给予了极高的关注，投入了较多的人力、物力，发布的招聘信息较多，招聘活动准备充分、安排合理，使大学应届毕业生获得了较好的工作搜寻体验。其二，以上三种招聘渠道各具优势，能够为大学应届毕业生的工作搜寻提供便利。校园双选会对于毕业生而言是主场作战，毕业生比较熟悉招聘场所的环境，竞争压力较小，省心、省钱、省事，能够实现高校、用人单位和毕业生三方的共赢。网络招聘比招聘会等形式节省了去应聘地点应聘的路费、时间成本、打印简历的费用等，使大学生参加应聘的次数增多，足不出户就可以递交自己的简历，加大了筛选的机会，增加了就业机会。应聘者还可以通过招聘网站的信息从多角度了解应聘单位，促进用人单位与应聘者的双向交流互动，应聘者对心仪的职位立刻投寄简历，用人单位可即时收到，反馈速度较快。人才招聘市场是一种较为传统的招聘渠道，应聘者可以通过宣传活动直观地了解单位的基本情况和文化理念，与用人单位进行面对面的交流，充分展现自己的能力和才华。

校园宣讲会的选择比例仅次于人才招聘市场，排在第四位(占 14.2%)，这体现出校园宣讲会在大学应届毕业生中受到一定的欢迎，学生能够通过宣讲了解招聘单位的基本情况和信息，但双方交流互动的效果可能有待提高。另外有 12.5%的大学应届毕业生选择通过亲朋好友、老师等熟人介绍来获知招聘信息。

此外，值得关注的是，在 506 份有效问卷中，仅有 47 名被调查者选择了微信渠道(占 9.3%)。造成这种结果的原因可能有两个方面：一是教委在招聘信息发布时并未着力强调或推广使用微信这种信息发布渠道，大学应届毕业生受此影响，依旧通过传统的工作搜寻渠道收集招聘信息。二是大学应届毕业生工作搜寻方式比较传统，没有更多地关注微信这种获知招聘信息的新渠道；或是大学应届毕业生微信朋友圈狭窄，检索能力较弱，比如未关注相关微信公众号等。

选择通过报纸杂志的招聘广告获取信息的人员最少(占 0.8%)。这说明纸质媒体在招聘中发挥的作用呈下降趋势，新兴媒体在信息的时效性以及检索查询等方面更具优势，在大学生群体中更受欢迎。

最后，还有 3.2%的大学应届毕业生选择了其他渠道，例如高校就业部门网站、高校 BBS 系统、学校招生就业平台、公招等方式获取招聘信息。因此，招聘单位也可对以上招聘信息发布渠道加以关注。

二、通过网络、报刊、微信渠道获取招聘信息的具体方式

1. 网络渠道

通过对大学应届毕业生招聘信息获取渠道的调查结果获知，网络搜寻的选择比例在所列搜寻渠道中位列第二。这说明网络搜寻是海淀区教委聘用大学应届毕业生较常采用的信息发布方式之一。那么大学应届毕业生究竟是通过哪些具体的网络渠道来搜寻招聘信息的呢？

“通过网络获取招聘信息的具体渠道”的调查采取多项选择形式。调查结果(见图 3-9)显示，在所有选择“网络渠道”的大学应届毕业生中，近半数(占 42.4%)是直接登录海淀教育人才网站查询招聘信息；选择登录所在高校就业指导中心网站查询招聘信息的比例为 20.2%，位列第二；排在第三位的是登录用人单位主页查询(占 15.9%)；排在第四位的是登录专门招聘网站查询(占 12.2%)；选择比例最少的是通过百度等搜索引擎专门检索(占 3.3%)。此外，

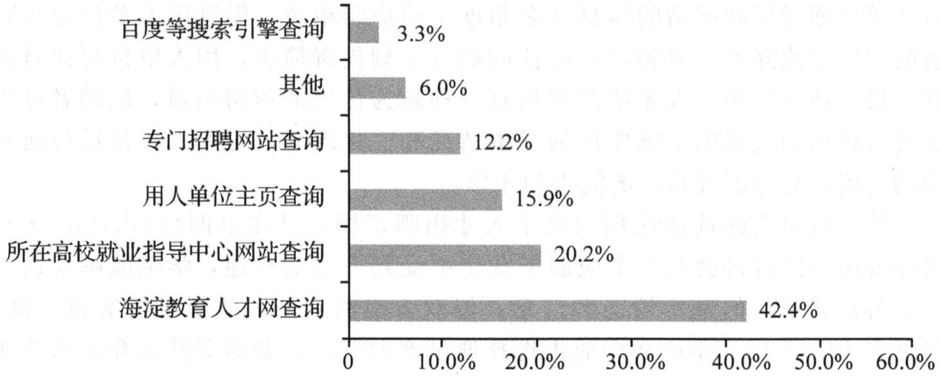

图 3-9 通过网络获取招聘信息的具体渠道

还有 6%的被调查者选择通过其他网络渠道获取招聘信息，就其填写内容主要是文武教师招聘网、应届生求职网、人力社保局网站或人事人才网站等。

在所有网络搜寻渠道中，海淀教育人才网占比最高(占 42.4%)。这一方面是因为被调查大学应届毕业生的目标职业多是教师或到教育系统工作，因此他们能够更有针对性地进行工作搜寻，直接到海淀教育人才网搜寻招聘信息。另一方面也从侧面说明，海淀教育人才网推广宣传得较好，其受关注程度较高，且提供的招聘信息较为丰富，近一半的大学应届毕业生是通过这一渠道获知的招聘信息。

排在第二位的是登录所在高校就业指导中心网站查询招聘信息(占 20.2%)。这是因为对于在校大学生来说，高校就业指导部门是他们求职就业的重要依托，高校就业指导中心网站是他们获取外界招聘信息的重要渠道。对于涉世不深、求职经验不足的大学应届毕业生，高校就业指导中心网站为大学生就业提供了及时的帮助，赢得了他们的重视和信任。

排在第三位的是登录用人单位主页搜寻(占 15.9%)。这说明部分大学应届毕业生对未来就职的单位目标较为明确。同时也说明用人单位在网站的建设和维护方面加大了投入，宣传效果较为理想，树立了良好的单位形象。

2. 报纸杂志渠道

在调查问卷所列举的众多招聘渠道中，为数不多的大学应届毕业生(仅有 0.8%)选择通过报纸杂志获取招聘信息。为了获知关注度较高的报刊名称，为海淀区教委在纸质媒体发布招聘信息提供参考，我们针对这一问题进行了调查。

统计数据(见图 3-10)显示，有 195 位被调查者对问卷列举的具体报刊名称进行了选择。其中排在第一位的是《中国教育报》(占 36.4%)；第二位是《中国教师报》(占 21.5%)；第三位是《人民教育》(占 15.4%)；另外还有 26.7%的被调查者选择了其他报刊，但由于具体报刊名称填答效果不佳，无法详细获知报刊类型。

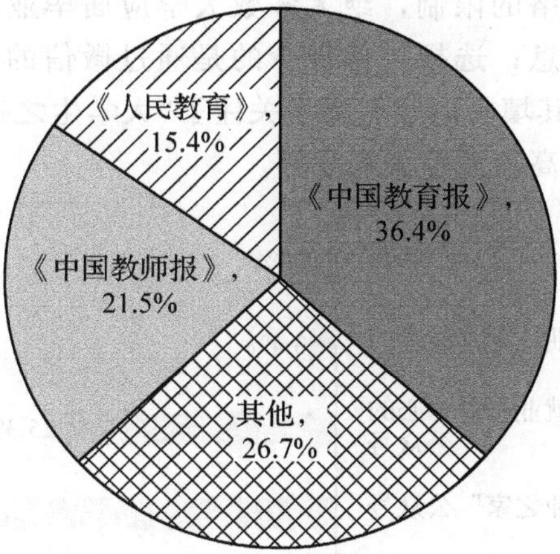

图 3-10　通过报纸杂志获取招聘信息的具体渠道

结果显示，通过报纸获取招聘信息的大学应届毕业生数量较少。从选择结果分析，大多数被调查者都关注了教育类相关的报刊，这与被调查者主要从事教师职业密切相关。多数大学应届毕业生之所以选择以上三种报刊，其原因可能是这三种报刊在业内比较权威，拥有较高的声望和影响力，刊登的招聘信息在传播覆盖面上都优于其他种类的报刊，宣传效果较好。故海淀区教委可优先考虑在上述报纸杂志发布招聘信息。

3. 微信渠道

微信是新媒体当中极具代表性的信息传播工具，那么微信在大学应届毕业生获取招聘信息的过程中发挥了什么样的作用？求职者又会通过哪些方式获取招聘信息呢？为此我们调查了海淀区教委聘用的应届大学毕业生通过微信进行工作搜寻的具体情况。

填答“通过微信渠道进行工作搜寻”一题的样本总数为 495。在具体的通过微信获取招聘信息渠道中，调查结果（见图 3-11）显示，排在第一位的是关注“北京大学生就业之家”公众号（占 41.8%）；其次是关注“海淀区教委”公众号（占 28.5%）；排在第三位的是关注所在高校就业指导中心的公众号（占 25.3%）。产生该调查结果的原因可能是大学应届毕业生在关注大学生就业之家网站、海淀教育人才网、高校就业指导中心网的同时关注了其微信公众号，以便随时随地了解最新招聘信息。就微信自身的特性来看，其信息传播的针对性强、信息连贯，能为用户提供丰富的、形式多样的信息。借助即时通信的特点，克服其他招聘形式信息滞后、互动不够的弊端，其在校园招聘中效果尤为突出。所以微信可作为重点推广使用的新媒体渠道。

此外有 3.4%的大学应届毕业生选择通过微信获取亲朋或老师转发的就业

信息，这说明老师、亲友也是大学应届毕业生获取招聘信息的一条渠道，但是由于受人脉关系网络的限制，绝大多数大学应届毕业生很难通过亲朋好友的微信来获取招聘信息；选择比例最少的是通过微信的其他相关方式获取求职信息(占 1%)，就其填写内容主要是关注了“大学生之家”“成功就业”“中公”等微信公众号，以及高校微信公众号等。

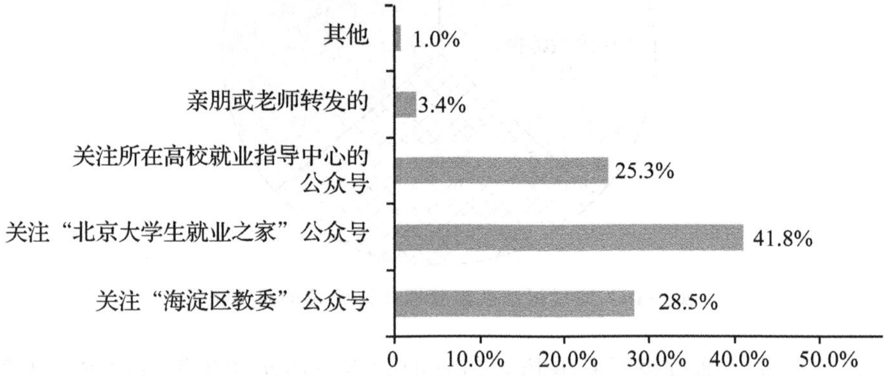

图 3-11　大学应届毕业生通过微信获取招聘信息的具体渠道

三、应聘方式

为了获知大学应届毕业生经常采用的应聘方式，为海淀区教委后续开展大学应届毕业生招聘活动提供借鉴，我们对求职者的应聘方式进行了调查。

在大学应届毕业生的应聘方式中(见图 3-12)，选择数量最多的是在招聘会现场投递个人简历(占 42%)。究其原因，一方面，在招聘会现场投递个人简历往往能够借此机会与招聘人员进行面对面的沟通交流，在对比多家单位的基本情况后进行集中投递，求职效率较高，受到应聘者的青睐。另一方面，也可能与海淀区教委多年来重视并积极组织开展招聘会，且招聘会在大学应届毕业生中具有广泛的影响力，从而能吸引大量的大学应届毕业生参加有关。

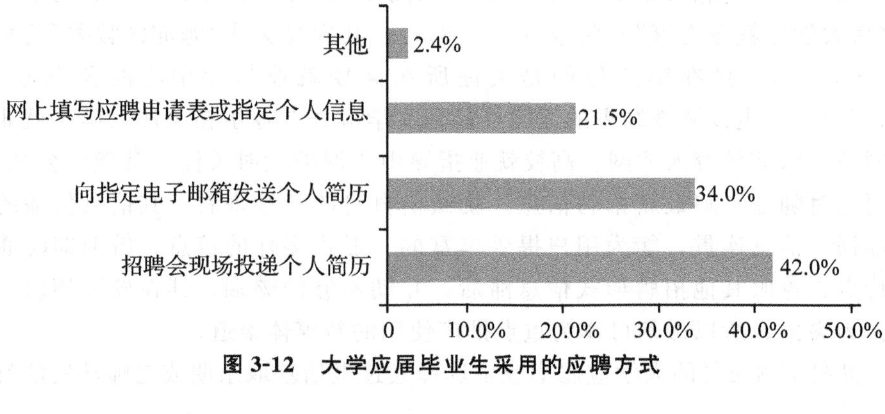

图 3-12　大学应届毕业生采用的应聘方式

排在第二位的是向指定电子邮箱发送个人简历(占34%)。这说明招聘单位为应聘者提供了明确的简历投递渠道。此外，电子简历的投递不受数量、时间、空间的限制，方便快捷，在内容上能够体现应聘者的优势与特色，成为大学应届毕业生投递简历的重要渠道之一。

排在第三位的是在网上填写应聘申请表或指定个人信息(占21.5%)。由此可以看出在海淀区教育系统中，许多单位日益看重网上申请，相比于应聘者自行设计的简历，应聘申请表更便于招聘方获取简历中的有效信息，且能够通过更为直观的方式收集与申请岗位相关的关键信息。

此外还有2.4%的大学应届毕业生选择了其他应聘方式，例如考试、学校推荐、实习留任、电话咨询、到求职学校面试、通过公开招聘系统报名等。

四、主要结论

1. 招聘信息获取渠道

海淀区教委聘任的大学应届毕业生利用各种各样的信息渠道进行工作搜寻，搜寻渠道呈多元化态势。其中用到最多的三个渠道依次是：校园双选会、网络搜寻，以及到人才招聘市场求职。

2. 网络搜寻方式

网络搜寻的选择比例在所列搜寻渠道中位列第二。选择比例较高的前三位网络搜寻方式分别是登录海淀教育人才网查询、登录所在高校就业指导中心网站查询、登录用人单位主页查询招聘信息。

3. 微信搜寻方式

选择最多的选项为关注“北京大学生就业之家”公众号获知，其次是关注“海淀区教委”公众号，再次是关注所在高校就业指导中心的公众号获知招聘信息。

4. 报纸杂志搜寻方式

很少一部分大学应届毕业生选择通过报纸杂志获取招聘信息。大多数被调查者都关注了教育类相关的报刊，排在前三位的分别是《中国教育报》《中国教师报》和《人民教育》。

5. 应聘方式

问卷所列举的各项应聘方式的选择比例基本呈现均匀分布。选择数量最多的是在招聘会现场投递个人简历，其次是向指定电子邮箱发送个人简历，再次是在网上填写应聘申请表或指定个人信息。

五、对教师招聘工作的启示

基于上述调查结论，建议海淀区教委在后续招聘中重点做好如下几项工作。

1. 有重点地选择高校，并与高校就业部门长期、稳定合作

在大学应届毕业生的招聘过程中，高校就业部门发挥了举足轻重的作用，而教育系统所需要的人才绝大多数为师范生，这个招聘对象非常集中。这就为教委通过与高校就业部门合作来顺利完成大学应届毕业生的招聘提供了更多的、更加稳定的保障。在具体做法上，海淀区教委可做好如下几点：

第一，重点选择到拟聘人选较多的高校进行宣讲。通过调查发现，首都师范大学、北京师范大学、北京联合大学、北京大学等是海淀区教委招聘新任教师最主要的来源，故海淀区教委可重点选择到这些生源较多的高校组织开展校园招聘活动，进行宣讲。

第二，到高校就业部门网站或平台发布相关的招聘信息。借助高校就业网站来进一步扩大招聘信息的发布范围，让更多符合条件的优秀大学应届毕业生前来投递简历。

第三，告知高校就业部门海淀区教委招聘信息的其他多种发布渠道，委托高校就业指导部门的老师推荐给学生，确保有能力、有意向的高校毕业生能及时、准确地获知海淀区教委的人才招聘信息。

第四，海淀区教委要与高校联合培养人才，与高校就业指导中心长期、稳定合作。双方要主动寻求建立更加紧密的合作伙伴关系，在合作过程中加强细节操作，及时沟通和交流教学培养计划，把双方的目标进行最优化整合，严格保证合作的质量。海淀区教委可根据人才培养需求为高校提供更多的教育教学建议，为在校大学生提供丰富的教学实践机会，提升学生的专业素质，积累教学经验，从而真正实现人才储备。同时要注重对大学生就业质量的评估和对大学生就业的追踪调查，分析毕业生的结构，打造更贴合岗位需求的优秀人才，实现更好的招聘效果。

2. 继续重视并组织校园招聘，优先采用校园双选会、宣讲会等形式

通过本次调查发现，海淀区教委目前使用的以双选会和宣讲会为主要招聘形式的校园招聘的效果较好，在聘用的大学应届毕业生中有相当一部分都是通过校园招聘招募到的。由于大学应届毕业生正处于从校园向社会过渡的阶段，工作搜寻能力有限、求职经验不足，这就需要招聘单位积极走进校园开展招聘活动，主动吸纳优秀人才加入。因此通过双选会、宣讲会等形式组织开展上门招聘是能够满足大学应届毕业生求职需要的重要渠道。而且师范类大学生一般比较集中，采取校园招聘这种上门招聘的方式往往能够起到良好的招聘效果。

事实上，校园招聘的作用不仅限于招募到足够多的可供用人单位筛选的候选人，还可以免费宣传海淀区的教育形象与品牌，在众多低年级学子心目中提高海淀区教委的影响力；而且专业的校园招聘的实施与开展能够进一步提升海淀区教育的美誉度，并树立起良好的组织形象，从而在未来的人才争

夺中打下基础。

在组织开展校园招聘时，建议重点做好以下三方面工作：

第一，选择合适的院校，并与之建立关于招聘信息的良性沟通。通过电话、面谈、查阅高校组织学生应聘的信息发布平台等渠道来了解、掌握该高校学生的专业设置、就业流向，及时调整招聘策略。依据调查结果，海淀区教委可重点选择到首都师范大学、北京师范大学、北京联合大学、北京大学等生源较多的高校组织校园招聘活动。与高校就业部门进行良好的招聘信息沟通，建立真诚的招聘合作关系，以达到让高校为招聘单位选择最合适的时间、安排最合适的场所、组织最合适的应聘学生来参加招聘。

第二，优先举办校园双选会，因其效果更好。还可举办校园宣讲会，吸引更多毕业生投递简历。

第三，招聘活动的内容需突出重点、凸显亮点，为求职者提供具体化的招聘信息，针对学生所关心的问题进行现场互动等，提升宣讲的竞争力。让适合的学生有选择地来参加应聘，从而更有效地将志同道合的学生吸引到招聘工作中来。

3. 优化海淀教育人才网管理，进一步提升其影响力和美誉度

调查结果表明，相当多的大学应届毕业生对海淀教育人才网关注度较高，许多被聘用的人才都是借此获得的有效招聘信息。因此海淀教育人才网应进一步开发与优化，努力提升其影响力和美誉度。建议从以下两个方面对海淀教育人才网的招聘板块进行优化。

一是要提升宣传效果，扩大影响力。招聘负责人员应该在招聘广告的描述方面进行深入研究，突出网站的优势和特色、积极宣传优异成果，增加关于海淀区教育取得的成就和发展愿景的相关描述，吸引更多高质量求职者投递简历。在网站开辟专门的招聘专区，借鉴社交媒体招聘广告的形式和内容，增加招聘广告的吸引性和可读性。深度挖掘网络招聘广告展示价值，在招聘单位的介绍中加入流媒体展示，如视频展示等。另外可以建立一个类似于网上电视台的频道，为探索新的服务模式做尝试。利用流动画面和专题片强化传播作用，提升宣传效果，为海淀区教委树立良好形象，进一步提升海淀教育人才网的影响力，吸引更多优秀人才关注并加入海淀区的教育事业。

二是要提升招聘服务的质量与效率。海淀区教委人才服务中心应组织网站维护等相关人员进行统一培训，强化招聘人员服务意识和专业能力，熟练运用招聘网络，掌握网络运营技能，充分发挥网络渠道招聘的优势，提高招聘效率。规范“简历自动投递”功能，通过设置门槛，过滤掉不满足岗位任职资格要求的简历，减轻筛选负担。另外，招聘网站应给求职者关于反馈等待时间的合理预期。不仅要在招聘启事中标明申请截止时间，还应说明会在简历收到后几日内予以反馈或者截止日期后几日内反馈，同时说明反馈方式（如

电话或者电子邮件)，减少求职者后续漫无目的的等待。还可在简历收件箱设置自动回复功能，这样做既能够体现用人单位对求职者的尊重，又可以避免应聘者简历的重复投递。最后，在确定了招聘人选、完成了年度招聘任务之后，应及时撤下已被填补岗位的招聘广告，树立诚信负责的良好形象。

4. 倡导招聘单位实施网络在线申请职位

收集并筛选简历是比较传统的招聘方式，这种方式有其自身的优势。但是如今越来越多的用人单位选择使用网络在线申请职位(简称"网申")，即由招聘单位在网上通过单位官方网站的招聘页面，或者第三方的招聘网站开设的专门的页面投递简历。这种方式通常需要申请者在网上填写一系列信息，这些信息是用人单位根据自己的需要来设计的，包含了职位所需基本的信息并用标准化的格式表示出来的一种初级筛选表。招聘方通过专门的页面来收集简历，并透过简历筛选系统或基本的关键词检索来完成简历的初步筛选。其优势在于：第一，求职信息与岗位要求的吻合度较高。应聘申请表内容言简意赅、直截了当，易于评估，针对性强，且限制了不必要的内容，形式简明醒目，相对于求职者制作的简历更容易进行高效的筛选。第二，减少了求职者的盲目、重复投递。第三，网上填写的应聘申请表可以减少应聘者在简历中过分修饰、夸大自身价值的行为，防止简历造假，维护用人单位利益。所以，"网申"这种招聘方式大大提高了招聘效率，建议海淀区教委倡导下属学校及相关单位使用。

这种获得招聘者信息的方式在使用时最核心、最关键的内容就是招聘申请表的设计。在设计招聘申请表时，需要注意以下四点：第一，一定要结合招聘单位特定的招聘目的来设计内容。第二，申请表的设计应简单明了，体现岗位特点，便于获取关键信息。第三，申请表主要包括以下内容：个人基本信息(毕业院校、所学专业、毕业时间、最高学历、最高学位、最高荣誉、档案所在地、期望薪酬、最快入职时间)、学习经历、工作经历、家庭主要成员情况、教学成果、主要荣誉、科研成果、技能特长、自我评价等。第四，在申请表的最后要求求职者签字，以确认填写的真实性，维护用人单位的权益。

5. 充分利用新媒体发布招聘信息，并努力扩大其传播范围

新媒体的广泛使用推动了越来越多的单位在招聘过程中借助新媒体来发布招聘信息。这些新媒体包括：微信、微博、数字杂志/报纸/广播、社交平台等。建议海淀区教委在现有的基础上，充分利用这些新媒体来发布招聘信息，扩大招聘信息的传播范围。

首先，建立官方微信公众号，由专门的人力资源工作者发布招聘信息并与应聘者进行实时交流。在版面设计上力求简洁明了，对招聘信息进行系统化分类整理，充分利用新媒体的优势，提供丰富的招聘资源，及时更新招聘

信息，确保信息的真实准确，在内容上实现与其他搜寻渠道的资源共享。

其次，海淀区教委还可尝试通过数字杂志、数字报纸、数字广播、手机短信、移动电视、网络、触摸媒体等新媒体渠道发布招聘信息。可与大学生经常访问的网站建立合作关系，例如，与目前人气旺盛的交友或门户网站进行合作，在这些人流量密集的网站发布招聘信息吸引求职者，也可通过高校BBS中的工作板块发布各种招聘信息，求职者可根据这里提供的链接进入求职网站，提高求职者对招聘网站的认知度。

最后，鼓励职工参与，广泛发布招聘信息，扩大其传播范围。海淀区教委可动员员工在微信群、朋友圈、QQ、微博等大学生经常使用和容易接触到的软件平台积极转发招聘信息，树立“人人都是招聘者，人人都是宣传员”的观念，倡导员工通过多样化的形式和渠道发布招聘信息，借助其裂变式的信息传播方式，在短时间内找到尽可能多的候选人，通过线上互动和线下沟通实现初步的人才筛选。

6. 可通过纸媒来扩大宣传力度，重点选择《中国教育报》《中国教师报》

从调查结果来看，报纸杂志等纸质媒介在大学应届毕业生这个群体搜寻工作过程中的使用率较低，从这个角度来说，海淀区教委过多借助报纸杂志渠道发布针对大学应届毕业生的招聘信息的意义不是特别大。但是，招聘信息的发布不单纯是为了收到良好的招聘效果，其还有一个非常重要的任务——宣传，即扩大招聘单位的影响力，让更多的人知晓并对其感兴趣，以获得广泛的好评与美誉度。如果是为了达到这样的宣传效果，为学校在未来吸引更多的潜在应聘者的话，建议海淀区教委使用纸质媒介发布招聘信息。这主要是因为纸质媒介有其他媒介难以比拟的优势，比如：纸质媒介较为充分地照顾到了受众的选择性；纸质媒介可以有效保存，信息不易丢失，且具有便携性和易存性；因具有针对性而拥有特定的读者群，适应专业化和专门化受众的特殊需要，更能适应分众化的趋势。被调查者的目标职业多为教师，具有较为明确的职位搜寻目标，即使在大学毕业之时未能进入某所学校，如果提前了解了该学校的实力，在未来也有可能加入。所以，在纸质媒介上发布招聘信息，不仅可以使用人单位获得当前需要的人才，还可以为用人单位吸引未来的潜在应聘者，是一项定位长远和未来的工程。

根据本次调查的结果，如果要选用纸质媒介，建议海淀区教委选取《中国教育报》《中国教师报》等运营正规且影响范围广的教育类报刊刊登招聘信息。在招聘广告的设计上要加大力度，提升其“广而告之”的效果。比如在广告设计中遵循“ADIA”原则，即 Attention（能引起求职者的注意）；Desire（能激发起人们的求职愿望）；Interest（能激起人们的兴趣）；Action（便于激发起求职者的求职行为）。通过鲜明的标题等吸引应聘者的关注和兴趣，根据招聘对象的群体需求和特点强调海淀区教委在声望成就、福利待遇、提供培训发展机会等方面所具有的优势，激发招聘对象申请职位的欲望，进而激发起求职行为。

第三节　建构相互支持、联动的招聘渠道

一、对用人单位的分析

教师招聘是教师队伍建设的重要组成部分，能起到吸引优秀人才加盟教育事业、为教师队伍补充新鲜血液的重要作用。海淀区教育人才服务中心在海淀区教育人才招聘工作中承载着高校毕业生吸引及新教师配置工作的平台作用，为海淀区教育吸引人才、留住人才、用好人才提供重要保证。

海淀区属教育机构在教师招聘方面存在供不应求的局面，需求上大致可以分为供给不足型、依赖投入型及指向多元型三大类。分析招聘工作中的问题，可以更有针对性地开展高校毕业生吸引渠道构建及新教师配置工作。

1. 供给不足型

以明天幼稚集团和恩济里幼儿园为代表的区属幼儿园在教职工招聘工作中面临供给严重不足的问题。根据海淀区教育机构工作人员学历准入的相关规定，大学专科毕业是幼儿园接收新教职工的最低标准。但是目前北京高校专门培养幼儿园专科、本科及研究生的学校和专业相对较少。在这样的情况下，海淀区属幼儿园一方面要面对因亟须扩大学位提供能力带来的巨大教师缺口，另一方面又处于符合条件的大学毕业生来源单一、数量缺乏的现状，新教师的供给严重不足。与区属幼儿园的情况相似，以商务管理学校为代表的职业高中在教师招聘方面也属于供给不足型。

2. 依赖投入型

教师招聘依赖投入型的学校是以中国人民大学附属小学亮甲店分校为代表的普通区属小学。由所处区域、生源特点、发展历史等因素所决定，这些学校对优秀教育人才的吸引力十分有限。但是，通过合适的渠道向高校毕业生介绍学校的办学理念和发展空间等重要信息之后，这些学校仍然能够吸引到足够多的应聘者，并从中筛选出满足学校用人需求的毕业生。对这一类学校来说，投入招聘工作人力物力的多寡以及重要信息传递效果的好坏，很大程度上决定了学校教师招聘工作的成效。

3. 指向多元型

与前两类学校形成对比，以北京市第二十中学为代表的示范学校对高校毕业生的吸引力较大，可筛选的应聘者数量可观，完全能够满足学校在教师招聘工作中的基本需求。尽管如此，这一类学校仍然需要面对教师来源比较单一的问题——北京师范大学和首都师范大学这两所高校是北京市第二十中

学新教师的主要来源。同一所高校培养出的毕业生在很多方面都具有较大程度的共性，如果毕业生来源高校单一，势必造成学校教师队伍多元化程度的不足。对于北京市第二十中学这类示范学校来说，打造多元化的教师队伍，以多元化推动持续创新发展才是学校从优秀走向卓越的必然选择。

二、教师招聘特点对毕业生吸引渠道建设的影响

随着北京市教育的发展和各区县间以及学校之间的竞争日趋激烈，各中小学及幼儿园等越来越重视人才在学校建设中的作用，纷纷将人才引进摆在关乎学校发展全局的战略性高度。激烈的人才竞争从招聘渠道即已开始。在人才引进中，学校规模往往较小、缺乏专业的人力资源理论知识，因此招聘渠道较少、信息不通畅等问题日益暴露，并引起重视，加上学校教师的人事权由教委集中管理，学校在招聘渠道上也自然希望所属教委给予帮助。分析当前教师招聘的特点，有助于更好地为区属学校构建更有效的毕业生吸引渠道。

1. 教师资格准入制度

1993 年 10 月 31 日第八届全国人民代表大会常务委员会第四次会议通过《教师法》，首次以法律的形式对教师资格和教师聘任予以规定。其中第 10 条规定："国家实行教师资格制度。中国公民凡遵守宪法和法律，热爱教师事业，具有良好的思想品德，具备本法规定的学历或者经国家教师资格考试合格，具有教育教学能力，经认定合格的，可以取得教师资格。"获得教师资格的人还必须经学校聘任才能上岗。招聘教师必须坚持公开性、遵循规定的程序、招聘考试内容和形式要符合要求、招聘结果要进行公示，最后应与聘用人员签订聘用合同。

这就对教师职业的专业性提出了要求，同时也对教师招聘工作做了严格的规定和限制。涉及招聘对象方面，应聘者首先需要具备教师资格证，并参加公开招聘，在学校有了聘用意向的同时还要通过招聘考试，合格后才可以被聘用。教师的人力资源规划由招聘单位自己负责，统计所需教师的数量和学科，上报有人事权的上级单位如教委等，由其依据教师专业标准制定教师人力资源质量规划，统一组织公开招聘考试。

因此，教师岗位的招聘渠道与其他行业有所区别。第一，最终的用人单位(学校)有选择教师的话语权，可以根据实际情况选聘合适的教师到学校任教，但是又没有完全的自主性，需要通过上级人事部门的考核并走入职程序。第二，中小学及幼儿园往往规模较小，缺乏完善且专业的人力资源部门，需要上级人事部门给予指导和帮助，并对候选人进行最后的把关。因此上级人事部门在中小学的教师招聘工作中发挥着重要的作用，以海淀区教育为例，海淀区教育人才服务中心就扮演了这样的角色，力保为中小学及幼儿园吸引

到优秀的教育人才。

2. 招聘渠道单一

在企业招聘中，多样化和开放的招聘渠道是招聘工作的显著特点。目前，由于我国教师公开招聘实施时间不长，尚处在改革试行阶段，中小学及幼儿园在教师招聘渠道上显得单一和被动。人才引进包括社会招聘和应届毕业生招聘。社会招聘主要采取通过网站发布信息以及在人才洽谈会上现场招聘等常规做法；毕业生招聘也多是等待毕业生自己投递简历，或者参加第三方组织的校园招聘会，显得有些“守株待兔”，缺乏主动策划的意识。

随着人才竞争的日益激烈，教师招聘渠道必将朝多样化和个性化方向发展。中小学及幼儿园需要综合考虑自身特点和岗位需求，对招聘渠道进行择优使用与合理搭配组合，同时提高主动策划能力，积极为教师招聘开发渠道。很多海淀区属中小学及幼儿园在这方面进行了卓有成效的尝试。例如，某小学为了抢占先机，在招聘季节到来之前就积极与高校就业指导部门取得联系，组织毕业生到校参观，在自己学校举办专场宣讲会，给毕业生以更直观的认识，吸引更多的候选人；某小学通过校友等关系联系高校就业部门或相关老师直接推荐优秀人选；许多学校也会在招聘季积极与教委联系，争取参加在高校举办的校园宣讲会和双选会；还有的以学区为单位，在高校举办宣讲会等，通过参观、宣讲等形式招聘到满意的人员。

3. 网络化趋势

网络能以较低成本快捷、迅速地发布信息。随着学校信息化进程加快，网络招聘渠道发展迅猛，并发展出灵活多样的招聘方式。最常见的网络招聘方法为在校园网上开辟招聘专区。目前绝大多数高校都建有自己的网站，并在校园网上开辟招聘专区，这种方式最省费用，发布信息便捷主动，能全方面展示用人单位的情况，具有其他渠道无可比拟的“窗口”优势。

中小学及幼儿园应认识到网络招聘的优势，主动策划，一方面积极与高校联系，将招聘信息发布在高校的就业网站上吸引应聘者；另一方面，在自己的学校主页或其他网络平台上加大对学校的宣传，并随时更新招聘信息，吸引更多的优秀人才应聘。

海淀区教育人才服务中心努力为区属中小学及幼儿园提供毕业生吸引平台，也加大了对海淀教育人才网的建设，除在网站上发布区属学校的招聘广告外，还定期举办网络双选会，在网络平台上让供需双方直接对话，提高招聘效率。此外，也考虑尝试使用如微博、微信等新媒体方式广开吸引渠道。

三、师范类毕业生的就业行为对吸引渠道建设的影响

了解毕业生的择业心理和择业行为特点，有助于更好地为招聘单位搭建毕业生吸引渠道。海淀区教育人才服务中心于 2012 年开展了大学应届毕业生

择业意向的调查，其中包括毕业生的就业取向和就业行为，对这两个问题的把握有助于提高毕业生吸引渠道建设的有效性。

1. 师范院校毕业生的就业价值取向

毕业生的就业取向是其在择业过程中最看重的东西，招聘单位从这点入手进行宣传能够更好地吸引毕业生应聘。

首先，调查显示，毕业生在择业时更多是从个人利益最大化的角度着眼，最为看重的 5 项因素是：薪资福利、职业稳定性、个人发展空间、兴趣与特长以及工作强度。其中，前三项占绝对优势，说明毕业生既希望当下有较好的薪资待遇，又希望长期的工作稳定和个人发展。

其次，不同类型的毕业生群体择业时考虑的因素存在差异。除上述几项因素外，由于毕业生本身的生源地、性别、学历等差异，不同的毕业生在择业时也会表现出不同的关注点。

第一，京内生源更看重地理位置、学校的知名度、发展前景及工作强度等条件，并对此有较高要求，有些郊区县的京内生源还会把是否提供住宿放在首位，而京外生源(多体现为研究生)则将是否能解决北京户口放在首要位置。

第二，大部分师范类女生更重视职业的稳定性、单位的发展前景等；而男生更看重工作的自由度、社会地位的高低及个人的兴趣和特长。

第三，对比有从教意向和无从教意向的毕业生，发现有从教意向者更看重职业稳定性、专业是否对口等；而无从教意向者对工作的自由度、社会地位以及个人的兴趣与特长等因素较为看重。当然，有从教意向的毕业生才是招聘单位的理想人选，这其中大部分毕业生希望去重点学校任教，对学校氛围也非常看重。如果一般学校能够提供一些额外的待遇，比如高工资、住宿、更多的进修机会等，对毕业生也是有吸引力的。

对毕业生择业意向的把握，有助于学校在招聘毕业生的过程中有的放矢地对自己的学校进行宣传，吸引到理想的候选人前来应聘。

2. 师范院校毕业生的就业信息来源

毕业生常用的收集招聘信息的渠道也是毕业生吸引渠道构建的主攻方向。调查显示，大部分毕业生都会采取多种不同的方式收集招聘信息，这些方式根据重要性等级排序依次为：学校招聘会、报刊或求职网站、老师推荐及亲友介绍、实习实践、校外招聘会、学校就业指导中心、学校就业网站、招聘单位宣讲会以及其他方式。

毕业生普遍会优先选择学校招聘会、求职网站和老师推荐，将其他方式作为补充，如通过实习找到工作等情况并不具有普遍性。因此，举办各类招聘会和加强网络建设是毕业生吸引渠道建设的主要方向。

3. 毕业生的就业行为对吸引渠道建设的指导建议

对毕业生收集求职信息的渠道进行分析发现，学校招聘会和求职网站是毕业生常用的求职渠道，这也是毕业生吸引渠道建设的着力点。同时在吸引过程中找到毕业生关注的兴趣点进行宣传，更有利于吸引毕业生。

第一，在毕业生吸引渠道建设过程中，要加大宣传力度，让更多毕业生了解招聘单位的优势所在，这样才能吸引优秀人才。毕业生对学校的了解往往基于学校自身的知名度及学校的宣传，且学校自身的知名度高低也和学校的宣传工作分不开。学校应重视自己的网站建设，突出学校特色、良好氛围及为新任教师提供的发展平台等内容，同时应及时发布相关的招聘信息。在参加招聘会、宣讲会等招聘活动时，认真准备好招聘宣传内容，主动到大学开展宣讲，扩大宣传渠道、提高针对性，让更多毕业生能够便捷、全面地了解学校的状况，通过与毕业生交流增强对毕业生的影响力。

第二，对海淀区教委而言，也要对区内薄弱学校给予更多的扶持和政策优惠，例如解决北京户口、提高薪水、提供住宿等，有利于吸引毕业生到偏远或办学条件稍差的学校工作，以提高这些单位的就业吸引力，均衡海淀区教育资源，提高海淀区教育整体实力。

第三，海淀区教育人才服务中心作为中间平台，必须积极构建毕业生吸引渠道，代表区内所属诸多中小学及幼儿园与高校积极沟通联系，多提供宣传海淀区教育的机会，如举办校园宣讲会、校园双选会等，让毕业生了解到海淀区教育能够给予他们的发展机会。同时，与第三方机构合作，广开宣传渠道，举办海淀区教育的专场人才洽谈会，以及举办网络双选会和发布招聘广告等，整合海淀区教师招聘系统，扩大宣传渠道，吸引更多的优秀毕业生服务海淀区教育事业。

四、教师招聘的主要渠道及比较

1. 教师招聘的主要渠道

由于教师招聘工作的特殊性、政策性等特点，适合学校用来进行教师招聘的渠道主要有校园招聘、网络招聘、借助第三方招聘、广告招聘等。向区属中小学及幼儿园介绍各种渠道的优劣，可以便于招聘单位根据自身情况有选择性地参加海淀区教育人才服务中心举办的毕业生招聘工作。表 3-10 给出了教师招聘的主要渠道，学校可根据自己的实际需求进行选择。

(1)招聘过程的重要性

招聘是人力资源管理中的重要环节，与其他的人力资源管理活动之间存在密切联系。在员工招聘开始之前，组织需要确定工作职位空缺的性质，并在此基础上确定人力资源的需求，包括需求的数量、技术组合、等级和时间要求等，这一环节需要进行人力资源计划，以便了解所需要的申请人的类型

表 3-10　教师招聘的主要渠道及优缺点

招聘方法	方法简介	操作步骤	优点	缺点
校园招聘（如校园宣讲会、校园双选会）	主要是从学校招聘各类层次的应届毕业生。	(1)调查分析。了解有关学校专业设置、学生优势特点等基本情况，并确定目标学校。(2)前期准备。准备宣传材料(宣传海报、音像材料、宣传设备等)，做好有关准备工作。(3)校园招聘。做好筛选、测试、面试、录用等工作。	易于组织大规模的应聘考试。	(1)应聘人数众多。(2)应聘者缺乏工作经验。(3)应聘者没有明确的职业定位和目标。(4)求职者地区分布广。
借助第三方招聘（如借助“北京市大学生就业之家”举办人才洽谈会等人才市场招聘）	通过参加人才市场招聘会招聘人才。	(1)前期准备。联系展位，准备资料和设备，确定招聘工作人员。(2)现场招聘。发放招聘简章，与应聘人员洽谈，审查有关资料，签订用人意向。(3)情况反馈。汇总有关情况，提出初步人选，提请研究，确定人选，签订用人协议。	挑选余地较大；对应聘者有一个初步的面试。	(1)双向收费，招聘成本大。(2)往往受到展会主办方宣传推广力度的影响，求职者的数量和质量难以有效保证。
广告招聘(如网络招聘广告)	采用广告的形式招聘人才。	(1)选择广告媒体。(2)设计广告内容。(3)进行广告发布。(4)进行沟通联系。(5)确定人选。	范围广；工作程序简便；易操作。	(1)会吸引到很多不合格的应聘者，增加了人事部门筛选简历的工作量和难度。(2)该渠道的费用比较高，特别是选择“抢眼”版位和版式费用会更高。
网络招聘(如海淀教育人才网、北京人才网)	运用网络技术手段招聘人才。	学校通过自己的网站、第三方招聘网站等机构，使用简历数据库或搜索引擎等工具来完成招聘过程。	覆盖面广；方便、快捷、时效性强；成本低；针对性强；具有初步筛选功能。	信息真实性低；技术和服务体系不完善；成功率较低。

和数量，而工作分析和任务分析则有助于了解所需要的工作行为和申请人的个人特征。在收到应聘者的申请之后要进行快速而粗略的初筛。随后的录用环节则要全面对应聘者进行考察，如测试、个人面试、背景调查等。在录用

新员工后要开展职前教育和技能培训。最后，利用工作绩效评估提供对员工工作绩效水平的信息反馈，对招募的员工进行工作质量的最终检验。

在上述全部人力资源管理活动中，招聘是组织与潜在员工接触的第一步，应聘者通过招聘环节了解用人单位，并最终决定是否愿意为它服务；从用人单位的角度看，只有对招聘环节进行有效的设计和良好的管理，才能得到高质量的员工，否则就只能得到平庸之辈。但是，如果高素质的员工不知道用人单位的人力需求信息，或者虽然知道但是对这一信息不感兴趣，或者虽然有些兴趣但是还没有达到愿意来申请的程度，那么用人单位就没有机会选择这些有价值的员工。

招聘工作决定着组织今后的发展与成长。然而对于中小学及幼儿园而言，组织内部缺乏专业的人力资源管理工作部门，往往是由一些教师兼任人事干部，在招聘工作中对如何吸引毕业生应聘无所适从。这就需要海淀区教育人才服务中心努力为双方搭建平台，指导区属中小学及幼儿园进行招聘宣传推广，对适用于学校的招聘渠道进行选择，并在实践中加以完善。

(2)常用招聘渠道的类别及其选择

用人单位要选择最有效的吸引策略，并设计最有效的信息沟通方式，使组织和应聘者能够彼此了解各自相互适应的程度。通常，企业中的人员补充有内部招聘和外部招聘两个方面的来源。

内部招募是指通过内部晋升、工作调换、工作轮换、人员重聘等方法，从内部人力资源储备中选拔出合适的人员补充到空缺或新增的岗位上。内部招聘的优点在于招聘的有效性和可行性高、招聘的新员工适应较快、能够鼓舞员工士气、招聘费用较低等，同时也存在容易抑制创新的缺点。然而对于中小学及幼儿园来讲，创新是学校发展的关键，同时员工调动、晋升、退休，以及招生规模的扩大等因素，导致内部招聘远不能满足学校的需求，必须加大外部招聘力度。

外部招聘有利于为组织带来新思想和新方法，且选择余地较大，尤其是招聘应届毕业生。新员工的可塑性强，有利于融入学校文化，与学校同发展。外部招聘的主要方法包括发布广告、借助中介、校园招聘、网络招聘和熟人推荐。

第一，发布广告。发布广告是单位从外部招聘人员最常用的方法之一，通常的做法是在一些大众媒体上刊登出单位空缺的消息，吸引潜在人员应聘。由于工作空缺的信息发布迅速，能够在一两天内就传达给外界，同时成本较低、操作简单、有广泛的宣传效果，适用于社会招聘。对于应届毕业生的招聘则针对性较差。

第二，借助中介。就业中介机构包括人才交流中心、职业介绍所、劳动力就业服务中心等，这些机构既为单位择人，也为求职者择业。这些机构定期或不定期地举行交流会，使供需双方传播各自的信息，缩短了招聘与应聘的时间。这其中，人才交流中心是专门的人才交流服务机构，常年为招聘单位服务。招聘单位可以在人才库中选择人员，针对性强、费用较低。人才交流中心或其他人才机构也会举办多场招聘洽谈会，比如中高级人才洽谈会、应届生双向选择会等，应聘者集中，单位的选择余地也较大。海淀区教育人才服务中心每年会与北京市高校毕业生就业指导中心在“北京市大学生就业之家”合办人才洽谈会，即专门针对师范类高校毕业生召开专场招聘会，为海淀区属中小学及幼儿园提供直接面对应聘者接洽和交流的机会，缩短了招聘和应聘的时间。

第三，校园招聘。校园招聘即由招聘单位的招聘人员通过到学校招聘、参加毕业生交流会等吸引即将毕业的学生前来应聘，直接招募毕业生。通常会与学校就业指导部门联系，对于部分优秀的学生，也可以由学校直接推荐。校园招聘的优点在于用人单位的可选择面广，应聘者的可塑性强、干劲充足。缺点在于校园招聘的周期往往很短，只有几天时间，招聘单位的人事部门需要在有限的时间里甄选出合适的人才，大大增加了确保招聘准确性的难度。同时优秀的学生由于选择很多，用人单位也面临着被优秀人才拒绝的风险。这些都增加了校园招聘效果的不确定性。

校园招聘的主要方式有招聘张贴、招聘讲座和学校推荐三种，校园宣讲会就是招聘讲座常见的形式，校园双选会是在高校内召开的招聘会。对于海淀区属中小学及幼儿园而言，师范类应届毕业生是人才补充的重要力量，海淀区教育人才服务中心要抓住毕业生择业的时间，与高校积极沟通联系，为用人单位开拓信息沟通的平台，通过宣讲会和双选会等促进双方的交流和了解，以满足区属中小学及幼儿园的招聘需求。

第四，网络招聘。网络招聘主要是指用人单位的人力资源部门根据具体需要进行人才需求的统计汇总，并且以网络信息的形式在互联网上发布，然后通过有关的报名情况进行人才的初步筛选，确定下一步人才筛选的范围。其优点在于成本较低、传播范围广、速度快，不受时间和地域的限制，网络招聘的简历数量也很可观。

实现网络招聘的具体方式：一是注册成为某人才网站的会员，在人才网站上发布招聘信息，收集求职者的信息资料，查询合适人才的信息；二是在用人单位自己的主页或网站上发布招聘信息。为了方便海淀区属中小学及幼儿园进行网络招聘，海淀区教育人才服务中心开发了海淀教育人才网，不仅为用人单位发布招聘信息，同时还定期举办网络双选会，用人单位和毕业生均可在网站上注册为会员发布招聘信息或者投递简历，充分发挥了网络优势，帮助区属中小学及幼儿园招聘人才。

第五，熟人推荐。通过单位的员工、合作伙伴等熟人推荐人选，也是用人单位招募人员的重要方法，其优点在于对候选人的了解比较准确；候选人一旦被录用，顾及介绍人的关系，工作也会更加努力；招募成本较低。

对于招聘教师的学校而言，这种招聘方式能够招来的员工很少，主要是因为教师的从业资格限制，对专门性人才要求高，通常推荐情况多发生在校友之间或者熟悉的合作高校间。海淀区教育人才服务中心致力于开发专门培养教师人才的合作高校，为高校与区属学校搭建联系的纽带，对于特别优秀的人才，由高校导师或者就业指导部门直接推荐，但不作为常规的毕业生吸引渠道使用。

基于人力资源管理理论，对常用招聘渠道进行归纳可以发现，现有的招聘来源虽然很多，但是对企业的适应性更强。由于教师职业的专业性、入职门槛的限制，能够适用于教师招聘的渠道主要集中在校园招聘、与中介机构合办专场招聘会、召开网络双选会和发布招聘广告，而熟人推荐方式并不适用于大范围的教师招聘。

2. 师范类毕业生吸引渠道选择

通过对常用招聘渠道的分析和归纳，可以初步筛选出适合学校的招聘渠道，这也是海淀区教育人才服务中心建设毕业生吸引渠道的理论基础。通过对学校教师招聘过程、招聘特点的进一步分析，初步确定高校毕业生吸引渠道建设的基本路径。

学校人员供给主要是解决中期、长期、年度内岗位职务空缺问题。学校人员的招聘是学校与外部人力资源的一种有计划的连接方式，是学校吸引一些符合条件的候选人应聘学校空缺的职位。招聘前的准备工作包括岗位分析、岗位说明、岗位规范和关键要求等，做好准备工作后就进入招聘过程。招聘过程是多渠道吸引应聘者，筛选和确定候选人的过程。

(1)吸引应聘者

吸引应聘者通常需要招聘广告，除了岗位规范和关键要求中对所需人员条件进行说明外，用人单位还应该向应聘者传递关于学校的发展目标与发展前景、形象和声誉、工资福利待遇、发展机会、位置与工作条件等信息，便于应聘者全面了解学校，做出选择。

(2)广开招聘渠道

学校招聘有多种渠道，除内部招聘外，还有大量的外部招聘用于满足用人需求。学校可以通过电视、广播、报纸、互联网做人才招聘广告吸引应聘者；也可以直接与大学、人才交流中心、人才市场建立联系，直接获得人才信息；还可以通过熟人推荐和自荐等形式吸引应聘者。

(3)确定候选人

根据学校用人要求，对应聘者进行资格审查，筛选出背景和条件符合岗位规范需要的候选人。候选人一般会提供简历和申请表格等。

在学校招聘过程中，海淀区教育人才服务中心为学校吸引应聘者、优化招聘广告提供指导，同时为区属中小学及幼儿园积极搭建吸引渠道(如网络双选会、校园宣讲会、双选会等)，为学校招聘提供便利。

3. 毕业生及用人单位对招聘渠道的评价

为了深入了解用人单位与毕业生对几种主要招聘渠道的评价，我们分别开展了对毕业生的问卷调查和对用人单位的访谈调查。

(1)毕业生对招聘渠道的评价

我们选取了 226 名师范专业应届毕业生进行了招聘渠道满意度的调查，其中女生 189 人，占 83.6%；男生 37 人，占 16.4%，这符合师范专业学生的性别比例特点。应届本科毕业生 142 人，占 62.8%；应届硕士毕业生 84 人，占 37.2%。京内生源 119 人，占 52.7%；京外生源 107 人，占 47.3%。持有教师资格证者 188 人，占 83.2%。

①招聘渠道满意度调查

调查结果显示，毕业生求职者对于海淀区教委现行的五种毕业生吸引渠道，满意度排在前三位的依次是校园双选会、校园宣讲会和网络双选会(见表 3-11)。

表 3-11　毕业生对吸引渠道的满意度调查

吸引渠道	第一位		第二位		第三位	
	人数	占比(%)	人数	占比(%)	人数	占比(%)
校园宣讲会	71	34.5	80	42.1	35	19.9
校园双选会	106	51.5	71	37.4	10	5.7
网络双选会	16	7.8	14	7.4	74	42.0
人才洽谈会	0	0	11	5.8	36	20.5
网络招募广告	13	6.3	13	6.9	21	11.9

②求职成功的渠道调查

对于毕业生是通过何种渠道找到自己的意向就业单位取得求职成功的，调查结果(见图 3-13)显示，毕业生通过校园双选会取得求职成功的最多，其次是校园宣讲会，另外也有相当一部分毕业生通过见习或实习、内部推荐等方式求职成功。

③获取吸引渠道相关信息的方式

对于海淀区教委开展的五种毕业生吸引渠道，毕业生如何了解其举办的时间、地点等信息，对这一问题的调查有助于提高吸引渠道的宣传力度。调查结果(见表 3-12)显示，学校就业部门的通知是最主要的渠道，其次是就业信息网和班级同学之间的相互传播通知。由此可以看出，对于教育行政部门

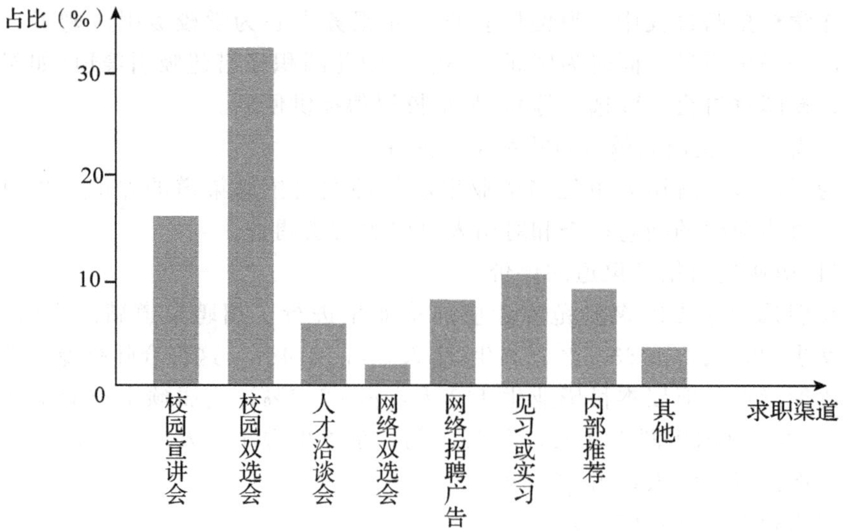

图 3-13　取得求职成功的渠道

来说，建立垂直信息渠道更有效。

表 3-12　获取毕业生吸引渠道相关信息的方式　　单位：人

方式	校园双选会、校园宣讲会	人才洽谈会	网络双选会
学校就业部门	113	91	81
就业信息网	106	88	49
班级通知	56	50	31
关注第三方网站	20	24	18
其他	3	10	1

④毕业生对吸引渠道的组织建议调研

第一，校园宣讲会。对于校园宣讲会的组织，从举办时间、宣讲时间两个方面进行调查，结果显示，超过半数学生倾向于在大四开学之初进行宣讲，即每年的 9—10 月，接近半数学生认为宣讲时间在 11—15 分钟较为合适，具体如表 3-13 所示。

第二，校园双选会。对于校园双选会的组织，从用人单位参会规模、举办时间、举办时长和举办频率上进行调查，结果显示(见表 3-14)，39.8%的学生认为 40 所以下的用人单位参会规模较适宜；接近半数的学生认为应在每年的 11 月举办，每次举办 3 个小时比较好；超过半数的学生认为毕业季每月 2 场的校园双选会频次更有利于毕业生选择。

表 3-13　毕业生对校园宣讲会的组织建议①

校园宣讲会	选项	人数	占比(%)
举办时间	大三下学期(6月末)	39	18.6
	大四开学(9—10月)	108	51.4
	11月	47	22.4
	12月	16	7.6
宣讲时间长度	5—10分钟	66	34.4
	11—15分钟	83	43.2
	16—20分钟	43	22.4

表 3-14　毕业生对校园双选会的组织建议

校园双选会		频次	有效百分比(%)
用人单位参会规模	40所以下	66	39.8
	41—60所	59	35.5
	61—100所	10	6.0
	越多越好	31	18.7
举办时间	10月	41	22.7
	11月	77	42.5
	12月	34	18.8
	第二年1月	10	5.5
	第二年3月	15	8.3
	第二年4月	4	2.2
举办时长	2个小时	72	40.0
	2.5个小时	27	15.0
	3个小时	81	45.0
举办频率	毕业季每月1场	74	40.7
	毕业季每月2场	106	58.2
	其他	2	1.1

第三，网络双选会。对于网络双选会的组织，从举办时间、举办时长和举办频率上进行调查，结果显示(见表3-15)，71.9%的学生认为春节前的

① 表3-13至表3-15的百分比，均按实际填写选项的人数计算。

11—12月份举办更好，39.8%的学生认为毕业季网络双选会应一直持续举办，近半数的学生认为网络双选会应每月举办1次。

表3-15 毕业生对网络双选会的组织建议

网络双选会		人数	有效百分比(%)
举办时间	春节前11—12月	82	71.9
	春节后3—4月	32	28.1
举办时长	14天	27	25.0
	30天	38	35.2
	毕业季一直举办	43	39.8
举办频率	每月举办1次（每次举办时间持续一星期）	36	37.1
	每月举办1次（每次举办时间持续半个月）	50	51.5
	春节前后各举办1次	11	11.3

第四，人才洽谈会。对于本次调查的应届毕业生来说，参加过人才洽谈会的受访者非常少，大部分都选择了校园招聘和网络招聘。因此对于人才洽谈会的功能定位和对象选择是需要进一步明确和完善的。

(2)用人单位对招聘渠道的评价

①校园宣讲会

a)满意度

根据知名度及地理位置等因素来看，海淀区属中小学及幼儿园可分为三类：品牌学校(资源优质校)、资源相对薄弱校、处于两者之间的中等学校。三类学校对于校园宣讲会的满意度存在差异。

对于品牌学校来说，用人单位对校园宣讲会的效果普遍感到满意。而对于资源相对薄弱校，因位置偏僻、知名度不高等多种原因导致招聘效果一般。而对于处于两者之间但是缺乏宣传的学校来说，校园宣讲会是个很好的机会，不仅有机会宣传本校文化，而且对学校影响力和知名度的提高大有帮助。

b)运行优缺点

优点：

第一，双方可以充分交流。在校园宣讲会上，学校有机会对毕业生进行充分的展示，并与毕业生进行面对面的交流，对各自的需求有时间充分了解。

第二，有利于提高学校的知名度和影响力。在校园宣讲会上，宣讲人(一般是校长)将学校办学基本情况(办学理念、特色)、教师队伍建设、人文氛围、福利待遇、人才需求等毕业生关注的问题在有限的时间内进行简单明了的宣讲。对于学校来说，起到了宣传的作用，而且学校在参与宣讲的过程中，还能够通过其他学校的宣讲进行相互交流和学习。

缺点：

第一，场地限制。宣讲会通常安排在学校，有些场地比较大，效果相对较好；有些则场地较小，很多毕业生只能在外面挤着听。

第二，时间和名额限制。由于每所学校只有10分钟时间进行宣讲，在10分钟内要充分展示学校的精髓，需要充分的准备；另外，每场宣讲会能够参加的学校名额有限；如果每次宣讲学校太多，也会影响宣讲的内容和效果。

第三，对于资源相对薄弱校来说，尽管能够起到一定的宣传作用，但是招聘效果还是不太理想。

c)建议

第一，宣讲学校注意分类。建议同类型的学校在一起，民办和公办分开。因为目前参加的宣讲会，有完全中学、师范类院校、民办学校、职业学校、公办学校，各种学校在一起，在接收简历环节有的学校排起了长队，有的学校则显得冷落。

第二，宣讲会后接收简历与自由交流时建议分教室进行。目前都在一起，现场较乱，而且声音嘈杂，影响交流。

第三，每场宣讲会参加宣讲的学校数量建议控制在6—8所，每所学校宣讲时间10—15分钟较好，中间安排中场休息。

第四，宣讲学校的顺序安排比较重要。受首因效应和近因效应的影响，建议合理安排宣讲顺序，这对一所学校的宣传效果来说还是很有影响的。

②校园双选会

校园双选会和校园宣讲会是相互补充、互相配合的。正如一位受访的老师所说，校园双选会与校园宣讲会之间就如同一首乐曲，校园宣讲会是乐曲的前奏，而校园双选会就是乐曲的高潮，有了校园宣讲会对学校的宣传，才能让学校在校园双选会上对心仪的人才抛出橄榄枝。

a)满意度

品牌学校认为校园双选会的效果较稳定，录取的概率也大些，仅次于校园宣讲会。资源相对薄弱校则认为，由于学校优势不足，处于不上不下的位置，没有名校发展成熟，可选择的范围较小，校园双选会招聘效果不佳，有的学校在校园双选会中甚至几乎招不到自己想要的人才。

b)运行优缺点

优点：

第一，规模大、信息量大、效率高，对毕业生来说，可以了解更多的学校，机会更多；

第二，学校便于与毕业生面对面进行沟通，可以对应聘者进行初步筛选；

第三，有利于用人单位之间的比较和学习。

缺点：

第一，对参会学校来说，针对性较弱，耗力，费时；

第二，交流互动时间较少，对毕业生品行、能力等了解不充分；

第三，存在名校效应，同场进行招聘，毕业生尤其是在校期间表现优异的学生多数会选择名校，而资源相对薄弱校优势不足，不能够吸引相对优秀的人才，这一点从递简历的队伍的长度就可以看出。

c)建议

一方面，鉴于海淀区教育人才需求量巨大，可以适当扩大招聘范围，使举办双选会的高校多元化，不只局限于师范类高校，可以扩展到非师范类高校；另一方面，单独为一些地处偏远、知名度较小的学校召开有针对性的招聘会，同时在毕业生前期招聘时制定相关协议，防止人才流失。

③人才洽谈会

a)满意度

有些学校认为参加校园宣讲会和校园双选会的招聘效果比较好，这类学校在经过了这两类校园招聘后再参加人才洽谈会进行场地招聘，通常感觉效果不及校园招聘理想。

而经过了校园宣讲会和校园双选会但是招聘效果不好，或者没有参加这两类校园招聘的学校则认为，对于没有名校效应的学校来说，通过人才洽谈会这种招聘渠道，可选的范围扩大，效果较好。

b)运行优缺点

对人才洽谈会满意度较高的受访者认为：首先，参加人才洽谈会的有很多社会人员(非应届毕业生)，学校发展的多元化要求人才的多元化，人才洽谈会恰恰有利于丰富学校教师队伍；其次，人才洽谈会针对性较强，递交简历的人数较多，选择空间大；最后，人才洽谈会对学校的人才招聘能够起到补充作用。

对人才洽谈会满意度较低的受访者认为：首先，参加人才洽谈会的应聘者构成比较复杂，没有校园招聘的可信度高；其次，接收简历较多，筛选工作量大，用人单位必须在短时间内完成筛选工作，否则就会造成应聘者流失，无法招录到合适的人才；再次，毕业生更看重学校的知名度、地理位置、发展空间等，招聘成功的教师多是本地生源，对学校情况比较了解，缺乏人才流动性；最后，很多应聘者也不符合学校招聘的基本条件，对口程度不高。

c)建议

一方面，举办面向全市高校毕业生的专场人才洽谈会，而不仅局限于师范类毕业生；另一方面，重新定位人才洽谈会的招聘对象和功能。

④海淀教育人才网

网络双选会和网络招聘广告都通过海淀教育人才网开展，受访的学校表示，都注册过海淀教育人才网成为招聘单位会员，并且对其经常予以关注。

a)满意度

对于倾向使用网络招聘的学校而言，大多认为网络双选会和发布网络招聘广告收获并不大，只能起到补充招聘的作用，而且由于缺乏面对面的交流，觉得招聘的可信度相对较低；而对倾向于使用网络招聘的学校，多是因为校园招聘和人才洽谈会的招聘效果不理想，他们认为网络招聘效果不错，虽然后期面试的工作量大，但是准确率高。

b)运行优缺点

网络招聘的优点主要有：首先是省时省力，不用四处奔波，节省了招聘成本；其次是网络招聘覆盖面较广，可以同时吸引应届毕业生和社会公招人员；最后是网络能够为学校代课教师的招聘提供平台。

网络招聘的缺点主要有：第一，网络开放性强，社会人员复杂，应聘人员对岗位要求条件高，应聘者学历、能力等资质有时不可信，应用范围小；第二，海淀教育人才网目前的宣传力度不够，信息量不大；第三，目前在应聘者简历筛选方面的技术支持还不够，网络信息的更新也不够及时。

c)建议

第一，要加强网络信息的更新，使其更具及时性。

第二，开设简历筛选功能。学校有时发布的岗位招聘要求和收到的简历不一致，不符合要求的简历传递进来，加大了用人单位筛选简历的工作量，费时费力。

第三，建议开设关于代课教师和调动教师的网络平台，并做好相关信息保护工作。人才流动是学校之间的常态，有些教师想调动，但是目前只能通过内部人员联系或者自己找单位，因此大范围地调动教师的信息无法实现；对于有需求的学校来说，没有政策的推动，只能通过网络平台寻找信息。

第四，希望海淀区教委能给经常参加网络双选会的学校提供 VIP 服务，重新申报时修改几个职位即可。同时建议页面设置尽量简化，形式要为内容服务。

通过对以上几种吸引渠道建设的访谈调研，可以发现这几种渠道各有优势，将其功能定位明确之后，其实对于学校来说，就是根据学校发展所处的阶段和学校需求去选择有效的招聘模式。

另外，除了现有的五种模式，在其他项中，还有学校提出内部推荐和实习基地两种人才吸引渠道。对于实习基地而言，人才的选择空间更大，短时间内能满足学校对于人才的需求，但是人才流失率也比较大，因此在建立实习基地时要与高校之间做有效沟通。例如向毕业生做真实的工作预览，讲清楚实习学校与毕业后目标学校之间的差距，有些毕业生选择的实习学校并不是理想的学校，也没有兴趣去融入学校，对于实习学校来说，这样的效果就不尽如人意。如果宣讲能充分有效，实习安排匹配度高，人才流失率肯定会下降。

五、教师吸引渠道建设的系统功能整合

海淀区教育人才服务中心搭建的毕业生吸引渠道分别是校园宣讲会、校园双选会、网络双选会、人才洽谈会和网络招聘广告，这五种吸引渠道相互配合、互相补充，构成了海淀区教委毕业生吸引渠道及配置工作的平台系统。

通过实践，海淀区教育人才服务中心发现并采取了以校园宣讲会为先，校园双选会、网络双选会为主体，毕业生供需洽谈会、人才网招聘广告为补充，五大系统相互配合的人才吸引渠道平台系统(见图 3-14)。

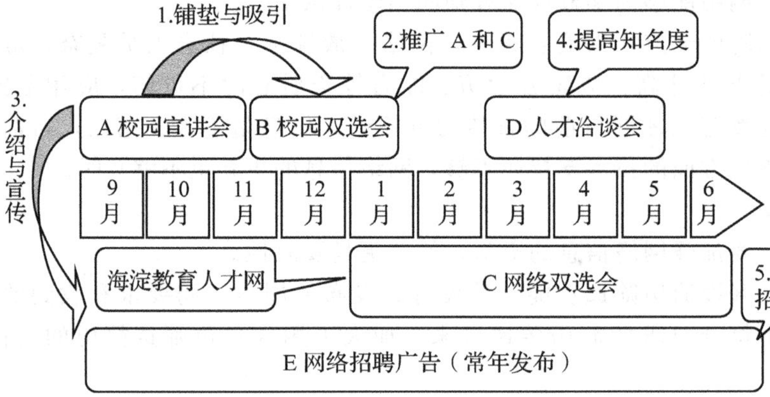

图 3-14　海淀区教育人才服务中心毕业生吸引渠道工作平台系统

第一，铺垫与吸引。利用校园宣讲的品牌效应，为海淀区专场的校园双选会的召开做铺垫，吸引更多人才。

校园宣讲会是海淀区教育人才服务中心教师招聘工作中的一项重要创新，旨在提供平台让应届毕业生认识学校、了解学校，在个人关心的领域与学校发生“联结”，从而有效填补供需双方信息不对等的沟壑，为参会学校吸引到足够多符合要求的应聘者。

校园宣讲会集中在每年的 9—11 月中旬举办，通过招聘单位代表结合 PPT 和宣传视频等进行演讲，向在校大学生展示学校的办学理念和文化氛围。在某种程度上，这也是将企业宣传的高效模式引入中小学校的宣传模式中，同时又是以“海淀教育”的整体形象集体亮相，带给高校学子的视觉和听觉冲击是比较大的，使未来的教师能够走近海淀教育，深入了解学校，获得对学校真实可靠的感性认识，从而进行理性的择业选择，实现应届毕业生与学校

岗位更加有效的匹配。对于新建校和区内相对偏远区域的学校，校园宣讲的展示平台作用更加显著。可以说，校园宣讲会是在新教师入口环节促进教育人力资源均衡配置的重要渠道。

校园宣讲会较校园双选会来说属于新兴的高校毕业生吸引渠道。由于单独的校园双选会无法满足用人单位和高校毕业生的需求，校园宣讲会应运而生，并且发展十分迅速。利用校园宣讲会产生的品牌效应，可以很好地为校园双选会吸引更多的参会学校和高校学生。在校园宣讲会之后，这些参会学校的特色和优势就会在高校学生中口耳相传，从而迅速、有效地扩大参会学校的影响力，为校园双选会所能吸引的高校学生人数打下基础。通过以往数次校园宣讲会的经验来看，参加过宣讲会的学校普遍吸引了更多的高校学生前来咨询与应聘。与此同时，校园宣讲会这种创新的宣传模式所产生的宣传效果带给区内中小学和幼儿园人事干部和校领导的影响也是较大的，各校人事工作负责人之间的口耳相传在一定程度上也能够提高区内中小学和幼儿园参加校园双选会的积极性。

第二，推广 A 和 C。利用双选会契机，推广网络双选会和校园宣讲会平台。

校园双选会主要是指各个招聘单位以招聘大学毕业生为目的，在教委的集中安排下于同一天或几天在某高校设招聘展台，收取大学生简历，同时与大学生一对一相互了解。海淀区教委专场校园双选会通常集中在每年 11 月中旬至次年 1 月下旬举办，主要与首都师范大学、北京师范大学合作，以常态化的供需见面会形式为海淀区教育系统吸引、选拔优秀人才，补充海淀区教师队伍。

校园双选会在海淀区教育委员会高校毕业生五种吸引渠道中属于最常规的大规模招聘渠道。每次校园双选会，海淀区教育人才服务中心都会提前通过网络发布通知，招募区内学校参会，统计岗位需求，同时开展与高校协调场地、通知毕业生、组织展会现场等环节的工作，组织教委所属中小学及区内民办学校前往办会高校与应届毕业生进行供需双向选择，从而为海淀区教育系统补充新鲜血液。

利用校园双选会的契机，海淀区教育人才服务中心会同时重点向区内相对薄弱的中小学推广网络双选会和校园宣讲会这两个人才招聘平台。在校园双选会期间，工作人员在双选会现场进行秩序维持和学生疏导，与此同时对前来咨询、应聘学生相对较少的中小学重点介绍网络双选会和校园宣讲会两大平台。这样的宣传推广一方面提高了海淀教育人才网、网络双选会和校园宣讲会模式的知名度，另一方面也为两大平台推动区内中小学人力资源均衡化创造了条件。

第三，介绍与宣传。利用校园宣讲会和双选会平台，宣传介绍海淀教育人才网。

海淀教育人才网是海淀区教育人才服务中心推出的教育人才资源网络招聘平台，旨在利用网络平台创新人才服务形式，以专业化、市场化、信息化、网络化为发展方向，进一步优化配置海淀区教育人力资源，提供完整的教育人力资源解决方案，充分发挥并不断充实海淀区教育品牌优势，为海淀区所属各中小学提供更广泛的人力资源服务。

海淀教育人才网分类提供单位招聘、个人求职、人事代理、档案管理、教师职称评定、教师资格认定的最新政策及公布办理程序等各种信息，并进行实时更新。针对不同用户需求，网站还特别推出校园专区及猎头推荐专栏，为各教育机构和优秀教育人才提供安全、便捷、实用、有效的信息交流平台。网络平台的利用使海淀区教育人才得以迅速而便捷地交流与互换资源供求信息，是信息时代教育人才服务的一种创新形式。海淀区教育人才服务中心会在每年的1—6月不定期在海淀教育人才网上举办专场网络双选会，组织区属学校及幼儿园与应聘者在网络平台注册会员，进行双向选择。网络双选会不仅能够为因各种原因没能参加校园双选会的学校提供另外的吸引、选拔毕业生的机会，而且可以为区内中小学创造面向社会吸引在职教学人员的可能。此外，网站常年发布教师招聘广告，临时急需教师的区属中小学及幼儿园还可以通过海淀教育人才网的广告版面进行广告宣传，吸引应届毕业生和在职教师加盟，随时为海淀区教育补充力量。

在举办校园宣讲会时，海淀区教育人才服务中心会借此平台，制作展板宣传展示海淀教育人才网。用于校园宣讲会的展板有两种：一种是为参会学校制作的统一底板的宣传介绍展板(在各参会学校的介绍展板上都统一印有海淀教育人才网的网址和海淀区教育人才服务中心的标志)，另一种是单独制作的介绍海淀区教育人才服务中心和海淀教育人才网的展板。在校园宣讲会举行的前几天，所有的宣传展板都会提前在大学校园内学生较为集中的地方进行展示；在校园宣讲会学生入场前和进行的过程中，所有的宣传展板还会布置在会场中。通过这种以“海淀教育”的名义集体亮相的方式，既丰富了高校学子对参会学校的感性认识，又有效地提高了海淀教育人才网在高校学生中的知名度。

同样，在校园双选会的会场内，海淀区教育人才服务中心的工作人员会集中派发特色宣传材料，介绍海淀教育人才网。目前已经应用过的宣传载体包括：印有海淀教育人才网网址的中性笔、介绍海淀区教育人才服务中心和海淀教育人才网的彩页、印制致参会同学的一封信等。在校园双选会的签到、入场环节，这些宣传材料会有序地派发到参会学校双选会负责人和高校学生手中，从而提高区内中小学人事干部和在校大学生对海淀教育人才网的认知度，为网络双选会奠定基础。

第四，提高知名度。利用海淀教育人才网这一平台及时发布相关通知、简讯，提高校园双选会和校园宣讲会的知名度。

在网络应用日益普及的今天，网络平台的宣传效应无疑是其他任何传统媒体所无法比拟的。每一次校园双选会和校园宣讲会的成功召开，都离不开网络平台及时发布通知招募到合适的参会学校、吸引来众多的高校学子。而每一次校园双选会和校园宣讲会所能提供的参会学校机会有限，如何让更多的学校了解到两大平台的运行效果，从而提高两大平台的影响力，更离不开网络平台及时、有效地发布校园双选会和校园宣讲会的简讯。

第五，补充招聘。通过常年进行网络招聘信息的发布和与第三方合作举办人才洽谈会，补充未满足的招聘需求，同时更广泛地对海淀教育进行宣传。

除校园宣讲会、校园双选会和网络双选会三种主要的毕业生吸引渠道外，常规网站招聘广告和与第三方合作举办人才洽谈会两种渠道不仅能够为因各种原因没能参加主要招聘会的学校提供另外的吸引、选拔毕业生的机会，补充未满足的招聘需求，而且可以为区内中小学及幼儿园创造面向社会吸引在职教学人员的可能，同时更广泛地对海淀教育进行宣传。

海淀区教育人才服务中心常年与北京市教育人才市场合作，于每年的3—5月在“北京市大学生就业之家”举办人才洽谈会，组织区属中小学及幼儿园报名参会，面向全市各大高校应届毕业生进行供需洽谈，对海淀教育的教师招聘工作起到重要的补充作用。

第四节　UGS“三位一体”联合培养模式介绍

一、项目开展背景

2014年8月教育部制定并颁布了《关于实施卓越教师培养计划的意见》，明确提出建立高校与地方政府、中小学(University，Government and School，以下简称UGS)“三位一体”协同培养新机制。2018年1月20日，中共中央、国务院出台《关于全面深化新时代教师队伍建设改革的意见》，对全面深化新时代教师队伍建设改革提出若干意见，其中在“提升教师专业素质能力”部分提出加大对师范院校支持力度。由此可知国家对高素质、专业化教师队伍的迫切需求，需要建立高校与地方政府、中小学协同培养新机制，努力培养一大批师德高尚、专业基础扎实、教育教学能力和自我发展能力突出的高素质、专业化的拔尖创新型人才。

本项目意在探索北京市海淀区教育人才服务中心与首都师范大学合作开展“中国好老师行动计划”之“卓越教师‘金种子’”UGS联合培养模式，尝试找到最佳的“卓越教师‘金种子’”UGS联合培养模式，并通过对已有模式的调整，为“卓越教师培养计划”的有效实施和大规模的推广提供实践上的帮助。

二、项目开展情况

本项目中，UGS联合培养模式是指北京市海淀区教育人才服务中心与首都师范大学合作开展“中国好老师行动计划”之“卓越教师‘金种子’”培养计划项目，通过大学生自荐、高校推荐、海淀区教育人才服务中心测评、学校面试、择优录取，选拔优秀大学生参与到区属合作校的教育教学实践工作中，即高校、合作校及教育人才服务中心共同培养出卓越教师的种子学员留在海淀从教的培养模式。

项目以择优选拔培养的方式筛选大三、研二学生参加项目培养，经过宣讲招募、16PF人格测试、面试的流程，筛选出具有卓越教师潜质的师范生进行培养。为了保障该项目的顺利实施，采用“双导师”形式对培养对象进行指导。高校理论导师由首都师范大学教师担任，负责对大学生进行理论指导，提升大学生的理论素养；合作校实践导师由合作校优秀骨干教师担任，负责对大学生的教育实践进行指导，提升大学生的教育实践能力，培养实习学生班级管理、与中小学生沟通、课堂教学的能力。

海淀区教育人才服务中心联合海淀教师进修学校师训部共同为实习学生提供专题讲座，从师德、教学基本功及教师的人际沟通三个方面引导实习学生做好从教准备。经进修学校师训部老师的沟通，进修学校名师工作站小学语文学科每周一次的学员展示课活动对实习学生开放。实习学生对观摩名师学员展示课的活动表示受益颇多。

通过走访合作校，调查培养对象的学习状态、指导教师的指导方式，经总结与分析调查内容，我们得出相关结论以及后续工作的开展方向。

对参与本项目的教师开展问卷调查分析发现：80%以上的指导教师认为教师专业发展活动内容和教师自我效能感方面的指导对培养对象的影响是比较大的，尤其在教材教法知识、教学设计、学生行为和课堂管理、观摩优秀教师课堂方面，对培养对象的影响比较大；88%的指导教师认为，培养对象能够仔细地倾听学生的发言，能诚实面对自己的教学能力，帮助有困难的学生和同事，对于学生提出的问题如果不懂会当面承认；90%以上的指导教师认为培养对象会为自己设定目标以推动自己前进，培养对象是勤奋耐劳的，培养对象对所做的工作满怀热情；90%—95%的指导教师认为培养对象能够使学生对自己在学校的表现有自信，激发学生的学习兴趣，使学生遵守课堂纪律，在课堂中运用不同的教学策略；80%—85%的指导教师认为培养对象能够帮助学生评价自身的学习效果，使用不同的评价策略来评价学生，解决课堂突发事件；80%—85%的指导教师反馈培养对象会让学生做练习以巩固新知识，会检查学生的练习本。

对参加项目的大学生进行问卷调查后，数据显示，95%的受调查者通过参与该项目，对未来的教师职业有了清晰的认识。通过高校及中小学导师的辅导，以及参与学校的听课评课、各种培训、公开课等活动，98%以上的受调查者认为自身的职业能力及素养有很大的提升，其中提升最多的是其教学水平。统计显示，受调查者与中小学导师沟通次数较多，而与高校导师的沟通次数多数都在3次以下，并且他们的科研能力在项目中没有提升，受调查者也认为教学实践技能还需有所提升。60.59%的受调查者认为这些实习内容给自己带来的影响较大。86%以上的受调查者认为在学科知识、教材教法知识、课程知识方面受影响较大。95.35%的受调查者认为观摩优秀教师课堂对其影响较大。90%以上的受调查者能仔细地倾听学生的发言，能诚实面对自己的教学能力，会帮助有困难的学生和同学，对于课堂学生提问的问题如果不懂会当面承认。70%以上的受调查者自信于自己对学生的判断。100%的受调查者都希望在专业上有一番作为，会为自己设定目标以推动自己前进，面对困难时会集中自己的全部精力，喜欢挑战困难，能够坚持做有意义的事。90%以上的受调查者认为工作中遇到逆境对自己的成长会有帮助，当遇到困难会主动寻求别人的建议，会跟与其有意见分歧的人和谐相处。80%以上的受调查者反馈会在每堂课开始前简单总结上一课的内容，能从日常生活中举例子来解释新知识；对于学生，会组织学生小组合作解决问题或完成任务，让学生做练习以巩固新知识，检查学生的练习本等。还有65%的受调查者会组织学生使用信息技术来完成课堂任务。有90%以上的受调查者认为实习为他们的师范生课程学习制定了学习目标，能够将外部改革政策落实到自己的课堂，给了他们在学校层面实施课程知识和技能的机会。

全部受调查者都认为通过实习使他们能够更好地理解如何组织课堂，也具备了相关课程领域的知识，能够评估和调整自己的教学，而且提高了他们适应当地情况进行教学的知识水平和技能，使他们了解学生在课堂上学习的方式，并且使他们通过调整教学适应学生课堂学习风格的差异。受调查者均认为该项目是一个难得的了解中小学教学、管理、运行等情况的机会，是一个开阔视野，提高自身教学能力、实践能力、管理能力等综合能力的机会，是一个学习前辈优秀经验、汲取前辈为人为师优良精神的机会。

三、项目成果

1.“双导师”培养模式，提高教育素养

以“金种子”培养计划为基础，合作校中的指导教师为实习学生安排了切实可行的培养方法，从课堂教学、班级管理、与学生沟通等不同方面提供许多帮助，力求让实习学生多维度发展。通过访谈发现，指导教师在指导过程中也能够从中梳理自己的教学内容和存在的教学问题。学生在实习过程将教学当中遇到的问题进行收集，与高校指导教师进行交流，可以获得高校指导教师给予的理论方面的指导。

2. UGS联合培养模式有利于教师的专业发展

UGS联合培养能够让实习学生从实践中了解教师的职责、发展方向、教学内容、班级管理的方法等，了解学生的学习、心理发展等方面的状况，让实习学生明确将来成为什么样的教师，帮助实习学生完成角色的转变。良好的开端是成功的一半。对于实习学生而言，好的开始能够使其建立起健全的自我认知和专业信心，有的学生还可以增强自我效能感，为今后的工作打下良好的基础。

3. 树立正确教育观念，培养教师基本特质

通过对指导教师和实习学生的访谈发现，经过UGS联合培养模式培养的实习学生，都能够拥有正确的教育观念，他们的“三观”理念与校园文化非常契合。不论是理想信念、道德情操，还是学识扎实、有仁爱之心等方面，他们都能够符合教师的基本素养。受访的实习学生认为在UGS联合培养模式下，能够学习很多经验性的知识，并让自身转变看法，比预期的学习效果要好很多。

4. 理论与实践相结合，形成一体化培养模式

在访谈过程中，许多实习学生表示在高校学习的知识基于书本，教师本身缺乏对基础教育的了解，教育理论与教育实践相脱节。高等师范院校通过这种模式可以加强与中小学的联系，建立长期、有效的合作机制，结成平等、互助的伙伴关系，实现教学与研究一体化、理论和实践一体化，从而实现共赢。

5. UGS联合培养模式让多方受益

对于海淀区教育人才服务中心来说，能够选拔优秀毕业生作为海淀区基础教育领域储备人才，有助于提高海淀区教师队伍整体素质，发挥教育人才服务中心的服务职能，有效推动用人单位和培养单位之间的合作，协调教育人才供给与培养需求之间的矛盾，加强新教师职前培训；有助于提高新教师的职业适应度，使新教师能够更快胜任教学工作，从而间接节省人力资源成本。

对于首都师范大学来说，能够为人才培养单位提供教育教学实践基地，解决其实习需求，为人才培养单位提供人才需求信息，有助于改进其课程设置，并提高教育教学的有效性，帮助解决人才培养单位毕业生就业问题。

对于合作校来说，能够通过该项目选拔优秀人才，提高用人单位的知名度，有助于其吸引优秀人才，同时为指导教师提供专业帮助，有助于其专业发展。

对于培养对象来说，能够获得实践锻炼机会，有助于提高其教学技能和

就业竞争力。项目提供的专业指导有助于促进其学业发展，增加其就业机会，帮助其实现顺利就业。

该项目自2015年开始以来，已培养135名学生，经双向选择后，已有数十名学生进入海淀区各中小学就职。经访谈，各用人单位均对这些学生表现出来的职业热爱、专业研究热情和良好的合作精神进行了肯定。

当然，在具体执行过程中也有一些需要完善的方面，比如应提前对培养对象进行课题研究培训，明确课题目的、具体做法、完成的任务等，让师范生有充足准备；实习时间应充裕、集中，定期汇报实习成果。实习学生除了10—11月有6周比较集中的教育实习时间以外，其他实习时间均比较分散，不利于培养对象系统地进行教育教学的实践。因此，建议将培养对象进校实习的时间提前到3月，实习时间要相对集中，最好能够固定实习时间。三方应共同制订指导计划，培养对象定期汇报实习成果；高校的指导教师应深入培养对象的实习课堂，具体了解培养对象的进步与困惑；高校多向合作校了解培养对象在校实习的情况，及时表彰。在培养方式及培养内容方面，在见习、实习前，指导教师可设置模拟教学场景，让培养对象尝试模仿课堂中教师的言行，增加教学的真实体验感。以上方面如果能得到优化，UGS联合培养模式将能培养出更多能留得下的“金种子”教师。

UGS联合培养是高校、政府、学校“三位一体”合作培养，三方应从各自的角度多提供培养资源，合力打造高素质的教师队伍。

从政府角度看，要改革师范专业的招生方式，择优选拔热爱教育事业、具备良好潜质、有志于长期从教的优秀高中毕业生报考师范专业。近两年，由于海淀区教委编制紧缩以及师范生就业观念的转变，项目实习结束后，多数学生选择了那些有编制的学校，使一些编制不够充裕的项目合作校参与联合培养的积极性受到影响。在这种形势下，该项目的开展应结合区教委人才储备库条件，向师范生做好宣讲工作。

从中小学角度看，中小学要积极参与师范院校师范生的培养，支持首都师范大学和北京师范大学联合培养教育硕士工作，并注重对学习有效性的检验。

从高校角度看，高校对学生应加强职业生涯规划的指导。改善师范专业相关课程，增加教学类的课程，加强教法的学习；增设更广泛的有实用性的研究生课程。高校与中小学建立联系，让中小学的老师将第一手材料传递进大学课堂，教学内容应与时俱进，及时更新，列举更多的真实案例。

从师范生角度看，师范生应对自己未来的发展提前做好规划，制定相应目标。多聆听教育专家、教育大家讲授新的课程改革趋势，跟进形势，增进对教育目标的理解。

总之，教师培养应从师范院校学习时期抓起，推进教师培养供给侧结构性改革，为义务教育学校侧重培养素质全面、业务见长的本科层次教师；为高中阶段教育学校侧重培养专业突出、底蕴深厚的研究生层次教师。政府、中小学、高校“三位一体”联合开展师范生的教育培养是构建新时代教师教育体系的好办法。

第四章　如何选拔出合适的教师

——教师招聘素质测评技术探索

百年大计，教育为本；教育大计，教师为本。教师是学校教育的核心组成要素，教师队伍的整体质量是决定学校教育质量的关键。而在教师队伍建设中，通过有效的人才测评技术招聘优秀教育人才是确保教师队伍可持续发展的重要保障。

本章主要解决的问题是如何使用素质测评技术选拔出合适的教师。

第一节　教师招聘素质测评的基础

一、教师招聘渠道

关于教师招聘的途径，各地因教师招聘政策的差异而有所不同，本书作为实践研究的成果总结，将焦点放在北京地区的中小学教师招聘上。北京市中小学教师队伍补充人员的招聘方式主要有公开招聘和调动两种。按照北京市人力资源和社会保障部门的有关规定，属于全额拨款事业单位的公立中小学及幼儿园，需要以公开招聘的方式完成教师招聘。这就决定了应聘中小学教师的高校应届毕业生和社会人员都需要参加公开招聘，通过公开、平等的招聘程序，最终由学校择优录用。与此同时，不同区县的公立学校之间允许教师进行有序流动，这类人员可以通过调动的方式进入用人学校。

无论是公开招聘还是调动，区县教育主管部门都承担着监督学校招聘人员整体素质的责任。根据招聘人员的来源，北京市的中小学教师公开招聘类型主要有应届毕业生招聘、社会人员招聘和高端教师招聘三类。其中，应届毕业生招聘面向高校应届毕业生开展，招聘对象为列入国家统一招生计划(不含定向、委培)的全日制普通高等院校应届毕业生；社会人员招聘面向有一定工作经历的人员，招聘对象为具有一定学历水平(一般大专以上)，具备一定年限(一般一年以上)工作经历，北京市非农业户口且人事行政关系在北京的人员(不包括户口、档案保留在学校的非北京生源毕业生)；高端教师招聘面向外省市处于教师专业发展高水平阶段，具有一定专业影响力的优秀教育人才，例如教育名家、名校长、名师等，通常将这类人才招聘的流程称为人才引进。

综上所述，北京市中小学教师招聘的渠道主要可以分为三大类，即以公开招聘方式进行的高校应届毕业生招聘(公开招聘的方式)、社会人员招聘(公开招聘的方式)和高端教师招聘(人才引进的方式)。针对三类教师招聘渠道和不同的岗位要求，本书以胜任力理论为指导，分别在三类招聘中开展了人才测评技术的应用研究。相应地，根据三类招聘途径的特点和岗位对教师专业能力素质的要求，本书构建了应届毕业生教师、社会人员教师(以下简称“社招教师”)和高端教师的胜任力模型和测评体系，依据模型开展测评和选拔，并探索了将现代计算机技术运用于人才测评技术中，从而推动教师胜任力模型和现代人才测评技术在教师招聘中的应用。

二、教师胜任力模型

1. 教师胜任力模型概述

教师胜任力模型构建通过收集和分析数据，把从事某个岗位的优秀教师所需要的深层素质提炼出来，并按照重要性进行排序，从而建立某岗位的教师胜任力模型。教师胜任力模型的重要应用是教师甄选。甄选是教师招聘过程中最关键也是最复杂的环节，甄选环节的成败决定了整个招聘工作的成败。传统的教师选拔一般侧重考察应聘教师的知识、技能等外显特征，这些处于胜任特征结构表层的知识和技能相对易于观察、改进，也比较容易通过训练得到提高；而在胜任力结构中具有核心作用的动机、人格特质、态度、价值观等都是一些比较稳定的内隐特征，它们难以评估和改进。如果挑选的教师不具备该职位所需要的胜任特征，又不能通过简单的培训加以改变，这对于学校来说将是重大的失误和损失。可见，胜任特征是具有选拔经济价值的。

根据胜任力模型选拔合适的教师时，最常采用的方法是基于胜任特征的行为面试。这种面试技术是在被面试者过去的经历中探测与职位所要求的胜任特征有关的行为样本，在胜任特征的层次上对面试者做出评价。行为面试可以了解应聘者过去的工作经历，判断、预测他未来在组织中可能采取的行为模式，通过了解他对特定情境所采取的行为模式，并将其行为模式与空缺职位所期望的行为模式进行比较分析，来确定应聘者是否适合该职位。这种方法根据不同层次职位要求的胜任特征，有针对性地开发结构性的面试题库，设置有效的问题和判断要点，以帮助面试官决定某一面试者是否具备所需的胜任特征，或者是否具备潜能去开发这些胜任特征。在面试过程中通过考察应聘者是否具备职位胜任特征模型所要求的关键行为，可以提高招聘的成功率，从而达到人岗匹配。使用经过验证的胜任力模型，以被证明与良好绩效相关且能预测工作成功的具体行为标准为基础，比起传统的依据某个面试官的主观印象与标准来招聘，提高了聘用决策的客观性与有效性。

胜任力模型还可以用于对招聘工作进行评估。评估包括两大部分：对招聘结果成效的评估和对招聘办法的评估。其中对招聘结果成效的评估可以通过招聘成本效益评估、录用教师质量评估和录用教师质量评估的结果量化来评定，即学校通过跟踪经过胜任力评估方法选择的教师，以确信这一方法的信度、效度及回报率。在此基础上进行数据收集、整理，通过计算机来分析职位的胜任力要求、教师的胜任特征及人岗匹配的数据，设计基于教师胜任力的人力资源信息系统。许多学校为了谋求长远发展，竞相引进和聘用高层次、高素质人才。聘用人才的前提是甄别哪些是学校真正需要的人才。然而，要正确、全面、科学地了解一个人才的"全部性能"并非易事。我国许多学校在教师招聘中往往存在重视学历而忽视能力、重视智力因素而忽视非智力因素、重视已有业绩而忽视发展潜能的倾向，主要根据应聘者的学历、职称、专业、毕业院校等来推断其素质情况，几乎普遍遵循着"看简历—面试—试用—录用(或辞退)"的老套路。这样的做法往往是隔靴搔痒，无法触及应聘教师的内在素质，招聘之后发现聘用人员不宜做教师的情况时有发生。聘用不当不仅为优化教师队伍增加了新的困难，而且也无形中增加了学校的招聘成本。

当前，在实际的中小学教师招聘过程中缺乏相关理论的指导，往往仅靠过去的经验办事。招聘工作对提高中小学教师队伍素质、提高教学质量起着关键作用，缺乏理论指导的招聘工作难免显得比较盲目和随意，而且失败的概率也比较大，对学校造成的损失也较大。许多中小学多采用的是校长负责制，校长具有一定的权威。这种权威体现在招聘中校长具有一票否决权，招聘权过于集中，容易导致因个人好恶影响招聘的客观性、公平性，甚至容易产生任人唯亲等不公正现象，从而阻碍学校的发展。因此，采用科学的方法构建不同教师群体的胜任力模型并根据模型进行测评和招聘选拔，有助于提高教师招聘工作的规范性、科学性和准确性。

总而言之，胜任力理论将岗位分析工作与人才测评工作紧紧结合起来，在测评的时候就有了设计测评方案所需的测评要素，使得测评有了一个规范的评价标准体系，避免了测评时无的放矢或者缺乏针对性的问题。胜任力模型给每个组织提供一种"通用语言"，人力资源管理者可以通过这种"语言"讨论管理者的招聘与选拔，从而使得测评有共同的标准和共同的语言。胜任力模型在人才测评中的运用为人事工作提供了量化的指标，依据胜任特征模型，根据个体具有的胜任力与岗位要求的差异大小，为人岗匹配提供了量化的、显性的指标，从而能够更大限度地实现人岗匹配，服务于组织或者组织的发展。

随着人力资源相关理论的发展，胜任力理论在实践中得到越来越多的应用，其应用的基础和前提是胜任力模型。

选拔出合适的教师的前提是建构出适合不同群体的胜任力模型。为此，针对北京市教师招聘的三种途径，针对应届毕业生、社会人员教师、高端教师三种招聘群体，我们通过科学规范的方法建构了相应的胜任力模型，为测评选拔奠定了坚实的理论基础。

2. 教师胜任力模型构建的方法

胜任力模型的构建思路和方法有三种：第一种是确定与组织核心观点和价值观相一致的胜任力，采用职业分析方法，基于某职业必需的职责和任务，产生一个广泛的胜任特征清单；第二种是使用关键事件访谈法，选择那些高绩效的岗位角色，从中抽取其特征；第三种是根据行业关键成功因素开发胜任特征模型，这种方法的关键是要识别并获取行业关键成功因素。其中以第二种用得最多。

建立胜任力模型的具体方法有行为事件访谈法(BEI)、问卷调查法、工作分析法和专家小组法等。目前公认最有效的方法是行为事件访谈法，除此以外，问卷调查法也较为常用。

(1)行为事件访谈法

这种方法要求被访谈者列出他们在工作中成功和不成功的各三个关键事件，并且让被访谈者详细描述整件事情的起因、过程、结果、时间、相关人物、涉及的范围以及影响层面；同时也要求被访谈者描述自己当时的想法或感想、想要在某种情况下完成什么任务，例如是什么原因使被访谈者产生类似的想法以及被访谈者是如何实现自己的目标的，等等。在行为事件访谈结束时最好让被访谈者自己总结一下事件成功或不成功的原因。这可以让访谈者“刺探”被访谈者的个性与认知风格，评估其某些能力，包括成就动机或思考与解决问题的逻辑方法；然后对访谈内容进行分析，以确定被访谈者所表现出来的胜任特征。通过对比优秀者和一般者的胜任特征差异，确定该角色的胜任特征。

运用行为事件访谈法的步骤如下：

第一，明确建模目的。建立的胜任力模型要源于组织的战略，并且是能够支撑有效实施的核心素质，具有明确的目的。

第二，成立专家小组。专家小组要由管理者和受过专门训练的研究者组成。专家小组要确定岗位的任务、责任和绩效标准，为行为事件访谈提供基础，此外要根据绩效标准确定访谈的对象，并根据访谈的结果进行编码和归类，提取关键胜任力。

第三，确定鉴别标准。即确定能够将优秀工作者区分出来的指标，这些指标的确定要从上级、同级、下属各方面的需求出发。

第四，选取访谈样本。依据上一环节所确定的指标以及考核的结果，甄选要访谈的对象。

第五，进行行为事件访谈。根据结构化的问卷对选定的样本进行访谈，在取得对方允许的情况下，对访谈过程进行录音，以备后续研究使用。

第六，资料整理与编码。将录音进行转录，根据内容运用主题分析法进行编码和归类，计算频次，提取导致关键行为和结果的具有区分性的素质特征，并对其进行不同层级的划分，形成胜任力的初期模型。

第七，胜任力模型的验证。在构建胜任力模型后，应通过问卷调查、情景模拟等各种方法，对提取的胜任力维度进行再次检验，以保证构建的胜任力模型确实能够将工作优秀者和一般者区分开来。

在行为事件访谈中，常用的原则是“STAR”(见图 4-1)。

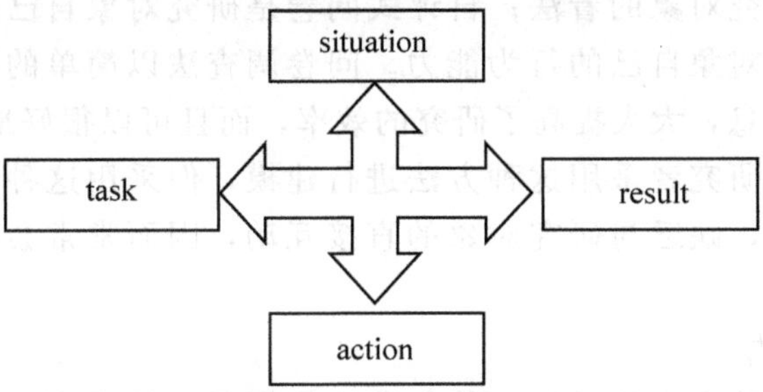

图 4-1 “STAR”原则

S(situation)——情境，事件发生时的情境、背景是怎样的；

T(task)——任务，当时面临的主要任务是什么，有哪些困难；

A(action)——行动，当时采取了哪些措施，自己对事件结果的贡献是什么；

R(result)——结果，最后的结果如何，产生了什么影响。

“STAR”原则的关键点如下：第一，从正向事件开始；第二，把整个故事的事件排序理清楚，遵循事件本身的顺序；第三，探究相关的事件、地点和心情，通常有助于被访谈人回忆当时的情节；第四，强化引导被访谈者多说有用的素材，通过不断强化，引导被访谈人学会如何描述此类事件；第五，访谈须紧扣主题、思路清晰，偏离主题时要及时引导、纠正；第六，模糊的地方要及时澄清，不要过多重复被访者的话；第七，了解访谈过程，考虑到被访谈人可能会引发情绪反应，在被访谈人出现情绪化表现时暂停发问；第八，一次只描述一个情况，探究其行为模式，探究实例中问题的解决模式和策略规划的思考程序；第九，访谈者在访谈过程中要适当提出一些问题，以不断确证对被访谈人素质的判断。如果被访谈人在几个事件中都涉及了相同或相似的经历与问题，访谈者应该特别关注此种经历中被访谈人的感受或观点，以及待人接物的方式。

行为事件访谈法虽然是一种比较有效的胜任力建模方法，但是行为事件访谈本身是一种专业性的访谈方法，对访谈者的素质有较高的要求，没有经过专业训练的访谈者无法胜任此类工作。另外，采用行为事件访谈的方法构建胜任力模型，需要对收集的质性材料进行深加工、编码和提取等，需要耗费大量的时间、人力、物力和财力。

(2)问卷调查法

问卷调查法是通过分析文献、结合访谈内容编制调查问卷，对足够大的样本进行调查，再回收问卷进行数据分析和确切解释的方法。其优点是便利快速、适用面广、应用广泛；缺点是编制问卷需要专业的测量和统计知识、经验，一般人往往难以编制出具有较高信度和效度的问卷。问卷按施测对象分，包括他评式问卷和自评式问卷。他评式问卷是由别人来评价研究对象，测的是别人对研究对象的看法；自评式问卷是研究对象自己回答问卷上的问题，测的是研究对象自己的行为能力。问卷调查法以简单的形式在短时间内收集到大量的信息，大大提高了研究的效率，而且可以很好地进行定量分析，因此越来越多的研究者采用这种方法进行建模，但采用这种方法不利于一些额外信息的获得，缺乏与研究对象的直接互动，因而常常会失去一些细节性的信息资料。

(3)德尔菲法

德尔菲法又称专家意见法，德尔菲法依据系统的程序，采用匿名发表意见的方式(专家之间不得互相讨论，不发生横向联系，只能与调查人员发生关系)收集专家对相关问题的评论意见。通过多轮次调查专家对问卷所提问题的看法，并经过反复征询、归纳、修改，最后汇总成专家基本一致的看法作为预测的结果。专家意见法让有经验的专家对某项职位进行胜任特征评定，实践性较强，并且能在较短时间内获得更多的信息，但由于专家本身的主观倾向性可能会导致信度、效度水平不高。同时采用该种方法还存在着过程比较复杂、花费时间较长等缺点。

(4)内容分析法

内容分析法是一种以研究人类传播的信息内容为主的社会科学研究方法，其实质是对传播内容所含信息量及其变化的分析，即由表征的有意义的词句推断出准确意义的过程。1952 年，美国传播学家伯纳德·贝雷尔森将内容分析法定义为“一种对具有明确特性的传播内容进行的客观、系统和定量的描述的研究技术”。内容分析法将非定量的文献材料转化为定量的数据，并依据这些数据对文献内容做出定量分析和关于事实的判断与推论，有助于研究者了解事物的现状、特点、发展趋势等。用内容分析法构建教师胜任力模型是指通过对国内外已有的教师胜任力的相关文献做出定量分析，在此基础上构建有效的胜任力模型。有关在职教师胜任力模型国内外已有相当多的研究，这为分析以往文献构建胜任力模型打下了坚实的基础。

(5)360 度访谈法

在进行胜任力模型构建时所采用的行为事件访谈法一般是对被研究者本

人进行关于其履职情况的深度访谈，极少甚至没有对其周围或是与其有直接工作关系的人进行访谈，访谈对象单一，不利于从多角度获得信息。为了解决这个问题，需要进行 360 度访谈。360 度访谈法来源于组织人力资源管理的 360 度绩效评估法。该方法分别从研究对象本人、上级、下属、同行、服务对象等角度，全方位地对研究对象进行了解，可以防止所得数据的片面性，提高科学性、可靠性。采用 360 度访谈法可以更全面地了解被测评者的履职情况，从被测评者的上级、下属、同行、服务对象等多方面对被测评者履职情况进行访谈，以求更真实地反映其胜任力。

(6)工作分析法

工作分析法是通过访谈、观察或使用职业分析问卷来描述工作，进而归纳出相关任务和个体在工作中展示出的知识、技能和特征。这种方法的优点是可以系统化梳理相关的工作信息；缺点是操作烦琐、费时费力。

(7)专家小组法

专家小组法就是邀请一群专家，通过头脑风暴，决定哪些是完成工作任务的最低要求与杰出表现者的特点。这些专家可以是研究对象的直属主管、该工作的超级能手、外部专家或了解该工作的人力资源专家。其优点是集中专家智慧，可以在短时间内收集资料；缺点是专家的经验限制会导致一定的偏差，专家的数量有限且有时难以集中。

每一种方法都有自己的优点和局限，对于研究者来说，应该根据研究的需要和实际条件，运用一种或综合运用多种方法来为自己的研究服务。总体看来，在当前胜任力模型构建的研究和实践中，行为事件访谈法应用最为广泛，同时辅以问卷调查。本书对中小学教师胜任力模型的构建亦用到这些方法。

在构建胜任力模型的过程中非常重要的一步就是为保证模型的准确性，必须对其进行检验。胜任力模型的检验方法一般有以下三种：①重新选取优秀业绩组与普通业绩组两组样本作为第二准则样本进行行为事件访谈，分析模型中所包含的胜任力要素能否区分优秀业绩组和普通业绩组；②编制量表，选取较大规模的样本进行测试，对量表进行因素分析，考察量表的结构是否与原有模型吻合；③采用评价中心的方法，对作为第二准则样本的优秀业绩组和普通业绩组进行评价，考察两组是否在这些胜任力要素上有明显差别。此外，还可以采取行业内专家评价的方法来进行对模型的检验。其中，较多使用的是编制量表的检验方法。本书中对模型的检验使用了多重方法，既有通过回访进行的普通业绩组与优秀业绩组的调查，也有问卷调查和专家评价。

3. 应届毕业生教师胜任力模型

结合应届毕业生的特点，应届毕业生教师胜任力模型的构建主要采用内容分析法和开放式问卷调查法来实现。其过程是通过选取教师资格标准、教师选拔等相关文献资料进行内容分析，从中提取出应届毕业生教师胜任特征项，然后以开放式问卷调查的方式，向 4 所学校(包括示范小学和中学各 1 所，普通小学和中学各 1 所)的部分中小学教师(涵盖了语文、数学、外语、物理、科学、化学、地理、历史、政治等学科)发放开放式问卷，请他们回答小学、中学教师应该具备什么特征。对回收的问卷按照《胜任特征词典》进行编码，并统计各个胜任特征出现的频次。最后对两次获取的胜任特征项目进行整合，设计出应届毕业生教师胜任力模型，并请相关方面的专家对模型的内容效度及构建方法和研究结果的科学性做出评价。

(1)运用内容分析法提取应届毕业生教师胜任特征项

内容分析法是最常用的文献分析方法中的一种，它是一种对于传播内容进行客观、系统和定量描述的研究方法。从方法论的角度看，内容分析法分为定量和定性两种，大部分著作只将定量取向的一种称为内容分析法。内容分析法与调查研究的方法类似，在研究过程中需要对研究对象的总体范围、分析单位、样本抽取、编码方法、分析方式等进行选择。

使用内容分析法提取应届毕业生教师胜任特征项的过程主要分为以下三个步骤。

第一步：抽取样本

通过文献资料的统计，目前对此方面的研究较少，暂时还没有此类教师模型。虽然与在职普通教师相比，应届毕业生缺乏相应的教育教学实践技能，但大部分人接受过系统的教育教学方法方面的训练，或者至少是取得了相应级别的教师资格证书，所以适用于应届毕业生的教师胜任力模型与在职社招教师基本上是相通的。因此本书中选取教师资格标准、教师选拔标准等相关文献作为构建应届毕业生教师胜任力模型的参考。为了提高内容分析的有效性，在抽取样本的过程中坚持以下三个方面的标准：①相关性，指确定研究是否属于中小学学科教师胜任力范畴，排除其他群体如大学教师、班主任教师、心理健康教师等。②学术性，指为了提高学术性，只选取在公开期刊上发表的较有影响力因子的文献。③质量性，指纳入本分析的文献必须满足高质量的要求，即研究方法设计合理、分析方法选择恰当、研究方法比较科学、解释被支持并且研究内容符合本书要求。

明确抽取样本的范围和标准后，分别以“中小学教师资格标准”“教师专业标准”“教师选拔标准”作为关键词，通过中国知网(CNKI)检索 1985—2014 年发表的符合条件的文献，总共检索到有关教师资格标准的文献 25 条，有关教师选拔标准的文献 24 条。剔除高等学校、中等职业学校教师专业标准及选拔标准文献 12 条，以及无关文献 5 条，最后选出 32 条有效文献作为研究对象进行分析。

第二步：信息编码

一般来说，信息编码有两种方法。一种是根据研究的需要，设计一种简单的编码方案或者利用现有的编码方案，这种编码是建立在已有的理论基础之上的方法，也称“先验编码”；另一种是根据资料编码，这种方法是在研究者不知道研究主题包括哪些变量、不能预测所有可能答案时进行的编码，需要对数据做初步的分析以后制定编码方案，也称“急诊编码”。根据研究的内容，本书选取第一种编码方法，并就选取样本的信息设计简单的编码方案，制作记录信息的编码表(见表 4-1 和表 4-2)。

表 4-1 教师选拔标准中教师胜任特征项编码表示例

文献标题	新教师选拔的标准及其成长——美国的经验	作者	李进忠、郝静
发表时间	2006 年	期刊或数据库名称	《基础教育参考》
胜任特征项			
课堂管理能力	积极的态度	热情	爱学生
期望	学科知识	与学生互动	持久性
保护学生	概括能力	帮助学困生	献身精神
勇于承认和改正错误	高效性		

表 4-2 教师专业标准中教师胜任特征项编码表示例

文献标题	英国教师专业标准研究	作者	尹妙辉
发表时间	2008 年	期刊或数据库名称	CNKI 硕士论文
胜任特征项			
期望	信任学生	师生互动	遵守教师法
与同事、家长建立关系	反思能力	创新	掌握教学策略
教育测量	教育评价	教育监控	学科知识
教育教学知识	读写及多媒体技术	了解学生心理	了解安全知识
制订教学计划	提供反馈	团队协作	

第三步：胜任特征项汇总

通过对 32 篇有效文献进行编码，合并同类项或相似项，共得到 54 个胜任特征项，剔除出现频率低于 20%的特征项，剩余 26 个中小学教师胜任特征项(见表 4-3)。

表 4-3 中小学教师胜任特征频次表

编号	胜任特征项	出现频次(次)	频率(%)
1	学科知识	25	96

续表

编号	胜任特征项	出现频次(次)	频率(%)
2	教育学、心理学知识	19	73
3	通识知识	12	46
4	教学策略	24	92
5	教育监测与评价	15	58
6	课堂组织管理	26	100
7	教学计划与准备	17	65
8	评估与反思	14	54
9	信息收集能力	10	38
10	计划性和条理性	14	54
11	创新性	12	46
12	概念性与分析性思考	10	38
13	应变能力	16	62
14	自我发展与学习	20	77
15	进取心	11	42
16	成就导向	15	58
17	责任心	25	96
18	沟通能力	23	88
19	合作能力	18	69
20	情绪稳定性	15	58
21	个人修养	13	50
22	乐观幽默	9	35
23	宽容耐心	20	77
24	诚实正直	18	69
25	认真坚持	16	62
26	职业热情	20	77

(2)运用开放式问卷调查获取应届毕业生教师胜任特征项

除了提取中小学教师胜任特征项作为参考外，为了获取更多适用于应届毕业生教师的胜任特征项，本书按照分层随机取样的策略分别抽取了示范小学和中学各 1 所，普通小学和中学各 1 所，以开放式问卷调查的方式调查了这些学校教师对于应届毕业生教师应该具备的胜任特征的看法。总共发放问卷 20 份，有效回收 12 份，有效回收率为 60%。对回收的数据进行开放式编码，合并一些意思相同但是表达不同的项目，并统计每个胜任特征项被提及的频次，最后的结果如表 4-4 所示。

表 4-4　应届毕业生教师被期望具有的胜任特征项

编号	胜任特征项	出现频次(次)	频率(%)
1	学科知识	10	83
2	教育学、心理学知识	7	58
3	课堂管理理念	11	92
4	教学设计理念	9	75
5	分析和概括思维	6	50
6	逻辑推理	8	67
7	计划性思维	7	58
8	责任心	11	92
9	情绪调控	7	58
10	人际沟通与团队协作	6	50
11	职业热情	8	67
12	通识知识	8	67

(3)应届毕业生教师胜任力模型的建构

本书通过内容分析法获取了中小学教师胜任特征群，又通过开放式问卷调查得到了相关人事负责人对应届毕业生教师胜任特征的要求，本书认为应届毕业生是未来中小学教师的后备军，即将成为新任教师，应该具备教师所拥有的大部分胜任特征。但是鉴于其缺乏相应的教育教学实践经验和技能，表现出的更多的是一些观念，因此对于应届毕业生教育教学技能方面的考察重点在于考察其教育教学方面的观念。结合目前教育的实际情况以及招聘单位对于应届毕业生教师胜任力的一些要求，本书构建了应届毕业生教师胜任力模型，构建的原则是把内容分析法获得的结果与开放式问卷调查的结果进行比较，二者一致的部分保留在模型中，二者不一致的部分以开放式问卷调查的为准，放入模型中，最后在一级编码的基础上根据各个特征的内涵总结出两级胜任力模型，其结果如表 4-5 所示。

表 4-5 应届毕业生教师胜任力模型

一级维度	二级维度
教育教学知识	学科知识
	通识知识
	一般教育学、心理学知识
基本认知能力	分析与概括思维
	逻辑推理
	计划性思维
教育教学观念	职业热情
	课堂管理理念
	教学设计理念
社会适应特质	情绪调控
	人际沟通与协作
	责任心

该模型充分考虑到了应届毕业生缺乏教育教学实践能力的特点，重点考察其综合能力(如基本认知能力和社会适应性)，并辅以对教育教学知识和观念的测查，了解应届毕业生的专业准备性，从而全方位地掌握其潜在的职业胜任力。

(4)模型构成因素说明

本书构建的应届毕业生教师胜任力模型共包括 4 个一级维度、12 个二级维度。其中 4 个一级维度为教育教学知识、基本认知能力、教育教学观念、社会适应特质。该模型基本与“冰山模型”相对应，涵盖了知识、技能、自我概念与个人特质等层次的特征。其中，教育教学知识包括学科知识，通识知识，一般教育学、心理学知识；基本认知能力包括分析与概括思维、逻辑推理、计划性思维；教育教学观念包括职业热情、课堂管理理念、教学设计理念；社会适应特质包括情绪调控、人际沟通与协作、责任心。

①教育教学知识

教育教学知识是反映应届毕业生教师胜任力中知识层面的内容，它是指能够使得应届毕业生教师胜任教书育人工作所需要的最基本的专业知识，包括学科知识，一般教育学、心理学知识，通识知识。学科知识是从事某个专业课程教学工作所必须具备的与该专业课程有关的知识，一般由应届毕业生大学期间所读专业来确定。一般教育学、心理学知识是指用于创造教与学环境的知识，包括那些在各个学科通用的陈述性的和程序性的知识。这种知识是教师职业特有的，并且是随着教师职业的发展逐步提高的。它包括班级管理知识、教学方法知识、课堂评价知识、学习过程知识、学生个体特征知识等。通识知识是指教师拥有的有利于开展有效的教育教学工作的普通文化知识，包括自然科学知识(如地理、化学、生物、机械等方面的知识)和人文社会科学知识(如哲学、宗教、艺术等方面的知识)。教育教学知识是从事教师职业必备的职业素养之一，考察应届毕业生的教育教学知识是了解该群体职业准备性的有效途径。

②基本认知能力

基本认知能力主要体现了与各种职业胜任力密切相关的一系列心理潜能。这些潜能是从业和胜任的最基本的和核心的条件，也影响着个体从事职业活动的效率和成功的可能性。基本认知能力是一个人发现问题、分析问题、解决问题的最基础的能力。如果缺乏相应的能力，个体则很难适应一般的工作。一般来说，基本认知能力比较高的个体，能够在工作中及时发现问题、解决问题，能够提高工作的效率。应届毕业生具备基本认知能力是从事教师工作最基本的一种能力要求。

③教育教学观念

教育教学观念是教师胜任力的核心成分，有关教育教学的各种观念影响着教育教学目标的设定、教育教学策略的选择及具体的教育教学行为。本书中的教育教学观念是指教师拥有的关于教育教学方面的认识、看法、信念等内容，包括教师对于教育职业本身、对学科、对学生的热爱，对于课堂管理、教育测评、教学设计及教师专业发展等方面的看法。通过考察应届毕业生的教育教学观念，可以了解该群体对教育教学的基本看法，进而确认其是否符合教师职业标准。

④社会适应特质

社会适应特质是指一个人面对纷繁复杂的社会环境的一种准备心理及进入环境后的承受适应性方面的特征，通俗地讲就是大学毕业生进入工作新环境后对新环境的适应以及利用工作资源快速成长的特征。适应新环境是一个人能有效开展工作的前提。融入环境的速度越快，个体拥有的资源越多，获得优秀绩效的可能性越大。社会适应特质决定了大学毕业生进入未来工作状态的速度，以及是否能适应瞬息万变的社会环境。

4. 社会招聘教师胜任力模型

(1)运用内容分析法提取社招教师胜任特征项

运用内容分析法提取社招教师胜任特征项的步骤同运用该方法提取应届毕业生教师胜任特征项步骤一致。这里重点强调以下内容。

第一步：抽取样本

根据取样标准，研究者以中国知网(CNKI)作为研究检索平台，以源数据库作为文献来源，确定文献发表日期截至2014年11月20日，选取“主题”检索项目，以“教师胜任力”为检索词，共检索到文献487篇。研究者对检索到的文献进行逐一筛选，剔除无关文献和重复发表的文献，只选择以中小学教师为研究对象，采用实证研究方法且研究结果为胜任特征模型或胜任力模型的文献，最终获得有效文献27篇。

第二步：信息提取

选取了有效文献之后，需要对有效文献中的有效信息进行提取，以汇总所有的研究信息，如表4-6所示。

表4-6　社招教师胜任特征项记录表

文献标题	中小学教师胜任力模型：一项行为事件访谈研究	作者	徐建平、张厚粲
发表时间	2006年	期刊名称	《教育研究》
胜任特征项			
组织管理能力	诚实正直	创造性	宽容性
团队协作	反思能力	热情	沟通技能
尊敬他人	分析性思维	稳定的情绪	提升的动力
责任心	理解他人	自我控制	专业知识和技能
情绪觉察能力	挑战与支持	自信心	概念性思考
自我评估	效率高	—	—

第三步：信息编码与统计

根据研究的内容，本书拟选取先验编码的方法。研究者在已有文献基础上，根据胜任特征词条属性分别进行归类，对于某一个或某几个胜任特征词条的归属具有较高的一致性时，将其归为一类并命名。例如，将“个人发展”“持续学习”“专业发展能力”等归为一类，命名为“自我发展与学习”；将“事业进取心”“目标明确”等归为一类，命名为“进取心”；将“成就欲”“成就导向”归为一类，命名为“成就导向”。根据这一原则，我们在原始登录信息的基础上形成了面向社会人员的社招教师胜任力初级模型，如表4-7所示。

表4-7　社招教师胜任力初级模型及特征频次

维度	频次	特征词
自我发展与学习	22	个人持续学习，终身学习，不断更新知识和教育理念
进取心	8	对事业积极进取
成就导向	7	希望出色地完成任务，从事富有挑战性的任务

续表

维度	频次	特征词
对学生的责任心	73	责任心，关心学生，公平对待学生，尊重、了解学生
教学责任心	16	工作质量意识，职业承诺，乐于奉献
沟通与交往	31	与学生的沟通技能，人际关系构建，和谐的师生关系
团队协作	9	团队协作，合作能力，合作关系，团队合作能力
信任构建	3	获得信赖，互换角色，信任构建
情绪觉察与稳定	6	情绪觉察能力，情绪稳定
情绪控制	5	情绪控制，情绪管理
评估与反思	25	反省能力，反思能力，审视能力，专业实践反思与研究力
信息收集能力	7	技术与信息寻求，信息搜索，信息管理
计划性和条理性	4	目标明确，规划清晰，逻辑清晰
创新性	20	创造性，创新能力，爱创造
概念性与分析性思考	8	分析思维，概括性思维
应变能力	15	应变能力，反应能力，心理承受力
口头语言	11	语言表达能力，普通话能力，说服力，语言趣味性
书面语言	4	书写能力，阅读能力，写作沟通能力
肢体语言	2	非语言表达，肢体语言表达
个人修养	38	人格魅力，有涵养气质好，举止文明，穿着端庄整洁，感染力，亲和力
乐观幽默	20	积极乐观，幽默风趣，开朗热情
宽容耐心	15	宽容理解，平和宽容，有耐心
诚实正直	13	正直诚实，公正公平，诚实守信
认真坚持	12	意志力，韧性，毅力，处事认真
职业热情	11	热爱教学，职业志趣，组织认同感
职业道德与价值观	22	为人师表，职业道德，正确的教学态度，专业态度
学科知识	11	专业知识，学科专业，知识功底，基础知识
教育学、心理学知识	4	教育理论素养，教育学和心理学知识
通识知识	4	人文社会科学知识，职业知识，个人文学修养，人文知识，普通文化知识
教学策略	52	教学能力，因材施教，运用教法能力，学习指导能力
教育监测与评价	6	教学测评能力，教学监控力，教学反思能力

续表

维度	频次	特征词
课堂组织管理	22	组织管理能力，控制课堂气氛能力，学生管理能力
教学计划与准备	11	教学计划，课程开发，分析处理教材

由于表4-7的结果是根据原始文献中胜任特征词条自下而上进行初步归纳分类得出，对于各胜任特征项及其内涵的把握还不够深刻，因此研究者在此编码的基础上根据每个胜任特征项内涵与外延的不同范围对各个胜任特征项的命名及归类进行了二次编码加工，编码加工的基本原则如下。

①合并重复内容。对概念有所重合的词条进行合并，如“自我发展与学习”下的胜任力词条同属于“进取心”范围，即教师积极寻求自我发展，不断进行主动学习与“充电”也是进取心的一方面表现，因此将“自我发展与学习”合并到“进取心”维度。

②更改表述方式。如“信息收集能力”这一胜任力应包括对信息的搜寻与收集的能力，同时在收集信息的过程中，要求教师能够对收集到的信息进行概括总结，因此还包括了概括能力，故将该维度描述更改为“信息收集与概括能力”。而“对学生责任心”和“教学责任心”维度的表述与其他胜任力维度的表述不在同一层面，过于简单且没有凸显教师胜任力的特点，根据已有文献发现，教师的责任感体现在其对工作的主动性、关注学生的主动性，以及遇到困难时的坚持等方面，同时也体现在教师对学生和工作的认真负责，因此重新命名为“主动性与坚持性”“严谨认真”。

③根据概念类属对词条进行再归类。如“个人修养”维度的胜任特征词条包含的范围较广且分散，聚合到“个人修养”维度的程度不高，因此删除这一维度，将所属的胜任力特征词条归类到其他类别，将“亲和力”归纳到“宽容耐心”维度。

按照上述原则，我们对表4-7的内容重新进行了归类整理，结果如表4-8所示。

表4-8　社招教师胜任力模型初稿

一级维度	二级维度
成就动机	进取心
	成就导向
情绪稳定性与调控	情绪觉察与理解能力
	情绪调控与表达能力

续表

一级维度	二级维度
责任心	严谨认真
责任心	顾全大局
专业精神	宽容耐心
专业精神	诚实正直
专业精神	乐于奉献
专业精神	职业热情
人际沟通与协作	沟通与交往
人际沟通与协作	团队协作
问题解决能力	信息收集与概括能力
问题解决能力	计划性和条理性
问题解决能力	评估与反思
语言表达能力	口头语言表达能力
语言表达能力	书面语言表达能力
语言表达能力	肢体语言表达能力
专业知识	学科知识
专业知识	教育学、心理学知识
专业知识	通识知识
专业技能	教学计划与准备
专业技能	教学策略
专业技能	课堂组织管理
专业技能	教育测量与评价

(2)运用访谈法提取社招教师胜任特征项

①编制访谈提纲

为了使构建的社招教师胜任力模型更契合目前教育的实际情况，本书通过对一批中小学校长或教学主任进行访谈以进一步确立社招教师胜任力模型。为此，研究者编制了一个半结构化的访谈提纲，了解学校对于社招教师的基本要求和期望。访谈的问题有：

a. 作为一个领导，您认为一名合格的教师需要具备的基本能力是什么？（可能的排序）

b. 作为一个领导，您认为优秀教师的突出特点是什么？（重要特点的排序）

c. 作为一个领导，您认为一名刚入职的新教师成长为一名优秀教师应具备的核心潜力是什么？

②选取研究对象并实施访谈

本书中采用目的性抽样的原则，选择了3所小学、3所普通中学、3所职业中学的10位校长/教学主任进行了访谈。采用半结构化访谈的方法，获取了10段访谈录音。

③胜任特征编码与频次统计

第一，胜任特征编码

将所有访谈录音转化为文本后，研究者对访谈文本进行开放式编码。本开放式编码利用了内容分析法中总结的胜任特征词条，对所有录音文本中的内容进行主题分析，分析主要概念和思想，提炼基本主题，进行简单的归类，记录它们在文本中出现的位置，并在相应的文字和段落上做标注。对那些在现有《胜任特征词典》中无法找到的胜任特征词条，进行补充和完善。表4-9是用主题分析法对访谈内容进行开放式编码的一个示例。为了提高编码的有效性，本书胜任特征的编码采用两位研究者共同编码的技术。编码初期两位研究者会就编码中遇到的有分歧的地方不断协商和沟通，直到达成一致意见。最后，等所有编码结束后，计算编码一致性信度，本书中的编码一致性信度为0.92，说明两位研究者的一致性非常高，编码的结果比较可信。

表4-9　访谈文本开放式编码表示例

访谈文本	开放式编码
P1：我们觉得第一个，就是说做一个老师的话，应该是人品，人品是第一位的。第二个呢，我觉得就是还应该有一个积极的生活态度，因为我觉得积极的生活态度在各个方面都对学生有潜移默化的影响。所以我觉得积极的生活态度对于学生将来走上工作岗位非常重要。然后要是说到的第三个的话，我觉得应该是工作态度。因为作为我们职业学校来讲，我觉得就是，从他们接受了高等教育之后，从他们接受的知识的角度来讲，应该说不比任何人欠缺，和普教的老师在竞争上可能他们也能一拼，尤其是文化课。但是呢，就是到我们这儿之后，更强调的就是这个工作态度，和那种工作的责任心。还有我觉得在职教要做一名好的老师特别要动脑。	诚实正直 积极乐观 责任心 问题解决
P2：合格教师我们认为需要具备的基本能力，这个能力我们讲主要就是几种，应该是有比较好的表达能力，包括口头和书面的；有比较强的组织能力，因为组织教学，没有组织能力就比较难带班，比较难把课堂秩序保持好；另外要具有合作精神和与人沟通的能力，还应该具有继续学习的能力。	表达能力 组织管理能力 团队协作能力 人际沟通能力 继续学习的能力

续表

访谈文本	开放式编码
P3：基本达标的话，当然大的方面，人品我就不说了，第一个我觉得就是你要了解这个专业，了解专业特点和教学课程的特点；第二个是这个学科基本的教法是什么；第三个是对于这个学科你的专业知识的多与少。比如我们现在有些弱的学科：科学、实践，对这个学科认识有多少，你的专业知识要能够巩固到孩子的知识当中来。	学科知识
P4：一个呢，就是我特别关注的心态，是不是阳光心态；另外就是最主要的两点，一个是人际沟通，还有一个是情绪管理。我们很多的一些优秀老师，在最后的时候都是输在情绪管理上了，而且那些老师都是非常好的老师。	积极乐观 人际沟通 情绪管理

第二，频次统计

研究者对开放式编码所获得的胜任特征频次进行统计，结果如表 4-10 所示。

表 4-10 社招教师胜任特征频次调查结果表

编号	胜任特征	频次	编号	胜任特征	频次
1	诚实正直	6	12	积极乐观	8
2	责任心	8	13	表达能力	4
3	组织管理能力	9	14	团队协作	9
4	人际沟通	7	15	学科知识	6
5	情绪管理	8	16	教学知识	5
6	反思能力	5	17	学习能力	8
7	爱岗敬业	10	18	进取心	4
8	职业热情	9	19	职业道德	10
9	广博的知识	7	20	育人能力	6
10	问题解决能力	6	21	主动性	5
11	创新思维	5	22	变通能力	4

通过半结构访谈，研究者发现学校的相关负责人对社招教师在胜任特征的要求与通过内容分析法获得的胜任力模型基本一致。但是因为每个学校具体情况的差异，如师资力量、学生来源、校园氛围、培养目标等，不同学校的领导者对不同胜任特征重要性的强调水平不同，如有的学校比较强调教师要爱岗敬业、有责任心，有的学校则强调教师要有创新性、要善于思考问题，还有的学校强调教师要有积极的心态并热爱生活、热爱教育事业。

(3)社招教师胜任力模型构建

根据内容分析法获得的社招教师胜任特征以及访谈法获得的社招教师胜任特征频次调查结果表，研究者构建了社招教师胜任力模型，构建的基本原则是以内容分析法获得的普通中小学胜任特征为基础，通过对比分析访谈法所获得的胜任特征信息，根据每个胜任特征出现的频次及对其重要性的强调，来构建社招教师胜任力模型，并在二级编码的基础上根据每个胜任特征的内涵总结出一级胜任特征，其结果如表 4-11 所示。

表 4-11　社招教师胜任力模型

一级维度	二级维度
成就动机	进取心
	成就导向
主动性与坚持性	积极主动
	不懈坚持
情绪稳定性与调控	情绪觉察与理解能力
	情绪调控与表达能力
责任心	严谨认真
	顾全大局
专业精神	乐观幽默
	宽容耐心
	诚实正直
	乐于奉献
	职业热情
人际沟通与理解	人际沟通
	人际理解
团体协作	团队配合
	团队建设
问题解决能力	信息收集与概括能力
	计划性和条理性
	评估与反思
变通性	应变能力
	创新性

续表

一级维度	二级维度
语言表达能力	口头语言表达能力
	书面语言表达能力
	肢体语言表达能力
专业知识	学科知识
	教育学、心理学知识
	通识知识
专业技能	教学计划与准备
	教学策略
	课堂组织管理
	教育测量与评价

(4)模型组成因素说明

社招教师胜任力模型共包括 12 个一级维度、32 个二级维度。12 个一级维度为专业知识、专业技能、专业精神、成就动机、责任心、主动性与坚持性、情绪稳定性与调控、人际沟通与理解、团体协作、问题解决能力、变通性、语言表达能力。32 个二级维度为：学科知识，教育学、心理学知识，通识知识；教学计划与准备、教学策略、课堂组织管理、教育测量与评价；乐观幽默、宽容耐心、诚实正直、乐于奉献、职业热情；进取心、成就导向；严谨认真、顾全大局；积极主动、不懈坚持；情绪觉察与理解能力、情绪调控与表达能力；人际沟通、人际理解；团队配合、团队建设；信息收集与概括能力、计划性和条理性、评估与反思；应变能力、创新性；口头语言表达能力、书面语言表达能力、肢体语言表达能力。

①专业知识

教师的专业知识是指从事教师职业的系统的、稳定的知识。对于胜任教师工作来说，最为重要的专业知识包括学科知识，教育学、心理学知识以及通识知识。学科知识是指专业领域内的知识，例如对于数学教师来说，学科知识就是数学学科的内容知识。拥有扎实的学科知识是从事某一科目专业教学工作的必要而基本的条件。教育学、心理学知识通常是指教师拥有的教育教学规律、学生心理发展规律等方面的知识，只有掌握了该方面的知识，教师才能够把学科知识通过合适的教学方式教给适龄的学生。因此教育学、心理学知识也是从事教师职业必备的基本知识。通识知识是指教师拥有的有利于开展有效教育教学工作的普通文化知识，包括一些基础的自然科学知识和社会科学知识。通识知识是教师知识广泛性的体现，拥有大量通识知识的教师能够更灵活地在课堂中把教材中的知识和其他学科知识或者生活常识有效联系起来，从而培养学生学习的兴趣并提高学生对知识价值的认识。

②专业技能

技能是指通过练习获得的能够完成一定任务的动作系统。教师的专业技能是指教师通过教学实践形成的完成教学工作的动作系统。该系统主要包括教师在课前制订教学计划，为教学工作做好准备；在课堂上利用教学策略把知识有效传递给学生，利用课堂组织与管理技能有效组织班级活动、维持班级纪律，并注意在整个教学活动中监控学生的知识掌握状况，及时给予学生合适的反馈信息，促进学生有效地掌握知识等几个方面。教师的专业技能是在教学实践中形成的，并对教师的教育教学实践活动具有重要的影响。

③专业精神

教师的专业精神是指教师对教育事业的热爱和投入的品质。大量的实证研究表明，教师的专业精神主要体现在教师是否具有宽容耐心、诚实正直、乐于奉献、乐观幽默的品质以及是否真正热爱本学科并热爱教师工作。教师的专业精神是教师致力于教育教学工作、保持旺盛的精力、永不懈怠的重要保障。

④成就动机

成就动机是指设定目标，并通过克服困难来取得成功的动机、愿望。教学工作是一种具有较高难度的工作，需要教师克服一些固有的传统观念，持续不断地更新知识和观念，在日常工作任务极其繁重的情况下，这种要求对教师来说是一种较大的挑战，教师需要具有较高的成就动机才能够应对这种挑战。

⑤责任心

责任心是遵守规范、承担责任和履行义务的自觉态度与行为。对于教师职业来说，责任心主要体现在教师能够在工作中做到严谨认真，认真准备讲课的内容，严谨对待学生出现的问题，并能够在个人利益和集体利益发生冲突的时候顾全大局，主动维护集体的利益。教师工作是一份良心工作，责任心的高低影响了教师在工作中的投入状态。

⑥主动性与坚持性

主动性与坚持性是指教师为出色地完成任务，主动地克服困难并付出额外的努力。主动性与坚持性包括为了完成一项困难的任务或者达到挑战性目标而担负责任、做出比要求的更多的努力。具有超常主动性和坚持性的教师对他们的学科拥有无限的能量和热情，他们教学时，那些教学材料就仿佛总是新的、吸引人的，他们真的感兴趣于学生对学科问题的反应。他们相信自己总能找到更吸引学生、更缜密的活动来更好地帮助学生学习，他们经常在寻找新的方法，并且相信自己总是能够工作得更好。

⑦情绪稳定性与调控

教师工作是一种情绪性工作，每天教师都要处理各种各样的情绪事件。对于教师来说，只有具有稳定的情绪特征，并能够在情绪快要失控的时候控制和调节自己的情绪情感，才能够始终表达出符合教师职业特征的情绪，才能够有效避免各种冲突。因此，教师需要具有稳定的情绪特征，并能够对自己的情绪进行有效的调控。

⑧人际沟通与理解

人际沟通与理解是指理解他人的情绪、动机及行为并给予相应的回应。教师的职业要求教师需要和学生、家长、同事、领导等其他一些利益相关者不断地交往。为了促进有效地交往，就需要教师具有较高的人际沟通能力。具有高水平的人际沟通能力与理解胜任力的教师是敏锐的观察者。他们善于收集有关学生和其他关键影响人物(如家长、同事等)的信息，并利用这些信息建立礼貌性人际关系。他们能够发现学生的兴趣，利用这些信息来选择那些对每个学生都具有吸引力和效果的学习活动，并且当学生出现明显的个人问题的时候，他们能够做出有效的行动。

⑨团队协作

团队协作是指为了达到共同的目标和他人一起工作的能力。团队协作对于教师和学校的发展都是非常重要的。通过教师之间的有效配合，可以分享好的思想和创意，也可以共同促进学生的发展，还能促进学校整体目标的达成。具有高水平的团队工作胜任力的教师把其他利益相关者(同事、家长、学生等)视为有价值的资源，并渴望在那些促进学生成功的活动中吸引他们。他们一直在寻找机会和别人一起工作，从中学习如何更好地吸引和激励学生、如何更有效地呈现材料、如何确保学生的社会需要和感情需要都得到满足。

⑩问题解决能力

问题解决能力是指综合、有逻辑性地分析事物的内在关系，抓住问题本质，提出并实施可行、有效的解决方案的能力。教师每天都会面临不少的问题，如分析学生课堂不注意听讲的原因、解决学生上课随意发言的问题、找出学生做错题的原因等。要解决这些问题，就需要教师有较高的问题解决能力，能够透过事物的表面现象认识事物的本质，及时有效地把问题解决在萌芽状态。

⑪变通性

变通性是指根据环境的特定要求而调整方法和改变策略的能力。变通性包括教师能够和各种各样的人在一起工作并对自己的观点做出所需的改变、能够尝试新的教学方法、能够发现和了解同一事物的不同方面等。高变通性的教师能够适应当前的环境。他们能够从多个角度看问题，并且不把一系列僵化的价值观用于新的情景。当遵守原则会带来损害的时候，他们将乐意为学生改变原则。变通性也使教师能够和那些持有和自己不同观点的人建立关系。

⑫语言表达能力

教师的语言表达能力是指抓住事物的本质，清晰、准确地表达自己的观点及态度的能力。在课堂上教师需要把自己的知识和观点用清晰可懂的方式传达给学生，这就需要教师具有较高的口头语言表达能力以及肢体语言表达能力。另外，为了总结经验和规律，教师还必须拥有较好的书面语言表达能力。

5. 高端教师胜任力模型

(1)模型构建的方法与过程

结合研究目的，本模型的构建主要通过文献分析法、行为事件访谈法、问卷调查法和专家意见法来进行研究，后期借助 MS EXCEL 进行相关的数据统计分析。其过程是通过阅读、梳理关于高端教师胜任特征的相关文献，对挑选的 19 名具有代表性的中小学高端教师进行行为事件访谈，整理、提炼中小学高端教师的胜任力；通过问卷调查对学校管理者进行进一步的筛选，形成第一版中小学高端教师胜任力模型；通过与专家及教育招聘主管部门共同探讨，凝练胜任特征，最终形成中小学高端教师胜任力模型。

①运用文献分析法提取中小学高端教师胜任特征项

通过文献检索发现，直接研究中小学高端教师胜任力的文献几乎没有，本章探讨的中小学高端教师是中小学教师队伍中的一部分，是其中的拔尖群体。中小学教师的胜任力模型对中小学高端教师胜任力模型的构建具有重要的参考价值，因此研究者将文献检索的范围拓展到了中小学教师或中小学优秀教师群体上。根据文献研究，对中小学教师胜任特征项进行提取。

第一步，抽取样本

本章主要是构建中小学高端教师的胜任力模型，通过文献搜索，目前学者对于这一领域的研究较少，没有能够直接适用于中小学高端教师的胜任力模型。中小学高端教师的身份首先是一名中小学教师，尽管其在教学或教育管理等方面取得了突出的成绩，但其常规的教育教学工作也是基于普通教师的各项胜任力及要求，高端教师的突出之处在于能够在此基础之上加以提高从而获得进一步的发展。所以，中小学教师胜任力可以反映基本的高端教师胜任力。因此，在提取胜任特征过程中，本章主要将抽取的样本范围确定为中小学教师胜任力、中小学教师资格标准，通过中国知网“中小学教师胜任特征”“优秀中小学教师胜任特征”检索相关文献，并结合《中学教师专业标准》和《小学教师专业标准》进行胜任特征提取。

第二步，胜任力梳理

将相关文献按照作者、文献年份、研究对象、样本量、胜任特征进行梳理，根据条目的概念和内涵对教师胜任力进行逻辑分析和归纳，结果见表 4-12。

表 4-12　中小学教师胜任力梳理示例

作者	文献年份	研究对象	样本量	胜任特征
徐建平等	2006	中小学教师	31	服务特征、自我特征、成就特征、认知特征、管理特征、个人特质
红宇	2012	中小学教师	824	教学技能、个人修养、个性特质、职业态度、学生观念、专业知识
彭建国等	2012	优秀小学教师	120	乐群性、聪慧性、稳定性、有恒性、自律性
王沛等	2008	中小学教师	300	业务知识、认知能力、教学监控能力、职业动机、职业发展、沟通合作、学生观、个人修养、个性特质
李英武等	2005	中小学教师	1019	情感道德特征、教学胜任力、动机与调节、管理胜任力
罗小兰	2010	中学教师	28	关系特征、成就动机、外界支持、认识支持、教学智能、人格特征、管理能力、情绪特性
刘立明	2008	高中教师	114	职业道德、人际洞察力、教学艺术、职业技能、心理品质、情绪调控、个人驱动力、教育适应性与爱好、自我发展与完善、专业知识
……	……	……	……	……

第三步：胜任力提取

通过对中小学教师胜任特征相关文献的梳理，提取出在各文献中出现频率较高的个人特征、职业态度、专业素质、成就动机、教育能力、学生观等中小学教师胜任特征项。

②运用行为事件访谈法获取中小学高端教师胜任特征项

行为事件访谈法是目前在构建素质模型过程中使用最为普遍的方法之一。McClelland 和 Boyatzis 开发了一个以行为事件访谈法为基础的胜任力模型的开发程序，它主要是以目标岗位的任职者为访谈对象，通过对访谈对象的深入访谈，收集访谈对象在任职期间所做的对成功和不成功事件的描述，挖掘出影响目标岗位绩效的细节性行为。之后对收集到的具体事件和行为进行汇总、分析、编码，然后提取出影响目标岗位的核心素质。这一方法的要点是：将研究对象集中在业绩出色的群体，主要应用行为事件访谈法和访谈资料主题分析法，将分析结果提炼为用行为性的专门术语描述的一系列胜任力。行为事件访谈法主要的过程是请受访者回忆过去半年(或一年)在工作上感到最具成就感(或挫折感)的关键事例，其中包括：情境的描述、有哪些人参与、实际采取了哪些行为、个人有何感觉、结果如何，亦即受访者必须回忆并陈述一个完整的故事。

通过行为事件访谈法获取中小学高端教师胜任特征项主要分为以下五个步骤。

第一步：访谈前期准备

文献研究：在进行行为事件访谈之前，我们的课题研究小组首先通过阅读文献了解优秀教师的胜任特质等研究现状，根据条目的概念和内涵对教师胜任力进行逻辑分析与归纳；阅读职位说明书或中小学教师绩效考核办法，确定中小学教师绩效优劣标准。

制订计划与人员培训：在文献法研究的基础上，对中小学高端教师胜任力模型构建的研究进行了详细的计划，并设计完成中小学高端教师行为事件访谈提纲。经过课题小组开会，对参与访谈的人员进行培训，并对访谈过程中的注意事项进行学习和强调。除此之外，对访谈过程中需要的录音笔等专业设备进行了准备。

确定访谈对象：对于访谈对象的选择，根据研究目的在中小学中选取19名高端教师进行深入访谈，主要选取在工作上相对更加优秀、具有代表性的高端教师。在任教学科上，尽可能分散到文理不同学科，以最大限度消除研究样本造成的误差，保证研究成果的有效性。

第二步：高端教师行为事件访谈

本阶段基于前期的准备工作深入各个中小学，对19名高端教师进行深入的行为事件访谈。

访谈时间为每位高端教师60分钟左右，访谈内容主要包含四个方面：第一，分析从教原因，主要了解高端教师如何走上教学岗位或者教育管理岗位；第二，讲述关键事件，即让每位高端教师根据自身的工作经历，分别讲述近两年在工作中最成功(或最满意、最有成就感)的事情和最不成功(或最不满意、最遗憾、最有挫折感)的事件，遵循“STAR”原则描述当时的情景、需要达到的目标、自身采取的行动及最后的结果；第三，提炼能力素质，即让高端教师提炼自身所在岗位所需要的性格、知识、技能等方面的能力素质；第四，给青年教师的建议，高端教师基于自身的奋斗经历，给年轻的教师提出关于教师职业生涯成长方面的建议。

第三步：行为事件访谈文本转录与编码

在对19名高端教师完成行为事件访谈之后，研究小组进行合理分工，将访谈录音逐字转录为访谈文本，并开始对访谈文本进行质性研究分析。文本转录可使用Nvivo软件对关键信息进行准确的提取，也可以将文本直接录入Word文档。在语音转录时，需要明确记录录音文件名称、录音文本名称、录音日期、转录日期、访谈对象、转录员等关键信息。

转录文本在经过录入与校对之后，研究小组开始对访谈文本进行编码工作。编码主要是将高端教师在关键事件中通过思想、语言、行动等体现出的优秀能力素质提取出来，对关键事件涉及的具体行为表现进行特征编码（示例）（见表 4-13）。

表 4-13　高端教师胜任力词汇表示例　　教师编号：1

序号	素质	在访谈文本中出现的行号（每一行的编码）	频次
1	学习能力	40，88，109，159，243，260，292，293，659，660	10
2	沟通能力	100，142，143，277	4
3	教育管理能力	122，153，272，274	4
……	……	……	……

第四步：胜任力汇总

将根据行为事件访谈编码后提取出来的胜任力特征，用 Excel 进行数据整理，将不同的胜任力特征按照频次进行筛选整理。以频次指标进行聚类分析，将胜任力特征按照频次统计出数据结果（见表 4-14）。

表 4-14　高端教师胜任力词汇表汇总示例

序号	素质	频次
1	责任心	62
2	上进心	44
3	团队合作能力	37
……	……	……

第五步：初步构建胜任力模型

依据胜任力统计结果，划分出中小学高端教师胜任力维度。胜任力维度划分主要基于两个方面：第一，根据“冰山模型”理论，胜任力可以分为两个部分，“冰山”以上显现出的包括基本知识、基本技能等显性特质；“冰山”以下的内在隐藏的包括个人特质和动机等隐性特质。第二，参考《中学教师专业标准》关于专业标准的专业理念与师德、专业知识和专业能力三个维度，在对编码后的访谈文本进一步提炼的基础上，对胜任力条目的概念进行明确定义，并将 36 个胜任力条目划分为知识、技能、职业理念与品质三个维度。其中，知识包括学科知识、教育管理知识；技能包括教学技能、教育管理能力、学习能力等 12 个胜任力条目；职业理念与品质包括热爱教育事业、师德高尚等 22 个胜任力条目，初步完成中小学高端教师胜任力模型的构建。

③运用问卷调查法明确中小学高端教师胜任力需求

在通过行为事件访谈法提炼的中小学高端教师胜任力的基础上，通过对学校管理者进行半开放式问卷调查，以期通过学校管理者的视角，进一步明确高端教师的胜任力。一方面了解对高端教师的选聘要求，对高端教师能力、素质各方面的需求进行调查。另一方面，对于前期胜任力条目的提炼进行合理性验证，提高胜任力与学校领导者选聘标准的一致性。同时，教育招聘主管部门也能够更加有针对性地为各中小学的人才引进工作提供有效支持，保证高端教师引进质量，提升高端教师整体水平。

调查问卷封闭式问题采取五点计量法，将“非常重要”至“不重要”按照重要程度分为五个等级，基于学校招聘要求让学校领导者对于不同胜任力条目进行需求判断。在调查问卷中设置开放性问题，由学校领导者在问卷相应位置补充填写问卷中未涉及且其认为更为重要的中小学高端教师胜任力。此外，为了保证调查的有效性和准确性，应加强与学校领导者的沟通，学校领导者同样可以对问卷设置提出修改意见。

中小学高端教师胜任力的需求调查具体包含以下研究步骤。

第一步：问卷调查前期准备

我们设计了高端教师胜任力需求调查表(见表 4-15)，采取五点计量法，将“非常重要”至“不重要”按照重要程度分为五个等级，基于学校招聘要求让学校领导者对于前期研究中所筛选出来的高端教师的胜任力进行测量和评判。

表 4-15　高端教师胜任力需求调查表示例

胜任力		评判				
知识	学科知识(包括本学科知识、相关学科知识)	1	2	3	4	5
	教育管理知识(如教育学、心理学、管理学等知识)	1	2	3	4	5
	其他您认为重要的知识：					
技能	教学技能	1	2	3	4	5
	教育管理能力(引导、教育、管理学生的能力)	1	2	3	4	5
	信息与信息技术的运用能力	1	2	3	4	5
	……	1	2	3	4	5
	其他您认为重要的能力：					

注：

1. 学校领导根据学校选聘高端教师时所看重的素质，或认为高端教师应当具备的胜任力，判断每一条目的重要程度，并在右边相应数字上画“√”(若电子版填答，请将所选数字标为红色)。其中，1=非常重要；2=比较重要；3=一般；4=不太重要；5=不重要。

2. 如果认为有更为重要的素质，可在每一部分的最后加以补充说明。

3. 表格条目中若有您认为不够妥帖的表述，请直接在原题上标出并修改。

第二步：问卷发放与回收

对各个中小学人事干部及学校管理者进行匿名问卷调查，填写完毕后进行问卷回收。在学校的选择上，尽量覆盖市示范校、区示范校和普通校三种类型的学校，以最大限度地消除学校差异对于研究样本造成的误差，保证研究成果的有效性。中小学高端教师胜任力的需求调查问卷共回收有效问卷28份，调查对象的背景资料详见表4-16。

表4-16　问卷调查样本情况

属性	选项	人数	比例(%)
性别	男	15	53.6
	女	12	42.9
	缺失	1	3.5
年龄	30—40岁	2	7.1
	41—50岁	18	64.3
	51—60岁	8	28.6
教龄	10—20年	9	32.1
	21—30年	14	50.0
	30年以上	5	17.9
职务	党委书记	1	3.6
	校长	5	17.9
	副校长	19	67.7
	教学副主任	1	7.2
	学部主任	1	3.6
任教学科	语文	6	21.4
	数学	7	25.0
	英语	2	7.1
	历史	3	10.7
	化学	2	7.1
	物理	5	17.9
	生物	1	3.6
	无任教学科	2	7.2
任教年级	高中	24	85.6
	高中兼初中	1	3.6
	小学	2	7.2
	无任教	1	3.6

注：28名问卷对象中，有职务的为27人。

第三步：数据统计与分析

在数据统计过程中，根据校领导对各胜任力条目重要程度的回答，采用描述性统计分析方法，计算不同重要性等级出现的频次和百分比，然后再根据各胜任力条目重要性等级的频次高低进一步筛选出中小学高端教师胜任力。

第四步：确定中小学对高端教师的胜任力需求

经统计，35个胜任力条目中，有26个胜任力条目被70%以上的学校领导者认为非常重要，也就是其重要等级为C级及C级以上。“适应能力”和“有强烈的成就感驱动”这两个胜任力条目的认定比例超过了50%。首先，“适应能力”作为个人更为深层次的素质，不易体现，即“冰山模型”中深藏在“冰山”以下的部分。在现实中，也确实存在引进教师后，教师自身无法适应新学校的环境而选择主动离开，从而造成学校“留不住人”的情况。其次，“有强烈的成就感驱动”作为一种内化特质，在许多其他行为中都有所体现。综上所述，根据前期的行为事件访谈以及文献研究可以发现，这两个胜任因素都是胜任力模型中重要的特质，并且在访谈中具有较高的代表性。研究者基于以上两点原因，决定将其保留。

经研究团队的讨论，考虑到高端教师在教育教学中发挥的带头和引领作用，结合引进学校希望探测引进人才在这方面能否满足其需要，决定将“领导组织能力”保留。

表4-17　胜任力需求调查统计分析结果

<table>
<tr><th colspan="2">项目</th><th>统计分析结果</th><th>取舍意见</th><th>重要等级</th></tr>
<tr><td rowspan="3">知识</td><td>学科知识</td><td>1(非常重要)频次26，占比92.9%
2(比较重要)频次2，占比7.1%</td><td>保留</td><td>A</td></tr>
<tr><td>教育管理知识</td><td>1(非常重要)频次21，占比75%
2(比较重要)频次7，占比25%</td><td>保留</td><td>C</td></tr>
<tr><td colspan="4">其他您认为重要的知识：实践性知识(1，3.6%)；教师礼仪文化知识(1，3.6%)</td></tr>
<tr><td rowspan="5">技能</td><td>教学技能</td><td>1(非常重要)频次24，占比85.7%
2(比较重要)频次3，占比10.7%
3(一般)频次1，占比3.6%</td><td>保留</td><td>B</td></tr>
<tr><td>教育管理能力</td><td>1(非常重要)频次22，占比78.6%
2(比较重要)频次6，占比21.4%</td><td>保留</td><td>C</td></tr>
<tr><td>信息与信息技术的运用能力</td><td>1(非常重要)频次6，占比21.4%
2(比较重要)频次17，占比60.7%
3(一般)频次4，占比14.3%
4(不太重要)频次1，占比3.6%</td><td>删除</td><td></td></tr>
<tr><td>学习能力</td><td>1(非常重要)频次28，占比100%</td><td>保留</td><td>A+</td></tr>
<tr><td>研究能力(科研能力)</td><td>1(非常重要)频次20，占比71.4%
2(比较重要)频次8，占比28.6%</td><td>保留</td><td>C</td></tr>
</table>

续表

项目		统计分析结果	取舍意见	重要等级
技能	沟通能力	1(非常重要)频次 22，占比 78.6% 2(比较重要)频次 6，占比 21.4%	保留	C
	团队合作能力	1(非常重要)频次 25，占比 89.3% 2(比较重要)频次 3，占比 10.7%	保留	B
	创新能力	1(非常重要)频次 25，占比 89.3% 2(比较重要)频次 3，占比 10.7%	保留	B
	领导组织能力	1(非常重要)频次 6，占比 21.4% 2(比较重要)频次 17，占比 60.7% 3(一般)频次 5，占比 17.9%	待定	E
	适应能力	1(非常重要)频次 16，占比 57.1% 2(比较重要)频次 11，占比 39.3% 3(一般)频次 1，占比 3.6%	保留	D
	观察能力	1(非常重要)频次 11，占比 39.3% 2(比较重要)频次 15，占比 53.6% 3(一般)频次 2，占比 7.1%	删除	
	应变能力	1(非常重要)频次 17，占比 60.7% 2(比较重要)频次 11，占比 39.3%	融入其他	
	其他您认为重要的能力：情感交流技能(1，3.6%)；听课评课技能(1，3.6%)；课堂教学设计与评价技能(1，3.6%)			
职业理念与品质	热爱教育事业(有职业热情)	1(非常重要)频次 28，占比 100%	保留	A+
	师德高尚	1(非常重要)频次 28，占比 100%	保留	A+
	敬业	1(非常重要)频次 28，占比 100%	保留	A+
	有爱心，爱学生	1(非常重要)频次 28，占比 100%	保留	A+
	有责任心、负责任	1(非常重要)频次 28，占比 100%	保留	A+
	积极乐观	1(非常重要)频次 23，占比 82.1% 2(比较重要)频次 5，占比 17.9%	保留	B
	自信	1(非常重要)频次 22，占比 78.6% 2(比较重要)频次 6，占比 21.4%	保留	C
	包容	1(非常重要)频次 25，占比 89.3% 2(比较重要)频次 3，占比 10.7%	保留	B
	意志坚强	1(非常重要)频次 23，占比 82.1% 2(比较重要)频次 5，占比 17.9%	保留	B

续表

项目		统计分析结果	取舍意见	重要等级
职业理念与品质	有强烈的成就感驱动	1(非常重要)频次 16，占比 57% 2(比较重要)频次 12，占比 43%	保留	D
	有规划，有目标	1(非常重要)频次 22，占比 78.6% 2(比较重要)频次 6，占比 21.4%	保留	C
	有上进心	1(非常重要)频次 25，占比 89.3% 2(比较重要)频次 3，占比 10.7%	保留	B
	爱学习	1(非常重要)频次 25，占比 89.3% 2(比较重要)频次 3，占比 10.7%	保留	B
	善于思考，爱钻研	1(非常重要)频次 27，占比 96.4% 2(比较重要)频次 1，占比 3.6%	保留	A
	有人格魅力	1(非常重要)频次 20，占比 71.4% 2(比较重要)频次 8，占比 28.6%	保留	C
	尊重学生	1(非常重要)频次 28，占比 100%	保留	A+
	善于反思、比较、总结	1(非常重要)频次 23，占比 82.1% 2(比较重要)频次 4，占比 14.3% 3(一般)频次 1，占比 3.6%	保留	B
	追求卓越	1(非常重要)频次 16，占比 57% 2(比较重要)频次 12，占比 43%	融入其他	
	敢于创新	1(非常重要)频次 23，占比 82.1% 2(比较重要)频次 5，占比 17.9%	保留	B
	心智成熟，情绪稳定，遇事沉着冷静	1(非常重要)频次 16，占比 57.1% 2(比较重要)频次 11，占比 39.3% 3(一般)频次 1，占比 3.6%	融入其他	
	民主平等	1(非常重要)频次 26，占比 92.8% 2(比较重要)频次 1，占比 3.6% 3(一般)频次 1，占比 3.6%	保留	

注：中小学高端教师胜任力重要等级评价标准如下

A+：在非常重要的选择中，100%的被调查者认定的项目；

A：在非常重要的选择中，90%—99%的被调查者认定的项目；

B：在非常重要的选择中，80%—89%的被调查者认定的项目；

C：在非常重要的选择中，70%—79%的被调查者认定的项目；

D：根据胜任力理论和访谈结果，研究者决定予以添加的项目；

E：根据高端教师的实际和访谈结果，研究者认为尚需进一步讨论的项目。

④初步形成中小学高端教师胜任力模型

根据前期通过行为事件访谈获取的中小学高端教师的能力素质以及通过半开放式问卷调查提炼出来的学校领导者在选聘等过程中对于高端教师胜任力的需求，即基于人力资源供给者和需求者双方的标准，对中小学高端教师胜任力进行进一步的凝练。为了提高胜任力模型的实用性、规范性和适用性，在经过专家研讨会的多次头脑风暴和反复研磨后，最终初步建构完成了中小学高端教师胜任力模型。它由 6 个一级指标、22 个二级指标构成。其中，6 个一级指标分别是专业知识、专业能力、通用能力、职业精神、个人特质和内在驱动力；22 个二级指标包括学科知识、教学能力、团队合作能力、道德修养、包容和成就动机等。

⑤运用专家意见法修正中小学高端教师胜任力模型

在前期的研究过程中，通过不断与专家交流研究进展和阶段性研究成果，在初步构建的模型的基础上，吸收专家的建设性意见，参考其他相关研究获得的较成熟模型，进一步咨询研究教师胜任力的专家、在中小学担任领导职务的实践者、在中小学一线任教的教师等，对该模型进行一系列的修改和完善。

为模型修改提供重要支持的实践专家包括两位校长、一位主管人才引进工作的副校长、教育招聘主管部门科长，他们均对胜任力模型的修改提出了中肯的意见。经过相关专家多次头脑风暴和反复研磨，中小学高端教师胜任力模型形成了最终版本，如表 4-18 所示。

表 4-18　中小学高端教师胜任力模型

一级胜任力	二级胜任力
专业知识	1. 学科知识
	2. 教育管理知识
专业能力	3. 教学能力
	4. 学生管理能力
	5. 教科研能力
通用能力	6. 团队合作能力
	7. 沟通能力
	8. 学习能力
	9. 反思能力
	10. 领导组织能力

续表

一级胜任力	二级胜任力
职业精神	11. 道德修养
	12. 情感关怀
	13. 学生观
	14. 责任心
个人特质	15. 包容
	16. 乐观积极
	17. 适应性
	18. 影响力
	19. 创新意识
内在驱动力	20. 职业动机
	21. 求知动机
	22. 成就动机

(2)模型组成因素说明

由表4-18可见，高端教师胜任力模型包括专业知识、专业能力、通用能力、职业精神、个人特质和内在驱动力6个一级胜任力，每个一级胜任力中又各自包含若干个二级胜任力。关于高端教师胜任力模型因素的具体说明如下。

①专业知识

专业知识是指教师在教学工作和教育实践中获得的、直接作用于教育过程的实用性知识。高端教师专业知识主要包括学科知识和教育管理知识两个维度。其中，学科知识是指从事某个专业课程教学工作所必须具备的与该学科有关的知识。而高端教师不仅需要具有丰富的本学科知识，还需要能够结合其他学科具备相应的跨学科知识，并且对其所教学科及其他相关学科有自己深刻的见解，能够在其所教学科的教学过程中给予学生更加开阔的学习思路，有利于学生跨学科的综合性学习。教育管理知识要求其了解和掌握有关中小学生的教育学、心理学、管理学等知识，具备教育管理方面的知识有助于提高教师的班级管理水平、课堂教学水平等。教育管理知识需要与工作实践紧密结合，利用理论来指导实践，并以此来进一步升华对知识的理解和认识。

②专业能力

专业能力是指作为一名教师，在其教学工作和教育实践中能够更好地完成教师工作职责所具备的能力素质。教师专业能力包括教学能力、学生管理能力和教科研能力三个维度。其中，教学能力主要指在教学过程中应具备的相应能力，具体指教师运用已有的教学理论知识，通过练习而形成的能够顺利完成教学活动的稳固、复杂的教学行为系统。教学能力的高低直接影响着课堂效果和学生的成绩。学生管理能力是指掌握引导学生、教育学生和管理学生的技巧和方法，能够指导学生心理、学业等多方面发展的能力。具有较高学生管理能力的高端教师，能够更好地进行班级建设，保证学生的健康成长。教科研能力是指以科学的思维和适当的方法，围绕教育教学未知领域的某一主题而进行的有目的、有计划、系统的钻研和探究活动，这也是高端教师所具备的突出能力。高端教师的教科研能力能够帮助其在教育教学工作中取得显著的工作成绩。

③通用能力

通用能力是作为一名常人在工作和社会交往中所应具备的普遍的能力素质。通用能力具体包括团队合作能力、沟通能力、学习能力、反思能力和领导组织能力五个维度。其中，团队合作能力是指为了达到共同的目标和他人一起工作的能力，其反映了与他人一起工作时是否能够和谐相处、进行有效的优势互补。沟通能力指能够与他人适当、有效地进行信息交流、情感交流等方面的能力。学习能力指以快捷、简便、有效的方式获取准确知识、信息，并将它们转化为自身能力的本领，学习能力也是工作中的核心能力。反思能力是指仔细、深入地思考自身教育教学工作中发生的事件，总结经验教训，并想办法突破自身的局限。经常反思的高端教师，往往因其能够对自身工作进行有效和及时的矫正，帮助其在职业生涯道路上走得更高、更远。领导组织能力指在群组中担任领导角色，组织管理群组成员朝着既定目标前进的能力。领导组织能力一般是教育管理者所应具备的胜任特征，而高端教师作为教师群体的领军人物，也应具备这方面的能力，从而更好地发挥其影响力，管理和激励身边的青年教师。这些通用能力虽然在其他工作岗位中具备一定的普遍性，但在该模型中依旧是不可或缺的一部分。

④职业精神

职业精神是指基于工作职业和工作职责，在职业行为上的精神要求。职业要求具有普遍性，也具有特殊性。作为高端教师来说，职业精神包括道德修养、情感关怀、学生观和责任心四个方面。其中，道德修养是指在道德意识和道德行为方面的自我锻炼及自我改造中所形成的职业道德品质以及达到的职业道德境界。老师作为“人类灵魂的工程师”，肩负着育人的伟大任务，各个方面都要为人师表，所以对其道德修养有更高的要求。情感关怀，指需要从学生角度出发，能够让学生感受到老师对其的关心，这其中包括能够关注学生的状况，关心学生的发展，尊重并及时满足学生健康、合理的需要，容易与学生建立情感联结。学生观是教师在职业精神中特有的胜任特征项目，因此这一项胜任特征也具有更加重要的地位。学生观主要指教师能够以学生为本，从学生实际处境出发考虑问题；尊重学生的人格，保护学生的自尊心；尊重学生的主体地位，给学生提供表达观点、情感的机会，并以平等的身份与学生交流。责任心是指遵守规范、承担责任和履行义务的自觉态度与行为。

⑤个人特质

个人特质是一个人在不同的情境下均表现出的一些特点，包括相对稳定的思想和情绪方式，是一个人内部的和外部的可以测量的特质。对于高端教师来说，其所具有的个人特质包括包容、乐观积极、适应性、影响力和创新意识五个维度。其中，包容是指在一定范围内包容他人所表现出来的令人无法赞同的观点和行为，给他人留有余地。乐观积极是一个人对周围人与事物做出正面的认知取向的心理品质，突出表现为自信、乐观、耐受挫折等特质。适应性是指根据环境的特定要求而调整方法和改变策略的能力，适应性强的人总能根据客观需求适时进行调整。影响力是指高端教师个体在其性格、气质、能力、道德品质、行为等方面具有的很能吸引人的力量，这种影响力也可以说是其他胜任特征的集合。创新意识是高端教师区别于普通教师的核心胜任特征，它具体是指根据现实需要，引起创造前所未有的事物或观念的动机，并在创造活动中表现出的意向、愿望和设想。也正是因为这种追求与众不同的精神，高端教师能够取得诸多非凡成绩。

⑥内在驱动力

内在驱动力是指人不断追求自我完善、自我超越的需求和动力。高端教师的内在驱动力包括职业动机、求职动机和成就动机三个方面。其中，职业动机是指引起、推动和维持个体从事教师职业，完成教书育人等相关职业活动的动力成分，它能够直接反映教师在其之后工作过程中的工作态度，因此职业动机是招聘工作中基本的考察内容。求知动机是指对学习、了解、掌握新知识的渴望，也包括探索未知的欲望。求知欲望反映了在工作中的学习动力，在一定程度上也决定了高端教师的职业发展高度。成就动机是指追求自认为重要的有价值的工作，并使之达到完美状态的动机，即一种以高标准要求自己、力求取得活动成功为目标的动机、愿望。成就动机越高的人成功的可能性越大。

第二节　教师招聘素质测评体系的构建

胜任力模型为人才测评体系的建立和实施提供了重要的测评依据。为了更好地运用胜任力理论指导教师招聘工作，本书将胜任力模型运用于具体的人才测评体系中，确立了以胜任力模型为核心的教师测评体系。

一、测评要素指标体系的构建

1. 测评要素指标体系构建的原则

(1)针对性原则

由于测评的目的、对象和侧重点不同，在选择确定测评的要素和具体指标时，应从实际情况出发，使其具有较强的针对性，充分体现出测评对象的性质和特点。

(2)科学性原则

测评要素指标体系的确定应以生理学、心理学、管理学、行为科学、人才学等科学原理为依据，采用科学的调查研究方法(如问卷调查法、个案研究法等)，借用先进的测量工具。

(3)明确性原则

明确性原则是指在所确认的测评体系中，每个测评要素指标都要有明确的内容、定义或解释说明，必要时还要列出计算公式，使测评要素和指标的概念内涵明确、外延清晰。同时测评要素指标的文字表述应力求精练、直观、通俗，所选择的要素指标要少而精，测评体系的设计要达到规范化和标准化的要求。

(4)独立性原则

独立性原则是指同一层次的评价指标之间应该尽可能独立，指标的关联性应该尽可能小。各个测评指标之间不相互包含，不能出现大范畴和小范畴并列或相互交叉的情况。

2. 测评要素指标体系构建的结果

本书采用将构建的三类教师胜任力模型作为测评的指标体系，即将一级维度作为测评的指标，编制测验试题，全面考察应届毕业生、社会招聘教师、高端教师三类群体在知识、能力、个人特质、自我概念方面的特征，通过履历分析、纸笔测验、心理测验、结构化面试、试讲、实习等多种测评方法进行考察。

二、招聘过程中测评体系的建立

依据要测评的指标，运用多种测评工具进行多角度的测评，使得各种测评工具的测量结果能够互相印证、互相补充。在实际测评中，根据不同的招聘对象，主要有以下几种测评工具。

1. 履历分析

履历分析重在了解拟招聘人员的教育经历、实习经历、参与社会活动记录、专业成绩排名、自我认识与评价等方面的内容。各个单位可以根据自己对拟招聘人员的胜任力要求设计相应的履历表，以考察相应的胜任力。

2. 职业适应度测验

职业适应度测验是应届毕业生招聘主管部门为公开招聘专门开发的专业化测评工具。该测评工具以纸笔测验的方式，通过问卷法、测验法、情境判断测验法重点考察胜任力模型中的一般认知能力、社会适应性和教育教学观念三个方面的一些胜任特征，具体包括以下三个分测验。

(1)心理特质测验

心理特质测验主要测查应聘者在情绪稳定性、责任感、人际交流与沟通等方面的胜任力。应届毕业生的社会适应性在一定程度上也反映着其心理健康的程度。该测验以问卷调查的方式，让应聘者针对所描述的题项与自己实际情况的符合程度做出评价，根据评价的结果来判断应聘者的胜任特征。

(2)能力倾向测验

能力倾向主要体现了与各种职业胜任力密切相关的一系列基本认知方面的心理潜能，如分析问题能力、概括总结能力、资料分析能力等。这些潜能是从业和胜任的基本条件，也影响着个体从事职业活动的效率和成功的可能性。能力倾向测验既非一般的智力测验，也不同于某职业领域内通用的基础知识测验和具体的专业知识技能测验，它是对职业工作需要具备的多种能力的综合考察。针对教师工作高知识性、高复杂性、计划性比较强、突发事件出现频率又比较高的特点，能力倾向测验主要考察应聘者在分析问题、概括问题、逻辑推理、言语理解、资料分析等几个主要方面的胜任特征。

(3)教师教育教学观念和知识测验

在应届毕业生教师胜任力模型中，教师的教育教学技能与知识不是最核心的胜任力，但是鉴于教育教学能力是教师专业胜任力的核心成分，且应届毕业生大多都接受过系统的教师专业训练或者拿到了教师资格证书，他们拥有一些教育教学方面的基础知识和观念，主要包括教育教学目标的设定、教育教学策略的选择及具体的教育教学行为的选择等各种有关教育教学的知识和观念。通过对应聘者教育教学观念的考察，可以了解其从事教师工作的专业准备状况。该测验主要考察应聘者对相关的教育教学专业知识和技能的理解与判断。重点考察五个维度：学生的发展及其多元性、班级管理与学习环境设置、教育教学方法与策略、教育教学测量与评价、专业化发展与人际互动。

3. 结构化面试

结构化面试是指依据预先确定的内容、程序、分值结构进行的面试形式。面试过程中，主试人须根据事先拟定好的面试提纲逐项对被测评者进行测试。在结构化面试中，面试的程序、内容以及评分方式等标准化程度都比较高，使面试结构严密，层次性强，评分模式固定。目前，结构化面试因其直观、灵活、深入、具有较高的信度和效度而不断为许多用人单位接纳和使用，成为现代人员素质测评中一种非常重要的方法且日益受到人们的重视。一般来说，结构化面试多采用情境问题或者行为事件访谈法进行。

4. 试讲

试讲是应届毕业生专业化面试的重要组成部分。针对教学经验比较少、教学技能尚不娴熟的应届毕业生，试讲的主要目的是了解应聘者的语言表达能力、课堂组织能力、多媒体软件制作能力、板书板画能力、学科知识掌握程度及知识面的广度。此外，对于应届毕业生而言，试讲时表现的个人气质、仪容姿态、是否具有亲和力等也是考察其是否具有成为合格教师潜质的重要指标。

5. 实习状况

在正式录用之前，用人单位一般会要求应届毕业生在单位实习一段时间。实习期间是全面考察其胜任力的绝佳时期。用人单位可以在自然的状态下观察其在实习期教育教学知识、技能等方面的表现，还可以观察其在人际沟通、团队合作、师生交往、责任心、情绪稳定性、问题解决能力等方面的胜任力，还可以在人为设计的情境中观察其在某些方面的表现，如故意设计一些冲突情境，考察其应变能力。

6. 试用期360度测评

试用期期间由应聘者所在教研室组织、学校教学督导、教学副校长、学生等针对胜任力模型中的胜任特征对应聘者胜任力做出综合评估。评估的主要内容包括专业精神，如该教师是否喜欢教学，是否喜欢自己的学科，是否有无私奉献的精神，是否对所有学生都很有耐心，是否诚实正直，是否乐观幽默等；专业知识，如该教师的学科知识掌握程度如何，一般的教育学、心理学知识掌握程度如何，另外还考察该教师的知识面（即通识知识）是否足够宽广；专业技能，如该教师讲课是否通俗易懂、逻辑清晰、重难点突出，是否能够理论联系实际，是否能够有效地管理课堂秩序、应对课堂突发事件等；一般胜任力，如该教师是否能够与学生、同事、领导有效交流和沟通；是否善于团队合作；在遇到较大困难的时候该教师是否能够情绪稳定，有效应对问题；是否能够坚持不懈地想办法克服问题；是否能够保质保量地完成自己的本职工作；是否能够积极主动地承担任务，并愿意把自己的好的经验分享交流；是否具有良好的计划性，能够按计划有条不紊地处理工作；是否能够有效收集各方面的信息反馈，有效地调整自己的教学策略；是否善于反思自己的教学过程，并不断改进教学方法；是否具有较好的应变能力，能够灵活地解决问题等。

三、教师招聘胜任力测评相关试题设计

适用于应届毕业生和社招的教师招聘，其胜任力测评主要采用用人单位

自评和上级主管部门统一测评相结合的方式。该测验的命题相关内容如下。

1. 测验的命题

(1)命题形式的要求

为了能够全面测量应聘者的胜任力，同时也为了适应公开、公正、公平考试的需求，教师招聘胜任力测验命题的形式以客观题为主，同时辅以少量的主观题，以考察一些较为深层和复杂的能力、心理等方面的胜任力。在具体的命题形式中，根据兼顾效率和速率的原则，采用多种测评形式相结合的方式，如具体的题目类型包括选择题、正误判断题、案例分析题、情境判断题等。

(2)试题难度和区分度的要求

难度是指试题的难易程度，是评价题目质量的一个非常重要的指标。根据难度系数的计算公式，一个题目，如果大部分应聘者都能答对，那么这个题目的难度系数大，难度比较低；如果大部分应聘者都不能答对，那么这个题目的难度系数就比较小，难度则较大。在具体考试过程中，题目过于简单或者过难都无法真实反映应聘者的能力水平，中等难度水平的试题才具有较大的区分性。考试中对于题目难度的划分一般来说分为易(难度系数在 0.7 以上)、中(难度系数为 0.4—0.7)、难(难度系数在 0.4 以下)三类。在选拔性考试中，往往根据选拔的性质确定整套试题中各种难度题目类型的比例。一般来说，整套试题按照易、中、难 3∶4∶3 的比例来安排题目设置比较合适。本测验基本按照该比例来设计试题。

区分度是指考试题目对应聘者心理特征的区分能力。区分度高的试题能将不同水平的应聘者区分开来，水平高的应聘者得高分，水平低的应聘者得低分。区分度高的考试，优秀、一般、差三个层次的学生都有一定比例，如果某一分数区间学生相对集中，高分太多或不及格太多的考试，区分度则低。本测验设计过程中基本要保证每个题目的区分度处于可接受的水平之上(区分度 d 值大于 0.3)。

2. 具体题目的编制

教师招聘胜任力测验包括三个分测验，各个测验的具体题目类型如下。

(1)心理特质测验

心理特质测验主要考察应聘者在情绪的稳定性、人际交流与团队协作、教师责任感等方面的胜任特征。该测验采用单项选择题目的形式。如针对应聘者情绪的稳定性，设置了题项“我经常对他人大发脾气”，让应聘者根据自己的情况选择“A. 非常符合；B. 有些符合；C. 有些不符合；D. 非常不符合”。另外根据问卷调查有可能导致的社会称许性比较高的问题，在该测验中加入了社会称许性试题来考察应聘者的社会称许性程度，并根据应聘者在社会称许性量表上的得分情况来适当地矫正其在该测验上的成绩。

(2)能力倾向测验

能力倾向主要体现了与各种职业胜任力密切相关的一系列心理潜能，如分析问题能力、概括总结能力、资料分析能力等。基于对教师的特定要求，本测验主要包括四个维度：概念理解、文字推理、逻辑判断、资料分析。这四个维度的题目均通过客观题的形式来考察。例如，为了考察应聘者的逻辑判断能力，设置了如下题项。

例题：如果每一个东北人都是肉食主义者，而所有香港人都是素食主义者；而所有肉食主义者与素食主义者都是对立的。已知李萍是素食主义者。根据以上条件，我们能够推出(　　)

A. 李萍是东北人　　B. 李萍不是东北人

C. 李萍是香港人　　D. 李萍不是香港人

(3)教育教学观念和知识测验

教育教学观念和知识测验主要考察应聘者在基本的教育教学知识和理念上的胜任情况。该测验重点考察五个维度：学生的发展及其多元性、班级管理与学习环境设置、教育教学方法与策略、教育教学测量与评价、专业化发展与人际互动。针对应聘者的教育教学知识，该测验主要通过选择题或判断题的形式来考察应聘者的准备状况。如为了考察应聘者对学生心理的把握情况，编制了如下单项选择题来考察。

例题：内部动机调动的方法对下面的哪类学生不太有效？(　　)

A. 对学习内容感兴趣者　　B. 对社会赞许看重者

C. 对学习能力改善看重者　　D. 对所学内容掌握看重者

针对应聘者的教育教学观念与态度，该测验主要通过情境判断的形式来考察应聘者的相应胜任力。如针对学生的发展及其多元性，编制了如下情境题目。

例题：在批改同学们的作文时，你发现小明的作文本中有一张他写给小红的纸条，在纸条中小明表达了对小红的好感。如果你是这位语文兼班主任老师，你会怎么处理这张纸条呢？(　　)

A. 把纸条重新夹回小明的作文本，装作什么也没发生，但留意观察

B. 把这张纸条夹到小红的作文本，当作什么也没发生

C. 在纸条背面回复小明表达感情是美好的事情，但是现在学习更重要

D. 一笑了之，认为这是学生正常的心理发展过程

第三节　常用的教师招聘素质测评技术及其应用

一、常用的教师招聘素质测评技术

1. 履历分析

个人履历档案分析是根据履历或档案中记载的事实，了解一个人的成长历程和工作业绩，从而对其人格背景有一定的了解。履历分析对申请人今后的工作表现有一定的预测效果，个体的过去总是能从某种程度上表明他的未来。履历资料既可以用于初审个人简历，迅速排除明显不合格的人员，也可以根据与工作要求相关性的高低，事先确定履历中各项内容及其权重，根据总分确定选择决策。履历分析较为客观，而且成本低，但也存在一些问题，比如履历填写的真实性有待考证等。

2. 行为观察

行为观察法是一种通过直接观察受测者的某种行为表现或变化来了解其特性的方法。由于人的行为表现具有内在一致性，人的很多内在特质可通过其体态语言和潜意识行为表现出来，采用这种方法时应注意对观察内容制订好计划、做好观察记录、选择合适的时间点。行为观察法方便易行，比如管理者发现办公室纸张浪费严重，可通过观察员工的纸张使用行为找出原因，从而有针对性地采取措施帮助企业降低成本。

3. 纸笔测试

纸笔测试主要用于测量人的基本知识、专业知识、管理知识、综合分析能力、文字表达能力等素质及其他能力要素。它是一种最古老而又最基本的人员测评方法，至今仍是各类组织经常采用的选拔人才的重要方法。在人才测评中，标准化的纸笔测试应用最为广泛，一般有事前确定好的测试题目和答卷，以及详细的答题说明。在纸笔测验中，情境判断测验是近年来诸多测评工具中最受重视的测评工具之一。它是通过向应聘者描绘出与工作相关的问题情境，并提供几个不同的针对该问题情境的行为反应选项，让应聘者评价或者选择相应的行为选项，从而判断应聘者是否具备该工作所需要的胜任特征。由于情境判断测验具有较高情境模拟性特征，是一种比较接近于真实情境的测验方式，同时又加上高效、易于统计等特点，近年来，情境判断测验日益受到广大研究者和实践者的青睐。

总体来说，纸笔测试在测定知识和思维分析能力方面效度较高，而且成本低，可以大规模地进行施测，成绩评定比较客观，往往作为人员选拔录用程序中的初期筛选工具。

心理测验是纸笔测验中应用最为广泛的一类测验。心理测验是通过观察人的代表性行为，对于贯穿在人的行为活动中的心理特征，依据确定的原则进行推论和数量化分析的一种科学手段。心理测验是对胜任职务所需要的个性特点能够做出最好的描述与测量的工具，实质上是对行为样组的客观的和标准化的测量，被广泛用于人才测评工作中。通常用于人事测评的心理测验主要包括：智力测验、能力倾向测验、人格测验和其他心理素质测验，如兴趣测验、价值观测验、态度测评等。比较有影响力的心理测验有比奈-西蒙智力测验、明尼苏达多相个性测验、艾森克人格测验、卡特尔16PF性格测验、皮亚杰故事测验、科尔伯格两难事故测验、雷斯特测验等。根据测验是否标准化，分为标准化测验和投射测验两类。

①标准化测验。标准化的心理测验一般有事前确定好的测验题目和答卷、详细的答题说明、客观的计分系统、解释系统、良好的常模以及测验的信度、效度和项目分析数据等相关的资料。

②投射测验。投射测验是指采用某种方法绕过受测者的心理防御，在他们不防备的情况下探测其真实想法。主要用于对人格、动机等内容的测量。它要求受测者对一些模棱两可或模糊不清、结构不明确的刺激做出描述或反应，通过对这些反应的分析来推断受测者的内在心理特点。如对于未完成的图片或绘画，要求受测者完成图片或讲述画中的内容。受测者的解释会带有自己潜意识的思想，这种方式能在一定程度上了解受测者内心的想法。最常见的两种形式为罗夏的墨迹测验和摩尔根与默里的主题统觉测验。

投射测验基于这样一种假设：人们对外在事物的看法实际上反映出其内在的真实状态或特征。投射技术可以使受测者不愿表现的个性特征、内在冲突和态度更容易地表达出来，因而在对人格结构、内容的深度分析上有独特的功能。但投射测验在计分和解释上相对缺乏客观标准，对测验结果的评价带有浓重的主观色彩，对主试和评分者的要求很高，一般的人事管理人员无法直接使用。

4. 面试

面试是通过主试和受测者双方面对面的观察、交谈等双向沟通方式，收集有关信息，从而了解受测人员素质状况、能力特征以及动机的一种人事测评方法，它不仅可以对受测者的学识水平进行评价，还能评价受测者的能力、才智及个体的心理特征。

面试的特点是灵活，获得的信息丰富、完整和深入，但是同时也具有主观性强、成本高、效率低等弱点。按照面试形式的结构化程度，面试可以分为结构化面试、非结构化面试和半结构化面试。

①结构化面试。所谓结构化面试就是首先根据对职位的分析，确定面试的测评要素，在每一个测评的维度上预先编制好面试题目并制定相应的评分标准，对受测者的表现进行量化分析。不同的受测者使用相同的评价尺度，

对应聘同一岗位的不同受测者使用相同的题目、提问方式、计分和评价标准，以保证评价的公平、合理。

②非结构化面试。非结构化面试则没有固定的面谈程序，评价者提问的内容和顺序都取决于测试关注的重点问题和现场受测者的回答，不同的受测者所回答的问题可能不同。

③半结构化面试。这种面试形式将结构化面试和非结构化面试结合起来使用，即应试者回答相同的问题，但同时又根据他们的回答情况做进一步的提问，以求更加深入、细致地了解应试者。

5. 情境模拟

情境模拟是指设置一种逼真的管理系统或工作场景，受测者参与其中，按评价者提出的要求完成一个或一系列任务，在这个过程中，评价者根据受测者的表现或通过模拟提交的报告、总结材料为其打分，以此来预测受测者在拟聘岗位上的实际工作能力和水平。情境模拟测验主要适用于管理人员和某些专业人员。常用的情境模拟测验主要包括以下四类。

①文件筐作业。将实际工作中可能会碰到的各类信件、便笺、指令等放在一个文件筐中，要求受测者在一定时间内处理这些文件，相应地做出决定、撰写回信和报告、制订计划、组织和安排工作。考察受测者的敏感性、工作独立性、组织与规划能力、合作精神、控制能力、分析能力、判断力和决策能力等。

②无领导小组讨论。安排一组互不相识的受测者(通常为6—8人)组成一个临时任务小组，且不指定任务负责人，请大家就给定的任务进行自由讨论，并拿出小组决策意见。评价者对每个受测者在讨论中的表现进行观察，考察其在自信心、口头表达、组织协调、洞察力、说服力、责任心、灵活性、情绪控制、人际关系、团队精神等方面的能力和特点。

③管理游戏。以游戏或共同完成某种任务的方式，考察小组内每个受测者的管理技巧、合作能力、团队精神等。

④角色扮演。评价者设置一系列尖锐的人际矛盾和人际冲突，要求受测者扮演某一角色，模拟实际工作情境中的一些活动，去处理各种问题和矛盾。情境模拟测验能够获得关于受测者更加全面的信息，对其将来的工作表现有更好的预测效果，但该测验的缺点是对于受测者的观察和评价比较困难，且费时。

6. 评价中心技术

评价中心技术在“二战”后迅速发展起来，它是现代人事测评的一种主要形式，被认为是一种针对高级管理人员的最有效的测评方法。一次完整的评价中心通常需要两三天的时间，对个人的评价是在团体中进行的。受测者组成一个小组，由一组测评人员(通常测试人员与受测者的数量比例为1∶2)对其进行包括心理测验、面试、多项情境模拟测验在内的一系列测评，测评结果是在多个测评者系统观察的基础上综合得到的。

严格来讲，评价中心是一种程序，而不是一种具体的方法；是组织选拔管理人员的一项人事评价过程，不是空间场所、地点。它由多个评价人员针对特定的目的与标准，使用多种主客观人事评价方法，对受测者的各种能力进行评价，为组织选拔、提升、鉴别、发展和训练个人服务。评价中心的最大特点是注重情境模拟，评价中心包含多个情境模拟测验，可以说评价中心既源于情境模拟，但又不同于简单的情境模拟，是多种测评方法的有机结合。

评价中心具有较高的信度和效度，得出的结论质量较高，但与其他测评方法比较，评价中心需投入很大的人力、物力，且时间较长、操作难度大、对受测者的要求很高。

评价中心的主要形式有管理游戏、公文处理、角色扮演、有角色小组讨论、无角色小组讨论、演讲、案例分析、事实判断、面谈等，常用的评价中心技术的使用频率见表4-19。

表4-19 各种评价中心形式的使用频率

复杂程度	评价中心形式名称	实际应用频率
更复杂	管理游戏	25%
↓	公文处理(公文筐)	81%
	角色扮演	未调查
	有领导小组讨论	44%
	无领导小组讨论	59%
	演讲	46%
更简单	面谈	47%

二、测评技术在教师招聘中的应用

依据胜任力模型建立测评体系后，建立针对不同类型教师的测评题库，在实际测评中也要根据需要灵活选用适宜的测评技术。

1. 测评技术在应届毕业生招聘中的应用

针对应届毕业生设计了“教师职业适应度测验”，该测验由三大部分构成：心理特质测验、能力倾向测验、教育教学观念和知识测验。在后来的使用中，将能力倾向测验、教育教学观念和知识测验的成绩合成为一个总成绩。建议用人单位以心理特质测验作为录用与否的重要参考指标，将能力倾向测验与教育教学观念和知识测验合成的总成绩作为择优录取的主要依据。

(1)心理特质测验

心理特质体现了个体在不同情境下所表现出的相对稳定的心理特点与行为倾向。教师的心理特质无论对于教师本人还是学生都具有重要的意义。教师职业的特殊性要求教师要拥有正常的、健康的心理品质及可持续发展的成长潜质。心理特质测验针对教师职业的特定要求主要包括两个方面：一是基本的心理健康测验，二是成长潜质测验。

①心理健康测验

心理健康测验主要测查教师应聘者在情绪、态度、应对方式等方面的状况。其中情绪的稳定性、兴奋性、忧虑性、紧张性以及应对生活事件的方式等是反映其心理健康与否的重要指标。

在稳定性因素上，稳定性较低时表现为情绪易激动、急躁不安、身心疲乏，甚至失眠、恐怖等；自我控制力较弱，易受环境支配而心神不定；通常也不易应付生活中所遇到的挫折，不能面对现实。稳定性较高时表现为自我控制力较强，能振作勇气；情绪稳定而成熟，通常能以沉着的态度应付现实中的棘手问题；有维护团结的精神；偶尔也可能因无法应对生活中的困境而自我安慰。

在兴奋性因素上，兴奋性较低时表现为冷淡、沉默、克制，有时会郁郁寡欢、自我压抑甚至抑郁。兴奋性较高时表现为热情活泼、轻松兴奋、随遇而安，对人对事热心而富有感情；但有时也可能过分冲动，以致行为变化莫测。

在忧虑性因素上，忧虑性较低时表现为闲适无忧、自足快乐、自信安然。忧虑性较高时表现为忧虑烦恼、内疚，有时缺乏生活勇气，甚至时常有犯罪感。

在紧张性因素上，紧张性较低时表现为心平气和、放松宁静、不颓丧；有时由于过分满足反而导致懒惰和效率低。紧张性较高时表现为紧张劳累、冲动不安、无忍耐性，常显得匆匆忙忙而心神不定。

在应对方式上，消极、不成熟的应对主要表现为在面对生活中的重要事件时，倾向于使用诸如逃避、幻想、自责、悲观等无建设性的方式来应对困难和挫折，长时间地沉浸在不愉快的事件中无法自拔，或者因过分冲动而导致行为失控。对自己和他人有刻板印象，缺乏灵活变通；经常因过于执着、追求完美而导致精神和身体紧张。积极而成熟的应对方式主要表现为个体倾向于使用乐观、灵活变通的多种视角去看待生活中遇到的问题，体验生活的乐趣和意义。生活态度独立，不喜欢依赖他人，不会纠缠于细枝末节而对他人耿耿于怀。面对困难和挫折时，情绪和行为具有稳定性和主动性。

②成长潜质测验

成长潜质测验主要测查教师应聘者有效适应新环境、具有可持续发展潜质的一些人格因素。其中聪慧性、有恒性和自律性是重要指标。

在聪慧性因素上，聪慧性较低时表现为以具体性思维为主，领悟及反应有些缓慢、迟钝，对事物的理解多是具体的，甚至刻板的。聪慧性较高时表现为具有抽象性思维的潜质与倾向，能迅速领悟各种观念并做出反应，思维敏捷。

在有恒性因素上，有恒性较低时表现为浮躁、不审慎；缺乏责任感，易动摇。由于不容易自控且不易受集体约束，故有可能表现出反社会行为。有恒性较高时表现为有恒心、稳重；做事有条理、有责任感，善始善终，更倾向于奉公守法。

在自律性因素上，自律性较低时表现为难以自控，内心容易产生冲突；很少考虑社会要求，不明大体，常常感到不能适应环境。自律性较高时表现为自律严谨、言行一致，对自己的情绪和行为具有较强的控制能力；能认知社会，反省自身，自尊心较强。

(2)能力倾向测验

基于教师职业的特定要求，这里的能力倾向测验主要包括四个维度：概念理解、文字推理、逻辑判断、资料分析。

概念理解维度主要考查应聘者理解概念的定义，并运用概念进行判断的能力。

文字推理维度主要测查应聘者运用语言文字进行交流和思考、迅速而又准确地理解文字材料内涵的能力。包括根据材料查找主要信息及重要细节；正确理解阅读材料中指定词语、句子的准确含义；概括归纳阅读材料的中心主旨；根据上下文合理推断阅读材料中的隐含信息；判断作者的态度、意图、倾向、目的；准确地遣词用字等。

逻辑判断维度主要考查应聘者应用常用的逻辑分析方法，通过对已获取的各种信息和综合知识的理解、分析、综合、判断、归纳等，引出概念、寻求规律，对事物间关系或事件的发展趋势进行合理的判断与分析，确定解决问题的途径和方法。

资料分析维度主要考查应聘者对包括文字描述、数据、图表等多种类型的资料信息进行综合分析与加工的能力。

(3)教育教学观念和知识测验

教育教学能力是教师胜任力的核心成分，有关教育教学的各种观念影响着教育教学目标的设定、教育教学策略的选择及具体的教育教学行为的选择。通过对教师应聘者的教育教学观念的考察，可以了解其从事教师工作的专业准备状况。该测验主要考查教师应聘者对相关的教育教学专业知识和技能的理解与判断。重点考查四个维度：学生的发展及其多元性；班级管理与学习环境设置；教学活动与评价；专业化发展与人际互动。

学生的发展及其多元性维度主要考查教师应聘者是否理解学生个体身心发展的特点及其影响因素，能否运用这些知识促进学生的身心发展；是否理解学生的多元差异，评析不同的教学策略，并能正确选择适宜的、有针对性的教学策略。

班级管理与学习环境设置维度主要考查教师应聘者是否理解教育与教学过程中的有效激励原则及手段、懂得如何应用这些规律及手段促进学生积极参与学习；能否识别激发内外动机的策略及其各自的适用条件；是否理解多种课堂管理策略；是否理解如何帮助学生发展自我意识、自我控制、自尊、自我决定和自我管理的能力；能否理解、评析不同课堂环境的教学设计策略。

教学活动与评价维度主要考查教师应聘者是否理解课程内容，能否有效设计教学方案、教学模式与教学方法、原则；是否理解如何进行具有建设性的评估、反馈。

专业化发展与人际互动维度主要考查教师应聘者能否理解如何建立并维持有效的家庭-学校关系，从而促进学生的学习与发展；是否理解如何有效地与同事合作；是否理解如何反思自己的教学行为，寻求专业支持，提升自身的专业知识水平和教学能力。

2. 测评技术在社招教师招聘中的应用

(1)职业适应度测验

社招教师职业适应度测验是在借鉴以往应届毕业生职业适应度测验的基础上，针对社招教师具有较为丰富的教育教学经历的特点而设计的。内容包括三个部分。第一部分是心理健康测验，采用问卷的形式考查应聘者在情绪稳定性、责任心、坚持性、变通性、冲动性、人际沟通等方面的发展水平，依此来判断该教师是否具有较好的心理素质和社会适应能力。第二部分是基本能力倾向测验，采用测验的形式考查应聘者在类别推理、概念理解、逻辑判断、资料分析等方面的能力。该测验能够较好地预测应聘者的基本认知能力，而这种基本认知能力对于做好教育教学工作是非常必需的。第三部分是教育教学观念和知识测验，该测验采用情境判断和案例分析的方式，通过设置教育教学中常见的案例和情境，让应聘者做出判断或者陈述，能够较好地反映应聘者在教育教学中的观念及具体的教育教学能力。

(2)结构化面试

针对社招教师已经具有较为丰富的教育教学实践经验，较难通过教育教学外显知识和技能的考核区分较为优秀的人才的特点，对他们可以通过较为复杂的结构化面试的方式来考查其潜在的人格特征方面的内容，如成就动机、责任心、主动性等。根据社招教师胜任力模型，教育招聘主管部门结合招聘实践情况，确定通过结构化面试的方式全面考查应聘者的如下 9 种胜任力。

①成就动机：主要考查应聘者设定目标并通过克服困难来取得成功的动

机、愿望；

②责任心：主要考查应聘者遵守规范、承担责任和履行义务的自觉态度与行为；

③主动性和坚持性：主要考查应聘者为出色地完成任务，主动克服困难并付出额外努力的愿望；

④人际沟通与理解：主要考查应聘者理解他人的情绪、动机及行为并给予相应的回应的态度和能力；

⑤团队协作：主要考查应聘者为了达到共同的目标和他人一起工作的意愿和能力；

⑥情绪调控：主要考查应聘者控制和调节自己的感情的意愿和能力，尤其是在受到刺激或遭遇重大挫折的时候；

⑦变通性：主要考查应聘者根据环境的特定要求而调整方法和改变策略的意愿和能力；

⑧问题解决能力：主要考查应聘者综合利用分析性思维和概括性思维发现问题、解决问题的能力；

⑨语言表达能力：主要考查应聘者抓住事物的本质，清晰、准确地表达自己的观点及态度的能力。

3. 测评技术在高端教师招聘中的应用

教育主管部门对高端教师测评内容维度的确定来自两方面的依据：一是对学校的用人需求的调研，二是对专家意见的总结。测评的内容着重考查前期通过履历分析、试讲等环节无法体现出的隐性特质，对于专业知识和专业能力不再进行针对性的考查。

用人单位的需求是确定测评内容的出发点，研究者围绕高端教师胜任力进行了调研，对中小学共计 28 所名校的校领导进行了问卷调查，综合专家讨论后的意见，并充分考虑以往的研究结论，最终确定了测评内容。

心理测试内容选择了卡特尔 16PF 性格特质、特质应对方式和成就动机这三个重要方面，主要基于以下三方面的考虑。

其一，教师首先必须具备积极向上的人格，教师的人格特质不仅会影响其自身发展，对于学生来说也会产生巨大的影响。人格特质属于“冰山模型”的下层，不易被直接观察测量，主要通过科学的测评量表进行测量。为了保证学生的健康发展、探寻高端教师的未来发展潜力，对教师群体进行相应的人格特质测评具有重要的意义。

其二，教师在教学活动和教育管理过程中会遇到各种各样的突发情况。在各种非常规的情境下，教师如何与学生进行交流以及对问题的处理方式，对于处于成长阶段的学生群体来说会产生巨大的影响。因此在测评内容中引入特质应对方式测试，能够有效预测教师在特殊情境下处理问题的态度，有利于对其心理倾向进行进一步的考查和把握。

其三，成就动机往往决定了一个人的发展高度。尽管高端教师已经取得了较为突出的成就，通过成就动机测试能够进一步考查其发展潜力，探寻其发展空间，同时有利于保证学校人才引进工作的成效。

面试主要是通过问题回答、情境模拟、行为观察等方式，进一步考查教师的隐性特质。基于高端教师胜任力模型及教师专业发展的相关研究成果，参考用人单位需求，结合面试测评方式的特点，对于面试环节考察的胜任力，经过讨论确定了面试考察内容包含以下几个方面(见表 4-20)。

表 4-20　高端教师面试考察的胜任力

一级胜任特征	二级胜任特征
通用能力	团队合作能力、沟通能力、反思能力、领导组织能力
职业精神	责任心、适应性
个人特质	创新意识
内在驱动力	成就动机

(1)心理测试

高端教师心理测验主要考察候选人的人格特征、特质应对方式和成就动机三个方面，因此，高端教师心理测验由三大部分构成：卡特尔 16PF 性格测试、特质应对测试和成就动机测试。

①卡特尔 16PF 性格测试

卡特尔 16PF 性格测试主要测查高端教师的人格特点。这 16 个因素的名称和符号分别是：乐群性(A)、聪慧性(B)、稳定性(C)、恃强性(E)、兴奋性(F)、有恒性(G)、敢为性(H)、敏感性(I)、怀疑性(L)、幻想性(M)、世故性(N)、忧虑性(O)、实验性(Q1)、独立性(Q2)、自律性(Q3)、紧张性(Q4)。除了一阶因素，该测验还包括了 8 个二阶因素，分别是适应与焦虑性、内外向性、感情用事与安详机警性、怯懦与果敢性、心理健康者的人格因素、专业而有成就者的人格因素、创造力强者的人格因素和在新环境中有成长能力的人格因素。具体计算公式如下：

a)适应与焦虑性：$X1=(38+2L+3O+4Q4-2C-2H-2Q3)\div 10$

b)内外向性：$X2=(2A+3E+4F+5H-2Q2-11)\div 10$

c)感情用事与安详机警性：$X3=(77+2C+2E+2F+2N-4A-6I-2M)\div 10$

d)怯懦与果敢性：$X4=(4E+3M+4Q1+4Q2-3A-2G)\div 10$

e)心理健康者的人格因素：$Y1=C+F+(11-O)+(11-Q4)$

f)专业而有成就者的人格因素：$Y2=2Q3+2G+2C+E+N+Q2+Q1$

g)创造力强者的人格因素：$Y3=2(11-A)+2B+E+2(11-F)+H+2I+$

M＋(11－N)＋Q1＋2Q2

h)在新环境中有成长能力的人格因素：Y4＝B＋G＋Q3＋(11－F)

②特质应对测试

特质应对测试主要考查受测者在应对过程中的情况，问题具有一定的跨情境一致性，测试结果能够反映受测者的个性特征和心身健康相关问题。特质应对方式(Trait Coping Style Questionnaire，简称 TCSQ)问卷是自评量表，由 20 条反映受测者应对特点的项目组成，包括积极应对(Positive Coping，简称 PC)与消极应对(Negative Coping，简称 NC)两个方面，用于反映受测者面对困难、挫折时的积极与消极的态度和行为特征。

③成就动机测试

成就动机量表(Achievement Motivation Scale，简称 AMS)按照成就动机有正向与负向的两种预期结果的理论，包括两个有区别的分量表：一个是测定与获取成功有关的动机(Ms)，涉及正向评价情境、结果的期望，另一个是测定与防止失败相联系的动机(Mf)，涉及负向评价情境、结果的期望。

(2)半结构化面试

高端教师测评中面试的内容主要包括以下八个方面的素质：

①团队合作能力：为了达到共同的目标和他人一起工作的能力。

②沟通能力：与他人能够适当、有效地进行信息交流、情感交流等方面的能力。

③反思能力：仔细、深入地思考自身教育教学工作中发生的事件，总结经验教训，并想办法突破自身的局限的能力。

④领导组织能力：在学科组中担任领导角色，明确学科发展目标，组织、管理学科组朝着既定目标前进的能力。

⑤责任心：遵守规范、承担责任和履行义务的自觉态度与行为。

⑥适应性：根据环境的特定要求而调整方法和改变策略的能力。

⑦创新意识：根据现实需要，引起创造前所未有的事物或观念的动机，以及在创造活动中表现出的意向、愿望和设想。

⑧成就动机：追求自认为重要的有价值的工作，并使之达到完美状态的动机，即一种以高标准要求自己、力求取得活动成功为目标的动机、愿望。

第五章　如何稳定员工关系

——学校人事风险管控探索

劳动关系管理是稳定员工关系的重要方面，也是承诺型人力资源管理的一环。优秀的人力资源管理人员必须具备人事专业知识、法律专业知识及学校管理专业知识，同时必须具备系统规划能力、执行力、平衡与沟通的能力及人事纠纷的处理能力。对于人事管理中的法律风险，学校人事管理部门的工作不能仅停留在纠纷的处理上，更要着重建立一套具备系统性、专业性、合理性和可控性的人事管理法律风险防范制度，将该防范制度融入学校人事管理体系和学校日常运营管理体系之中。

第一节　中小学人员类型及合同签订方法

中小学人事制度改革从 1978 年以来已经走过很长的一段路程，纵观全程大致可以将这一改革分为 1978—1991 年、1992—1997 年、1998 年至今三个阶段，特别是 1998 年后实行的以教师聘任制为主要特征和核心内容的中小学人事管理制度改革，初步建立了符合市场经济特征的“契约制”管理体制，并一直延续至今。

从《中华人民共和国劳动法》到《中华人民共和国劳动合同法》，再到新《民法典》，不断凸显“以人为本”，加大对劳动者个人权益的保护力度，同时对用人单位提出了更高的管理要求。在进行合同管理时，需要按照人员类型分类进行。

一、学校人员类型及其合同适用

经梳理，学校人员类型及其适用的合同对应关系如图 5-1 所示。

二、聘用合同相关问题

1. 适用人员

(1)一般人员

《劳动合同法》第 96 条——事业单位与实行聘用制的工作人员订立、履行、变更、解除或者终止劳动合同，法律、行政法规或者国务院另有规定的，

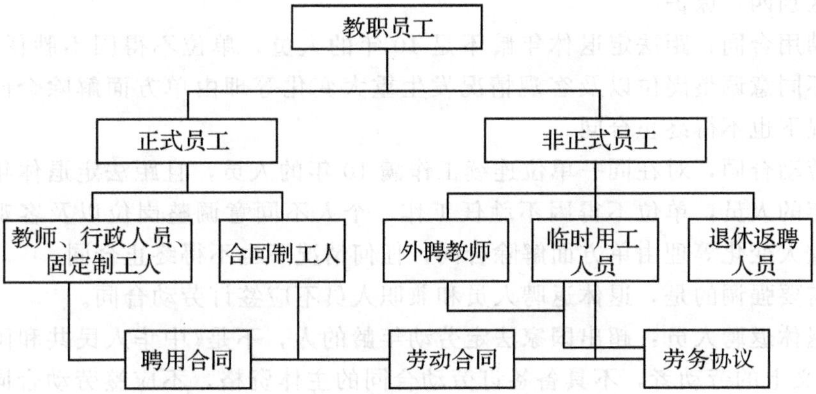

图 5-1 学校人员类型及其适用的合同对应关系

依照其规定；未作规定的，依照本法有关规定执行。

• 法律、行政法规——无完整的法律法规性文件。

• 国务院另有规定——《国务院办公厅转发人事部〈关于在事业单位试行人员聘用制度意见〉的通知》(国办发〔2002〕35 号)。

(2)特殊人员

• 合同制工人(含复退军人)可以签聘用合同，也可以签劳动合同，有很大不同。

以复退军人为例：

区别一：首签

聘用合同，可以签订中、长期合同，首聘时不得约定试用期，聘期不得少于 3 年。

劳动合同，初次分配工作时，如个人提出签订无固定期限劳动合同的，单位应当签订。

区别二：期限

聘用合同，可以一年一签，不受次数限制；在本单位工作满 25 年或者双 10 年(连续工龄已满 10 年且距国家规定的退休年龄已不足 10 年)的，可以签订无固定期合同。

劳动合同，在同一用人单位连续两次订立固定期限合同或连续工作满 10 年以上，可以签订无固定期合同。

区别三：代价

聘用合同，合同期满，即行终止，不需支付任何费用。

劳动合同，合同期满，除非个人不同意续订，不能终止；单位不续订的，支付经济补偿金；违反规定终止的，支付赔偿金。

区别四：保护

聘用合同，距法定退休年龄不足10年的人员，单位不得因不胜任工作、个人不同意调整岗位以及客观情况发生重大变化等理由单方面解除合同，任何情况下也不得终止合同。

劳动合同，对在同一单位连续工作满10年的人员，且距法定退休年龄不足5年的人员，单位不得因不胜任工作、个人不同意调整岗位以及客观情况发生重大变化等理由单方面解除合同，任何情况下也不得终止合同。

需要强调的是，退休返聘人员和兼职人员不应签订劳动合同。

退休返聘人员：超出国家法定劳动年龄的人，不是《中华人民共和国劳动法》意义上的劳动者，不具备签订劳动合同的主体资格，不应签劳动合同，应签订劳务协议；没有缴纳社会保险的主体资格，用人单位不必缴纳社会保险。

兼职人员：与其他单位有聘用关系或劳动关系(系其他单位的正式人员)，在现单位兼职，不具备签订劳动合同的主体资格，不应签劳动合同，应签订劳务协议，由关系所在单位缴纳社会保险，用人单位不必缴纳。

2. 聘用合同管理的相关问题

(1)文件依据

•《事业单位试行人员聘用制度有关问题的解释》(国人部发〔2003〕61号)

•《北京市事业单位试行聘用合同制有关政策说明》(京人发〔2003〕32号)

•《北京市事业单位实行聘用合同制试行办法》(京政办发〔2002〕50号)

(2)合同期限

聘用合同的期限一般由当事双方协商确定，也可由聘用单位根据实际情况确定。

分为4种类型：

•短期合同：3年及以下；

•中期合同：3年以上；

•长期合同：至职工退休；

•项目合同：以完成一定的工作为期限。

(3)试用期

•试用期只适用于聘用新调入或新招收人员，并且只能约定一次；

•初到单位的复转军人不得约定试用期；

•转岗人员和重新工作人员不能设定试用期；

•一般人员的试用期不得超过6个月，应届大中专毕业生的试用期可以为12个月；

•试用期包含在聘用合同期限内。

(4)考核问题

考核结果及具体实施如图5-2所示。

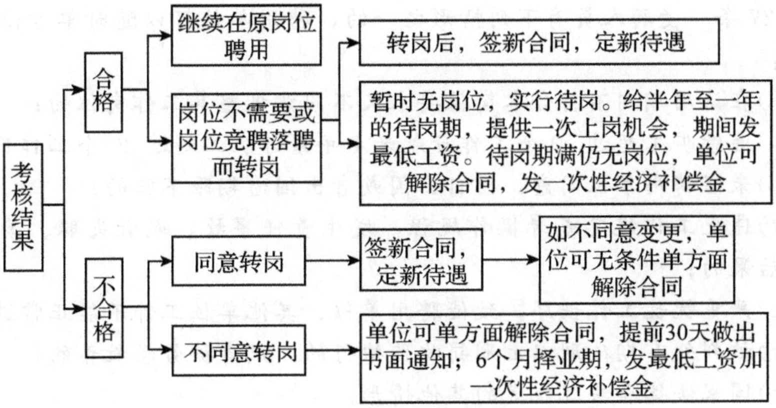

图 5-2　考核结果及其实施

(5)合同的终止和解除

终止和解除是不同的概念。合同的终止是因合同期限届满或合同约定的终止条件出现而自然失效；合同的解除是在合同有效期内因其中一方主动提出而中断履行合同。

①合同的终止

详见《北京市事业单位实行聘用合同制试行办法》(京政办发〔2002〕50 号)

第 34 条　5 种情况之一即行终止。

第 35 条　合同期限届满前 30 日，以书面的形式将中止或续订意向通知个人。

第 38 条　“聘用合同期限届满，岗位需要、本人愿意、考核合格的，可以续订聘用合同。”注意是“可以”而不是“应该”。

②合同的解除

详见《北京市事业单位实行聘用合同制试行办法》(京政办发〔2002〕50 号)，其中与合同解除相关的法律条文如图 5-3 所示。

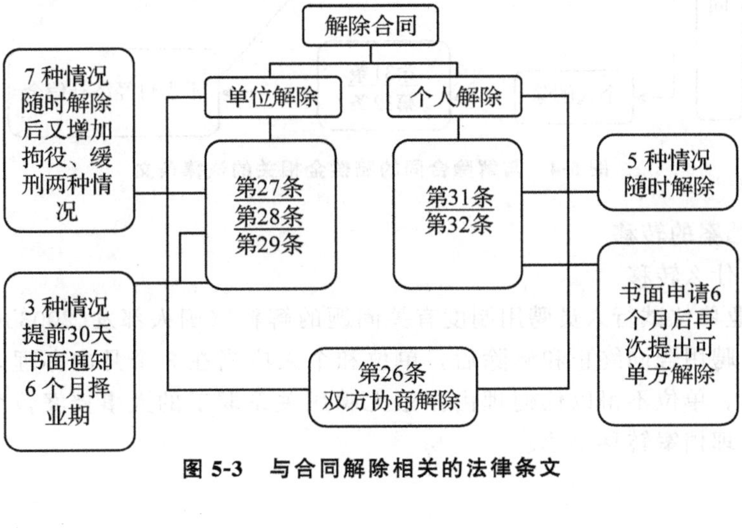

图 5-3　与合同解除相关的法律条文

第 27 条　受聘人员有下列情形之一的，聘用单位可以随时单方面解除聘用合同：

（一）在试用期内不符合本岗位要求又不同意调整其工作岗位的；

（二）连续旷工超过 10 个工作日或者 1 年累计旷工超过 20 个工作日的；

（三）未经聘用单位同意，擅自出国或者出国逾期不归的；

（四）违反工作规定或者操作规程，发生责任事故，或者失职、渎职，造成严重后果的；

（五）严重扰乱工作秩序，致使聘用单位、其他单位工作不能正常进行的；

（六）被判处有期徒刑以上刑罚收监执行的，或者被劳动教养的；

（七）国家法律和法规规定的其他情形。

第 31 条　有下列情况之一的，受聘人员可以随时单方面解除聘用合同：

（一）在试用期内的（国家规定双方约定服务期限的除外）；

（二）聘用单位未履行聘用合同的；

（三）考入普通高等院校的；

（四）被录用或者选调到国家机关工作的；

（五）依法服兵役的。

③经济补偿金

•终止合同没有经济补偿金

•解除合同的可能有经济补偿金

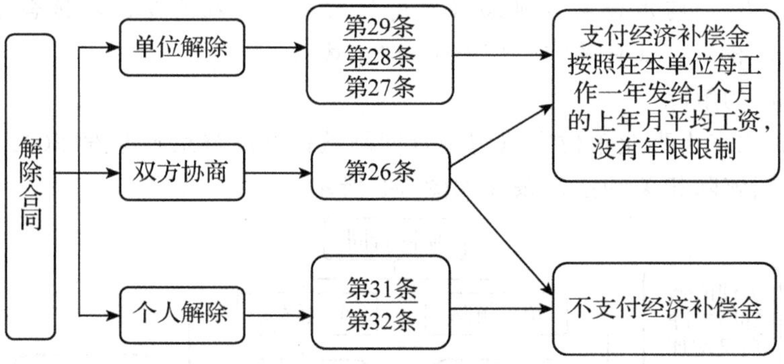

图 5-4　与解除合同的赔偿金相关的法律条文

(6)档案的转移

①为什么转移

《事业单位试行人员聘用制度有关问题的解释》（国人部发〔2003〕61 号）明确规定：聘用合同终止和解除后，单位和个人应当在 3 个月内办理人事档案转移手续。单位不得以任何理由扣留无聘用关系职工的人事档案，个人不得无故不办理档案转移手续。

《北京市失业保险规定》(1999 年市政府 38 号令发布，2007 年市政府 190 号令修改)第 15 条第 1 款明确规定：终止和解除聘用关系后，用人单位和个人应当在 20 日内办理人事档案和社会保险移交手续。

②怎样转移

个人主动移交：单位配合办手续，调往其他单位或转往人才、职介存档。用人单位不得以任何理由扣留无聘用关系的职工个人档案和社会保险资料。

个人不主动移交：单位有权自行处理，按照《北京市事业单位实行聘用合同制有关问题的通知》(京人发〔2001〕134 号)规定的程序，执行社会保险政策，直接移交给社会保险经办机构。

(7)特殊人员的对待

①受保护的人

第一，孕期、产期、哺乳期的妇女

• 单位不得因考核不合格、个人不同意调整岗位以及客观情况发生重大变化等理由单方面解除合同。

• 聘用合同期限届满时，应当将聘用合同的期限顺延至孕期、产期、哺乳期结束。

第二，享受医疗期待遇的患病职工

• 医疗期内，单位不得因考核不合格、个人不同意调整岗位以及客观情况发生重大变化等理由单方面解除合同。

• 聘用合同期限届满时，应当将聘用合同的期限顺延至医疗期结束。

• 医疗期结束，属于在现有医疗条件下难以治愈的严重疾病或精神病的，不得单方面解除合同，但可以缓签合同。

• 因工(公)负伤，达到 1—4 级伤残丧失劳动能力的，不得单方面解除合同。

• 医疗期来源于企业，指企业职工因患病或非因公负伤停止工作治病休息不得解除劳动合同的时限[《劳动部关于发布〈企业职工患病或非因公受伤医疗期的规定〉的通知》(劳部发〔1994〕479 号)]。医疗期 3—24 个月。

•《北京市事业单位聘用合同制试行办法》(京政办发〔2002〕50 号)第 40 条规定，医疗期内不能解除聘用合同。

•《北京市事业单位试行聘用合同制有关政策说明》(京人发〔2003〕32 号)第 6 条规定，参照企业医疗期规定，结合本单位情况，确定职代会审议通过。

• 一定要在聘用合同书中明确说明实行医疗期制度。

第三，复员、转业的军人

• 首次签订聘用合同时不得约定试用期，聘期不得少于 3 年。

• 复员、转业的军人可以签订中、长期合同。

• 关键在个人意向。

第四，工龄满25年和双10年的老职工

•对在本单位及国有单位的工龄合计满25年，或在本单位连续工作满10年且距法定退休年龄不足10年的人员，签订长期合同。

•对距法定退休年龄10年以内的老职工，单位不得因考核不合格、个人不同意调整岗位以及客观情况发生重大变化等理由单方面解除合同。

②不受保护的人

•《北京市事业单位实行聘用合同制试行办法》(京政办发〔2002〕50号)第27条第6款规定：被判处有期徒刑以上刑罚收监执行的，或者被劳动教养的，单位可以立刻解除聘用合同。

•《事业单位试行人员聘用制度有关问题的解释》(国人部发〔2003〕61号)第14条规定：被人民法院判处拘役、有期徒刑缓刑的，单位可以立刻解除聘用合同。

•《中小学幼儿园安全管理办法》(2006年教育部令第23号)第35条第1款规定：学校不得聘用因故意犯罪而受到刑事处罚的人，或者有精神病史的人担任教职工。

(8)请假制度

•详见《北京市事业单位工作人员有关请假待遇一览表》，包括婚嫁、产假、病假、丧家、事假、探亲假(国内、国外、因公、因私)、公假的期限和待遇。

•有制度，重在执行。特别强调：

①个人必须以书面形式请假，未经批准不成立。

②学校不得超范围、超期批假。

•参考：《北京市中小学、幼儿园教职工请假试行办法》(京教人字〔1983〕第17号)。

(9)历史遗留问题

①首聘时未签聘用合同人员

按照《北京市事业单位实行聘用合同制试行办法》(京政办发〔2002〕50号)第19条和《事业单位试行人员聘用制度有关问题的解释》(国人部发〔2003〕61号)第7条的有关规定，给予3个月的自主择业期，其间发给基本工资。期满未调走的，劝其办理辞职手续，不辞职的予以辞退。

辞职的依据：《关于印发〈全民所有制事业单位专业技术人员和管理人员辞职暂行规定〉的通知》(人调发〔1990〕19号)。

辞退的依据：《关于印发〈全民所有制事业单位辞退专业技术人员和管理人员暂行规定〉的通知》(人调发〔1992〕18号)。

②首聘时签聘用合同人员，未聘上岗人员

按照《北京市事业单位试行聘用合同制有关政策说明》(京人发〔2003〕32

号)第8条规定，给予半年到一年的待岗期，提供一次上岗机会，其间给予最低工资。待岗期满后仍未上岗的，可以解除聘用合同，发给一次性经济补偿金。

③长期不在岗(含出国未归)和已办理了自动离职的人员

档案保留在学校，一直未转移的，可以按照《关于执行〈北京市失业保险规定〉有关问题的处理意见》(京劳社失发〔2000〕245号)第12条第2、第3、第4款处理，依照相关程序向户口所在区、县社会保险机构移交。

④长期病休(吃劳保)人员

• 现有的长期病休人员保持原待遇不变，单位应该与其签订缓签聘用合同的书面协议。

• 实行医疗期制度后，医疗期结束，属于在现有医疗条件下难以治愈的严重疾病或精神病的，不得单方面解除合同，但可以缓签合同，按照长期病休人员确定待遇。

• 长期病休人员凭医院证明要求恢复工作时，可以约定一定的试工期。

三、劳动合同常见问题

1. 目前主要的劳动法律法规

•《中华人民共和国劳动合同法》(2007年主席令第65号)

•《中华人民共和国劳动法》(1994年主席令第28号)

•《关于贯彻执行〈中华人民共和国劳动法〉若干问题的意见》(劳部发〔1995〕309号)

•《关于实行劳动合同制度若干问题的通知》(劳部发〔1996〕354号)

•《违反〈劳动法〉有关劳动合同规定的赔偿办法》(劳部发〔1995〕223号)

•《违反和解除劳动合同的经济补偿办法》(劳部发〔1994〕481号)

•《北京市劳动合同规定》(2001年市政府91号令)

2. 劳动合同相关的风险问题

(1)不订立书面合同

• 自用工之日起一个月内订立书面合同(《中华人民共和国劳动合同法》第10条)

• 用人单位和劳动者各执一份(《中华人民共和国劳动合同法》第16条，第35条第2款)

• 惩罚性赔偿：支付双倍工资

自用工之日起超过一个月不满一年未与劳动者签订书面劳动合同的，应当向劳动者每月支付二倍的工资。(《中华人民共和国劳动合同法》第82条第1款)

(2)合同期随意化

这里涉及无固定期限劳动合同的重大变化。

•符合以下条件的劳动者提出签订无固定期限合同，用人单位无条件同意并签订：

本单位连续工作满十年；连续订立两次固定期劳动合同，第三次签订(对固定期的长短无限制)。(《中华人民共和国劳动合同法》第14条第1、第3款)

•用人单位自用工之日起满一年不与劳动者签书面合同的，视为已订立无固定期限劳动合同。(《中华人民共和国劳动合同法》第14条第3款)

惩罚性赔偿：用人单位违反本法规定不与劳动者订立无固定期限劳动合同的，自应当订立无固定期限劳动合同之日起向劳动者每月支付二倍的工资。(《中华人民共和国劳动合同法》第82条第2款)

(3)滥用试用期

①试用期约定(《中华人民共和国劳动合同法》第19条)

•试用期只能约定一次；

•试用期分为零试用期、1个月、2个月和6个月；

•试用期包含在合同期限内(合同期不能等同于试用期)。

②试用期工资(《中华人民共和国劳动合同法》第20条)

两个不低于：

•不低于当地最低工资；

•不低于本单位同岗位最低工资或合同约定工资的80%。

③赔偿责任：以试用期满月工资为标准，按照已履行的超过法定试用期的期间向劳动者支付赔偿金。(《中华人民共和国劳动合同法》第83条)

④试用期解除(《中华人民共和国劳动合同法》第21条)

单位解除：

•不符合录用条件。(《中华人民共和国劳动合同法》第39条第1款)

•医疗期满不能工作。(《中华人民共和国劳动合同法》第40条第1款)

•培训或转岗仍不胜任工作。(《中华人民共和国劳动合同法》第40条第2款)

(4)任意设定违约金

违约金是一种特殊的赔偿金。

基本原则：劳动者违反规定解除合同，给用人单位造成损失的，应当承担赔偿责任。(《中华人民共和国劳动合同法》第90条)

特别限定：对劳动者提供专项培训经费，对其进行专业技术培训的，可以约定服务期和违约金；保密义务、竞业限制可以约定违约金。除此之外不设违约金。(《中华人民共和国劳动合同法》第22条、第23条、第25条)

金额限定：劳动者向用人单位支付的违约金最多不得超过本人解除劳动合同前12个月的工资总额，双方协商一致解除合同的除外。[《北京市劳动合同规定》(2001年市政府91号令)第19条]

(5)工资待遇不明确

①最低工资

由市政府统一制定。执行最低工资的前提是在法定劳动时间内提供正常劳动(出全勤)。加班费、福利待遇(实物、代金券、免费住宿)等不计入最低工资，个人依法缴纳的社会保险费用不计入最低工资。

②职工患病后的待遇

外聘职工，医疗期支付的病假工资不得低于市最低工资的80%[《北京市工资支付规定》(2003年市政府142号令)]。医疗期满，治疗终结，不能坚持工作的，办理终止或解除合同手续。其中，解除合同的，按《中华人民共和国劳动合同法》第40条第2款规定提前30天书面通知或额外支付一个月工资，同时支付经济补偿金(《中华人民共和国劳动合同法》第46条、第47条)：满一年支付一个月工资；超过六个月不满一年的，补偿金按一个月计；不满六个月的，补偿金按半个月计。

(6)随意变更、终止和解除合同

①法律规定

第一，用人单位变更名称、法定代表人、合并或者分立，原劳动合同继续有效履行。(《中华人民共和国劳动合同法》第33条、第34条)

第二，协商一致，可以变更劳动合同。(《中华人民共和国劳动合同法》第35条第1款)

②关于合同的终止

第一，一般约定：到期终止

《中华人民共和国劳动合同法》第44条　有下列情形之一的，劳动合同终止：

A. 劳动合同期满的；

B. 劳动者开始依法享受基本养老保险待遇的；

C. 劳动者死亡，或者被人民法院宣告死亡或者宣告失踪的；

D. 用人单位被依法宣告破产的；

E. 用人单位被吊销营业执照、责令关闭、撤销或者用人单位决定提前解散的；

F. 法律、行政法规规定的其他情形。

第二，特殊约定：延期终止

《中华人民共和国劳动合同法》第45条　劳动合同期满，有本法第42条规定情形之一的，劳动合同应当延续至相应的情形消失时终止。但是，本法第42条第2项规定丧失或者部分丧失劳动能力劳动者的劳动合同的终止，按照国家有关工伤保险的规定执行。

《中华人民共和国劳动合同法》第42条规定的6种情况(可概括为“5期1

伤 1 病 2 年限”)。

医学观察期、医疗期、孕期、产期、哺乳期、职业病、工伤；

工作年限(连续工作满 15 年，且距法定退休年龄不足 5 年)；

其他情形。

第三，责任承担，支付经济补偿金(见图 5-5)

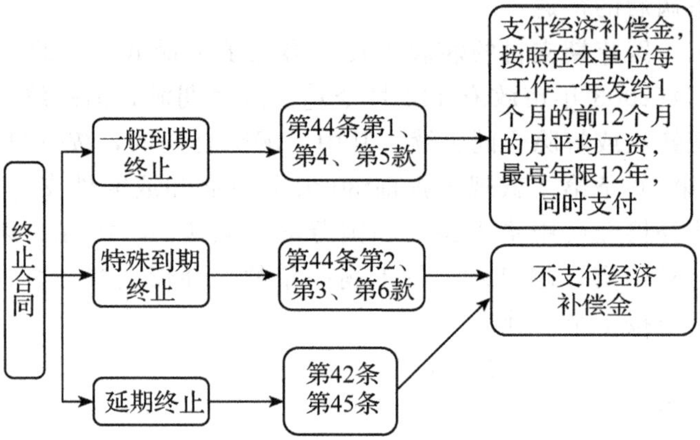

图 5-5　终止合同的经济补偿金相关规定

③关于合同的解除

第一，关于合同解除的相关规定(见图 5-6)

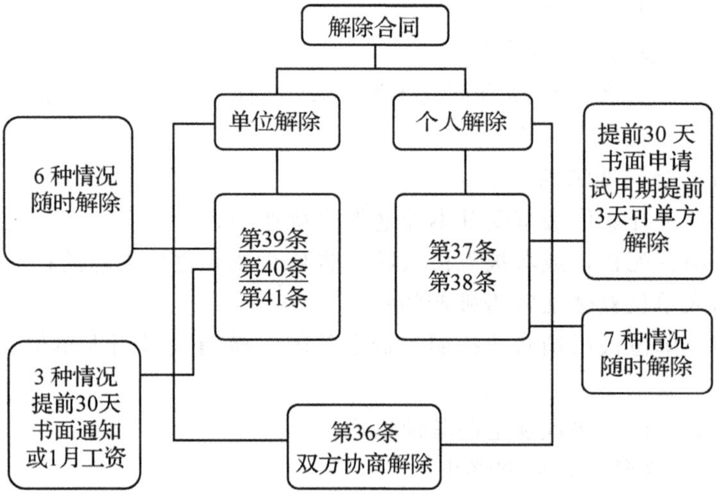

图 5-6　合同解除相关规定

第二，责任承担，支付经济补偿金(见图 5-7)

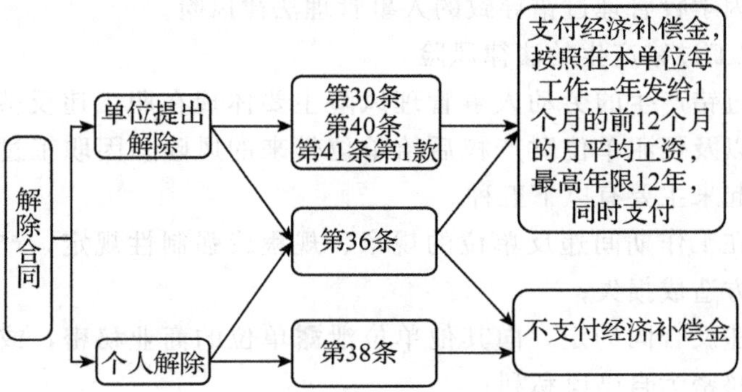

图 5-7 解除合同的经济补偿金

第二节 中小学人事工作常见风险及处理办法

一、中小学人事管理中的法律风险类型分析

1. 法律风险产生的原因

从法律风险产生的原因看，中小学人事管理中的法律风险可分为因学校方面原因产生的法律风险、因职工过错产生的法律风险、因其他原因产生的法律风险三种。

(1)因学校方面原因产生的法律风险

人事管理法律风险贯穿于整个人事管理流程(从学校发布招聘需求、试用、履行合同到与职工解除劳动关系)，而在这个完整的管理流程中，因学校管理过错(管理违法、管理不当、管理混乱等)导致人事管理法律纠纷是产生人事管理法律风险的主要原因，主要有如下七种。

①学校在招聘阶段的过错，如发布的招聘信息有就业歧视条款、对应聘人员的资格审查不严、招聘明知未与上一个用人学校解除劳动关系的职工；

②学校对试用职工的管理过错，如约定试用期过长违反法规、未及时通知试用期终止、对试用职工未及时考核转正等；

③学校提供的人事合同等劳动合同文本的条款违反法律法规或者条款不合理、约定不清；

④学校的人事基本管理制度不健全、不合法或者有制度但未予以完好的执行；

⑤学校执行国家、地方政府规定的保险、休假、安全等职工强制保障措施不当；

⑥学校违法、违反制度处分职工，或者辞退职工等；

⑦其他因学校管理过错导致的人事管理法律风险。

(2)因职工过错产生的法律风险

因职工过错产生的劳动人事管理风险主要体现在职工违反劳动合同、违背职业道德以及侵犯单位财产权后给单位带来的风险。因职工过错产生的法律风险概括起来主要有以下五种。

①职工在工作期间违反单位的规章、规程或强制性规定，严重失职，给单位或第三方造成损失；

②职工违反合同约定，向其他单位泄露单位的商业秘密，或利用所知悉的单位商业秘密为自己谋私利；

③职工提前解除人事合同，“跳槽”到与单位有竞争关系的其他单位，或中途停止正在实施并且主要依靠该职工知识、经验或社会关系的项目；

④职工(特别是技术开发人员和市场销售人员)利用在上一家用人单位的知识产权或商业秘密为新单位服务，导致原单位被提起侵权之诉的风险；

⑤因职工过错引起的其他人事管理法律风险。

(3)因其他原因产生的法律风险

因其他原因产生的劳动人事管理风险，是指与学校、职工的主观过错没有关联而是因为法律法规、政府规章变化，或者不可抗力因素、客观情况变化等引起的人事管理法律风险。该类法律风险主要有以下四种。

①国家劳动人事的法律法规变化，致使原人事合同有关条款无法履行引起的人事管理法律风险；

②人事合同订立时所依据的客观情况发生重大变化，致使原人事合同无法履行而引起的人事管理法律风险(包括遇不可抗力或者用人学校跨地区迁移、兼并、分立、合资、转/改制、转产、进行重大技术改造等致使劳动合同所确定的生产、工作岗位消失)；

③学校濒临破产进行法定整顿期间或者学校生产经营状况发生严重困难，确需裁减人员而引起的人事管理风险；

④职工因意外伤亡、病故、失踪、被宣告死亡等引起的人事管理风险。

2. 法律风险产生的阶段

从法律风险产生的阶段看，中小学人事管理中的法律风险可分成职工到职以前阶段产生的法律风险、职工在职阶段产生的法律风险、职工离职阶段产生的法律风险三种。

(1)职工到职以前阶段产生的法律风险

因学校聘用尚未与其他用人学校解除劳动人事合同的劳动者而对原用人学校生产、经营和工作造成直接、重大的经济损失，或者因学校或者职工使用职工所在的原用人学校的商业秘密或技术秘密给原用人学校造成经济损失，或者因职工在到学校任职前对原用人学校重大违约、侵权、构成犯罪而被原用人学校追究等事项，均属于职工到职以前阶段产生的法律风险。

(2)职工在职阶段产生的法律风险

学校劳动人事管理中绝大多数法律风险是发生在职工在职阶段的，这是由劳动人事管理的特殊性决定的。劳动人事管理所调整和控制的是学校与职工之间因劳动关系产生的权利与义务，劳动人事管理中的风险绝大多数就是在调整学校和职工之间劳动关系的过程中发生的，所以学校的人事部门应注重这个阶段法律风险的防范和控制。

(3)职工离职阶段产生的法律风险

在职工离职时和离职后可能发生许多法律风险，如职工在离职时未办理资产和文件移交的风险、职工在离职后侵犯单位知识产权和商业秘密的风险等。学校人事部门对这一阶段可能发生的法律风险应着重加强职工离职审批程序控制和离职后定期跟踪。

3. 法律风险产生的责任

从法律风险产生的责任看，中小学人事管理中的法律风险可分成需要承担民事责任的法律风险、需要承担行政责任的法律风险和需要承担刑事责任的法律风险。其中，学校、职工都可能因人事关系纠纷承担民事责任、行政责任和刑事责任，具体责任大小则因各方过错的内容、情节轻重等而有差异。

(1)需要承担民事责任的法律风险

学校、职工在劳动人事管理法律风险产生后可能承担的民事责任可分为违约责任和侵权责任，承担责任的形式则主要有支付违约金、经济补偿金、损失赔偿金。违反人事合同约定的，为违约责任；侵犯一方财产权、人身权的，为侵权责任。

(2)需要承担行政责任的法律风险

学校可能承担的行政责任主要包括学校因违反劳动行政法规(如克扣职工工资、违反劳动保护法规定)而被劳动行政管理部门处以警告、罚款等行政处罚；学校因录用未与原学校解除劳动关系的人员或利用职工提供的侵犯第三方知识产权的技术，也会被有关部门处以相应的行政处罚。职工可能承担的行政责任主要包括职工为学校牟利时触犯行政法律法规而承担的行政责任。

(3)需要承担刑事责任的法律风险

刑事责任是学校、职工可能承担的最为严厉的责任，主要包括侵犯他人人身权利、财产权利等因素，如职工侵犯学校知识产权给学校造成重大损失的、职工侵占学校资产严重的、学校违反劳动安全保护规定发生重大安全事故的。学校承担刑事责任的形式包括法人被判处罚金，法人被判处管制、拘役或有期徒刑。

二、健全中小学人事管理制度，完善其人事管理流程

1. 建立并完善科学、有效的人事管理制度

学校劳动人事管理制度的制定有其自身特点。学校建立的劳动人事管理制度应遵循合法性、合理性、经济性和竞争性。合法性即指学校建立的劳动人事管理制度应不违反有关劳动法律、法规和公序良俗；合理性即指建立的制度应结合学校的特点和文化，具备可操作性；经济性即指岗位要求应和职工的技术素质相对应，防止大材小用和小材大用，并鼓励资源优化配置；竞争性即指制度应体现竞争的原则，通过竞争实现职工和岗位的最佳组合。没有系统、有效的人事管理制度，就会在职工录用、定岗、考勤、薪酬考核、职位晋升、处分、劳动关系解除等方面陷于混乱，导致频频发生人事纠纷或者损失。

学校建立的劳动人事管理制度至少应包括以下几个方面。

(1)职工招聘、面试制度。

(2)职工录用、试用期考核、正式定岗制度。

(3)人事合同管理制度(录用通知、劳动合同、试用期考核通知、培训协议、商业秘密保守等附属协议的审查、签署、变更、解除)。

(4)考勤制度(包括考勤汇总、处理)。

(5)请假、休假制度。

(6)薪酬调整、职位升降与绩效考核制度。

(7)管理部门、管理岗位设置制度。

(8)学习、培训制度。

(9)职工离职管理制度(包括解除、辞退、辞职、调动、借用、委派)。

(10)职工培养与中高级管理者储备制度。

(11)劳动纪律处罚制度。

(12)人事争议处理制度(商议、协商、调解、仲裁、诉讼)。

(13)职工人事档案管理制度。

制定人事管理制度时，还应当注意在相关的职能内容上与财务管理制度(如财务部门薪酬发放时需要人事部门考核、考勤、定岗等评定依据)的衔接，与法律事务管理制度的衔接(如录用通知、劳动合同、试用期考核通知、培训协议、商业秘密保守等附属协议的审查、签署、变更、解除)，与学校其他基本管理制度的衔接。

2. 重视人事管理部门的职能定位

学校的人事管理部门是一个很重大的管理部门，不仅是劳资科和人事档案中心，还有很多重大职能(如给学校制定系统、有效、符合学校特色的人事管理制度，对学校用人机制及时做出评估和提出改进建议)。

人事管理部门的职能定位的准确化，是学校领导与人事管理者共同努力的结果。

3. 促进人事管理流程规范化

有完善的人事管理制度，但是没有人事管理流程的规范化，人事管理制度就得不到彻底执行，人事管理也就会混乱。

必须结合学校决策权的分配状况、学校管理的现有优点、学校职能部门的设置，从经济性、有效性的角度，设置规范化的人事管理流程。避免出现职工录用的审批权限混乱、薪酬考核混乱、考勤混乱等情形。

4. 提高人事管理人员的专业水平(包括纠纷判断与处理技能)

有好的人事管理制度、正确的人事管理部门职能定位、规范的人事管理流程，但如果没有好的人事管理人员来执行的话也会出乱子。

优秀的人事管理人员必须具备的专业知识有人事专业知识、法律专业知识、学校管理专业知识；必须具备的专业技能有系统规划的能力、执行力、平衡与沟通的能力、人事纠纷的处理能力。

5. 综合方面

第一，对于人事管理中的法律风险，学校的人事管理部门不能仅停留在纠纷的处理上，更要着重建立一套具备系统性、专业性、合理性和可控性的人事管理法律风险防范制度，要将该防范制度融入学校人事管理体系和学校的日常运营管理体系中。比如，学校未建立有效的职工奖惩制度和日常考核、业绩考核、岗位能力考核制度，会导致学校在认为职工不称职或侵害单位利益需解除劳动关系时缺乏必要的考核依据。

第二，因学校过错导致的劳动人事管理风险主要是因为学校在人事管理制度上的不完善或是人事管理流程上的不规范，所以学校人事部门应着重从制度和体系入手，从源头预防该方面法律风险的发生，并应在实际的人事管理中遵循规范的管理流程。

三、加强专业法律机构的法律支持

1. 人事管理流程的法律缺陷调查

一所学校如果人事纠纷频发，排除裁员因素外，说明该学校的人事管理出了某方面的问题，人事管理流程存在重大法律缺陷。因此，有必要请熟悉学校管理的专业法律机构对学校人事管理流程进行法律评估，指出法律缺陷，提出改进措施。

2. 人事管理文件的法律审查

人事管理文件涉及学校、职工之间的权利、义务、责任，因此，有必要请专业法律机构对学校现有的各种人事管理文件(包括人事管理制度、录用通知、试用期考核文件、劳动合同、补充协议、培训协议、处罚文件等)进行审查，对待签发的人事管理文件应当设置法律审查程序。

3. 人事纠纷的法律支持

第一，非诉讼阶段。发生劳动纠纷的职工所属部门应在劳动纠纷发生后立即将该纠纷情况向单位人事管理部门和法律事务部门通报；由法律事务部门提出风险防范意见，配合人事部门处理。

第二，仲裁、诉讼阶段。由法律事务部门为主处理，人事部门配合。

4. 提高中高级管理者的人事管理法律意识

第一，重视学校基本管理制度（包括劳动人事管理制度）的建设、完善，因为学校基本管理制度的完善往往是学校中高级管理者，特别是学校决策层领导推动的结果。

第二，自觉遵守劳动人事管理流程（包括职工招聘、考核、解聘），在涉及本职能范围内的人事纠纷时坚持以劳动法规、单位制度和劳动合同为依据处理劳动纠纷，及时通报人事部门处理有关人事争议。

第三，了解劳动人事法律、法规，定期参加劳动人事管理培训。

四、中小学人事合同法律文件签署中要注意的主要程序、条款问题

1. 中小学人事合同法律文件签署中应注意的主要程序问题

第一，学校录用新职工时应遵循录用流程，在发出录用通知书之前，应由学校劳动人事部门对待录用职工的个人材料、证明材料以及已解除劳动关系的证明进行严格调查、审查，录用高级管理人员还须由学校法律部门对录用的合法性进行审查。

第二，职工录用后人事部门在与职工签订劳动合同时，首先应签署经法律部门审核过的劳动合同范本，对于须修改的部分或须对特殊要求另行签订劳动合同补充协议的，应在签署前提请法律部门拟订或审核。

第三，试用期届满以前，应当及时考核，发出试用期考核通知书，告知试用职工是否符合录用条件，通知职工是否被正式定岗。

第四，劳动合同签订后，应及时办理劳动合同备案、职工人事档案建立、职工手册发放。

2. 人事合同法律文件签署中应注意的主要条款问题

(1)劳动合同期限、劳动合同试用期、服务期的区别

①劳动合同期限：是指劳动合同中约定的学校和职工之间劳动法律关系的存续时间，一般可分为有固定期限、无固定期限和以完成一定的工作为期限。

②劳动合同试用期：是对职工工作能力、人品等方面的考察期，一般不宜太短，但又不能超过法律、法规的强制规定。此外，试用期内职工有权获得报酬，虽然与正式签订劳动合同后的工资相比较低，但不应低于当地的最

低工资标准；学校在试用期间解除劳动合同也应合法并履行法定程序。试用期期限应包括在正式的劳动合同期限内。

③服务期：是指当用人单位为职工出资招用、培训或者提供其他特殊待遇时，用人单位和职工双方对职工为用人单位提供劳务服务期限的特殊约定。服务期条款不是劳动合同的必备条款，但一经约定就是劳动合同的附件。对于这个期限，劳动者一样有义务认真履行。约定的服务期期限长于劳动合同期限的，劳动合同期满后用人单位有权要求劳动者继续履行服务期，劳动者违反服务期约定一样承担相应的违约责任。

(2)违约金、经济补偿金、赔偿金条款的区别

①违约金：是指学校或职工违反劳动合同约定(包括提前解除合同、违反合同其他条款)时应承担的违约责任。提前解除劳动合同的违约责任针对的是未履行的劳动合同期限，违约金的支付责任对学校和职工均适用。

②经济补偿金：是指学校在与职工解除或终止劳动合同时应按法律规定向劳动者支付的一定的货币补偿。经济补偿金针对的是已履行的劳动合同期限，一般是职工工作每满一年由学校支付一个月的工资，经济补偿金的支付责任只针对学校。

③赔偿金：是指学校或职工在违反劳动合同约定、劳动法规规定或有侵犯学校利益行为时，应向对方支付的货币赔偿。赔偿金的支付责任对学校和职工均适用。

(3)工资条款

工资形式包括计时工资、计件工资、定额工资、浮动工资、奖金和津贴。不论何种工资形式，均应将工资标准、发放形式、职工考核和奖惩制度结合起来，体现按劳分配原则。

(4)商业秘密保守和同业禁止条款

商业秘密保守条款是指在劳动合同或附件中约定职工应对工作中知悉的学校商业秘密(技术信息和商业信息)在劳动合同期限内和终止后的一段时间承担保密义务。同业禁止条款是指职工在劳动合同期限内和终止后的一段时间内不得在与原学校有竞争关系的学校中从事相同或类似的工作。如果学校要求职工在终止劳动合同后一定期限内继续遵守同业禁止，则须向职工支付一定的同业禁止补贴。

(5)工作内容和岗位调整的条款

劳动合同中应规定工作岗位、工作责任以及工作数量和质量要求。也可以把有关工作责任制度(如岗位责任制等)纳入劳动合同中，作为合同附件形式加以规定。工作内容方面的规定是确定劳动者是否胜任工作以及单位根据考核结果对职工进行工作岗位调整或解除劳动合同的重要依据，因此应尽量细化为好。

(6)培训条款

培训条款指在劳动合同中应对某些培训的费用承担、服务期约定、赔偿等做出明确约定。

五、中小学劳动人事纠纷处理实务

1. 处理的原则：以劳动法规、单位制度和劳动合同为依据，及时处理，灵活解决。

2. 处理的方式：协商、调解、仲裁和诉讼。

3. 处理的程序

(1)情况通报

发生劳动纠纷的职工所属部门应在劳动纠纷发生后立即将该纠纷情况向单位人事管理部门和法律事务部门通报。

(2)纠纷原因分析

单位人事部门根据反映的纠纷情况，结合劳动法律法规、单位规章管理制度以及该职工的劳动合同，分析纠纷产生的原因、责任承担主体，准备全部的证据材料并拟订初步的纠纷处理方案；重大、疑难的劳动人事纠纷，人事部门应会同法律事务部门共同对纠纷原因、责任承担主体进行分析，并共同拟订纠纷处理方案。

(3)实施纠纷处理方案

以人事部门为主，根据纠纷处理方案与职工进行纠纷的协商或调解(应有明确的时间限制)；在该期限内协商或调解不成的，人事部门应及时通知单位法律事务部门该纠纷不能协商或调解一致的原因以及单位对该纠纷的处理意见，并将案卷材料(含证据)移交给法律事务部门进一步处理，人事部门提供配合。

(4)仲裁和诉讼

单位法律事务部门在接收人事部门移交的案卷材料后，根据单位对该纠纷的处理意见，在劳动纠纷仲裁申请期限内(争议发生之日起60日内)提交仲裁申请或应对职工的仲裁申请。劳动争议仲裁裁决后，根据裁决结果，向单位领导建议是否起诉。单位领导同意起诉的，在诉讼期限内向法院起诉；不同意起诉的，根据裁决结果进行处理。

六、中小学历史遗留问题的解决技巧

1. 个案甄别，分清遗留原因，确定个案劳动关系界定的现状，分清责任(职工或学校)。

2. 根据已经确定的个案劳动关系界定的现状、分清的责任(职工或学校)，依据法规政策原则，商议对策，草拟各种法律文书样本(包括通知、解除函、索赔函等）。

3. 了解困难个案的现状与责任主体的心态，分别突破，但要灵活机动。

4. 处理时讲究多方配合，特别是校领导与人事部门的配合、人事部门与法律部门的配合。

第六章　如何有效评价和支持教师发展
——教师职业发展的促进

承诺型的人力资源管理中，职业发展促进是重要的一个方面。学校在关注教师成长时，除了专业成长，也应该关注教师的心理健康，重视教师职业压力和心理健康促进，同时搭建平台，提供外部支持，助力教师的职业生涯发展。本章从学校的人力资源规划、新教师的心理适应期管理、教师职业压力来源及应对等方面，探索了在促进教师生涯发展的同时，促进教师心理健康方面的一些做法，同时对助推教师成长为高端人才的“百人名师”项目进行了介绍。

第一节　教师职业发展的理论与举措

《国家中长期教育改革和发展规划纲要(2010—2020 年)》提出，要建设高素质教师队伍，要提高教师业务水平，要优化队伍结构，提高教师专业水平和教学能力。而义务教育改革与发展也对教师职业发展提出了更高的要求。建设一支质量优良的教师队伍是从根本上促进教育改革和发展的关键所在，因此教师的职业发展势必要适应义务教育的改革与发展。教师必须摒弃落后的教育教学思想，接受新的教育理念；转变落后的教学方式，学习新的、先进的教学技术与现代化教育教学知识；重新认识自己的职业并保持高度的职业认同感。以上这些都对教师队伍提出了更高要求、更大挑战，需要我们对其职业发展进行更加深入的研究。

一、教师职业发展相关理论

1. 国外方面

(1)Fuller 的教师关注论

Fuller(1969)的研究揭开了教师职业发展理论研究的序幕，自此教师职业发展理论成为世界各国教育界关注的焦点。Fuller 认为教师的职业发展过程可分为三个阶段：第一阶段，关注生存；第二阶段，关注情境；第三阶段，关注学生。关注的事物经由关注自身、关注教学任务，到关注学生的学习和对学生的影响，逐渐递进。新教师一般处于关注生存阶段，关心能否被学生和同事接纳、学校是否肯定他们的工作成绩等。老教师更关注其他的发展问题，如怎样上好每一节课、班级大小、教学准备是否充分等。当教师顺利通过前两个阶段后，就更加关注学生的个别差异，认识到不同发展水平的学生有着不同的社会和情感需要。

(2)教师职业发展成熟论

该理论的基本观念和立场是：每一个教师都经历着一个正向的成长和发展过程，后面的发展阶段通常比前面的阶段要成熟。教师一般是从新任教师时的彷徨恐慌、缺乏经验与技巧、缺乏稳固的专业地位，逐渐在现实的冲击中锻炼成长，从而不断走向成熟。该理论假设所有教师的职业发展在其职业的全程中是正向的、不间断持续进行的，教师职业发展的终极目标是包括专业成长在内的职业成熟。该理论注重教师的社会化进程，以及教师的人际沟通、师生关系等的圆融和练达。比较典型的有 Katz、Gregorc、Watts、Burden 等人的教师发展阶段论。

Katz(1972)认为教师的四个发展阶段依次是求生存(survival)、巩固(consolidation)、更新(renewal)和成熟(maturity)。新教师首先要在陌生环境中生存下来，经过 1—3 年，逐步熟悉并掌握教学基本知识和技能，到第 4 年教师可能产生职业倦怠，欲寻求新的事物，探讨教学革新，一直到成功地担当教师角色，走向成熟。Gregorc(1973)通过对中学教师的观察研究，指出教师生涯发展的四个阶段是：形成期(becoming stage)、成长期(growing stage)、成熟期(maturing stage)、充分专业化(fully functioning professional)。Watts(1980)说明教师生涯可能会历经初任教师的生存期(survival stage)、对教师角色渐感自在的中间阶段(middle stage)和充满信心的精通阶段(mastery stage)。Burden(1982)把教师职业发展分为三个阶段：①生存期(survival)，如任教第一年的教师多忙于应付专业职责和适应学校环境；②适应期(adjustment)，任教第 2、第 3、第 4 年的教师掌握了一定的教学技能，开始去了解学生，学习新的知识和技能；③成熟期(mature)，任教 5 年或更长时间后，教师在教学上应付自如。

(3)Fessler 的循环发展论

Fessler(1985)把教师从新进人员到资深成熟教师的过程分为八个阶段：①职前教育，在这一阶段接受师范教育，学习、观察教育工作的内涵，了解、感受教师的角色行为及任务；②引导，在这一阶段新任教职，熟悉工作环境，学习新的角色，并设法与同事、上司及学生建立良好关系；③能力建立，在这一阶段寻找新材料，学习新方法，并参加研讨会，以增强工作能力；④热心成长，在这一阶段热爱工作及对工作成果感到满意；⑤生涯挫折，在这一阶段工作压力、环境限制使其产生挫折、倦怠感，工作满意度降低，甚至考虑转行；⑥稳定和停滞，在这一阶段将教学工作视为例行公事，不再谋求新的发展；⑦生涯低落，在这一阶段准备离开教职；⑧生涯退出，在这一阶段因退休、遣散或身体、家庭等原因，正式离开教职。

Fessler 认识到教师的职业发展过程并非一直是正向和连续的，教师职业发展到一定阶段会产生挫折感，工作满足感下降，不思进取、敷衍塞责、得过且过等问题随之出现，甚至会有教师职业的终止(离职)现象。与之相似，DeMoulin(1988)用因素分析方法归纳出教师职业发展的四个阶段：暂时(provisionality)、发展(development)、过渡(transition)、减退(deceleraton)。该理论认为教师达到其教学效能的高峰多与年龄无关，但一达到高峰后便会盛极而衰。

(4)Steffy 的更新发展论

Steffy 提出教师职业发展要经历以下五个阶段：①预备期(anticipatory stage)，对新角色的适应与准备，精力充沛、有创意、有成长导向等；②专家期(expert stage)，胜任教学，充分掌握学生动向，班级经营得好，有内在导向，乐于学习新的知识和技能，达到自我实现的程度；③退缩期(withdrawal stage)，较少参与活动，对教学工作得过且过；④更新期(renewal stage)，发现自己开始有初期退缩阶段的征兆，产生厌烦、不安情绪，于是设法采取积极的反应方式，集中精力克服困难；⑤退出期(exit stage)，重心放在未来的规划上。和其他教师职业发展阶段论相比，Steffy 的教师职业发展阶段不一定和年龄有绝对关系，而是以投入反应和心理感受为划分依据，因此颇能说明教师职业独特的一面。

(5)Sikes 等的教师发展阶段理论

Sikes 等(1985)把教师的职业发展按年龄划分为以下五个时期：①21—28 岁，进入成人的世界，主要任务是探索成人生活的可能性，开放选择，避免强烈的职业承诺和做最大的选择；②28—33 岁，探索结束，职业承诺和责任感增加；③30—40 岁，表现出活力、投入、雄心与自我肯定，许多教师在此时期达到职业的巅峰，努力建立在社会中的适当地位，发展在选定的行业里的能力，在工作中追求进步；④40—50 岁，处于职业的维持阶段，工作的活力、投入逐渐减少；⑤50—55 岁，准备退休，许多教师在态度和纪律上变得更自由。

加拿大学者在大量调查研究的基础上，提出教师职业的角色发展论，即教师经历角色确认、角色适应、角色成熟、职业发展“高原”、发挥骨干作用五个阶段(林森等，1999)。

2. 国内方面

我国台湾学者林幸台(1989)将小学教师的职业发展状态分为五种：投入、挫折、迟滞、学习、转移。

谢员(2005)提出，中学教师的职业发展呈现出阶段性，并大致可分为四个发展阶段，即成长期、稳定期、上升期和衰退期，中学教师在其职业发展过程中会经历其中的部分或全部。肖尚军(2009)提出，教师职业发展分为五个阶段，分别是：①准备——濡化期。是个体成为教师之前的生活、学习经历及文化体验的积淀期，为将来成为教师后的观念体系打下最初的文化底色，核心是建立起朴素的、潜意识的、初步的教育观念。这是教师职业发展最早、最迅速，也是最重要的时期。②入职——探索期。关注个体成为教师后的最初阶段的生活、工作经历及文化体验。这一时期一般为教师参加工作的最初的几个月。探索期实际上是教师进一步发展的过渡阶段，探索期持续时间不是很长，但是对教师发展的影响却很大。③热情——适应期。是教师工作的最佳状态，是所有教师追求的目标，也是教师发展研究追求的目标。在这一时期，应该给教师以更多的发展机会与自由发挥的空间，并加以合理引导，保护好教师的工作热情。④困惑——焦虑期。这一时期的教师，开始对教师职业提出疑问，感到有压力，充满疏离感、无意义感与无助感。在这一时期，精神迷茫、焦虑，找不到方向，消极悲观，无法从生活与工作中找到乐趣与满足。⑤稳定——淡泊期。指从事教师职业较长时间后缺乏动力与激情的一段工作经历与文化体验。伴随着观念的转变、确立与逐渐稳定，教师开始对日常的工作与生活习以为常，工作热情开始衰竭，教师工作积极性降低，处于消极平静的状态。

二、教师职业发展的影响因素

Super(1984)认为职业生涯发展是自我概念的发展和实践的过程。自我概念的发展受个人性向、生理状况、担任角色、他人的认可程度等因素相互作用的影响，个人由自我概念发展出对职业生涯的态度，并将其作为择业和选择其他生活角色的依据。Fessler(1992)认为教师职业发展的每一阶段都反映出个人和组织环境因素的影响。个人因素包括兴趣爱好、性格、内在动机、志趣、抱负水平、性别、年龄、关键事件、家庭等；组织环境因素包括社会阶层、社会期望、教育背景、学校规划、管理形态、课程和教学等。学校及教育组织对教师教学的表现和承诺有积极和持续性的影响，并强调教师的职业发展是一个动态的历程，其中每个阶段都会反映出个人和组织环境因素的影响。

三、教师职业晋升通道的现状与问题

调研发现，目前教师职业晋升通道仍存在一系列问题，晋升通道管理关系到人力资源管理的各个方面。我国人力资源管理的传统观念、落后的制度、僵化的机制是造成晋升通道管理滞后和存在不足的重要原因。综合分析我国中小学教师晋升通道管理中存在的问题，主要有以下五个方面。

1. 教师晋升通道管理视角单一

组织管理的一项重要任务就是为教师设置合理、畅通的职业发展通道。这种通道不是单一的，而应是多重的，以便使不同类型的教师都能找到适合自己的职业发展路径。但是在中小学，教师往往要经历从三级教师到二级教师、一级教师，直至高级教师的晋级过程。可以看出，中小学教师的职业阶梯没有繁多的层次之分，学校在教师的职业发展通道上最主要的只有教师的职称评聘，通道极为单一。

2. 教师的晋升通道发展不受重视

在我国中小学教师管理中，组织的行为往往不注重教师的发展，还存在许多不利于教师发展的管理行为。学校的领导尽管很重视人才，却不注重培养人才，而是想方设法地去引进人才。长期不注重人才培养的结果使得学校出现人才断层、青黄不接的现象，骨干教师比例偏低。可以说，一些学校不注重教师自身的发展，从而严重阻碍了中小学教师的发展，并进一步影响到我国基础教育质量的提高。

3. 教师的进修培训不到位

传统的师资培训重能力提高、轻观念更新；重知识补偿、轻专业发展；重培训自身、轻受训主体；重理论研讨、轻实践操作；重院校组织、轻学校参与；重听讲观摩、轻研究学习；重单向灌输、轻多边合作；重自我研修、轻交流合作。这种陈旧的师资培训已不能适应新课程改革的现实需求。我国新一轮基础教育课程改革的全面实施强烈冲击着现有师资培训体系，要求尽快构建旨在促进教师专业发展的在职培训模式，促进中小学教师在实践中学习、在反思中进步、在研究中成长，迅速提高教育专业化水平。

4. 教师的激励机制不健全

目前中小学教师管理中缺乏相应的激励机制：第一，奖惩制度不完善，科学系统的晋升、提拔制度和工资制度还未建立，奖励和工作绩效还未挂钩，精神奖励过多，而物质奖励不够。第二，目标管理不完善，教师的工作自主权不够，领导者过多插手教师的工作，命令式的工作方式使教师普遍感到不满和反感。第三，教师评价体系不科学，如何评价教师的教学成果还是一个未解决的问题。以往多是以学生的学业成绩为评定对象，但这是不科学的。科学的评价体系标准还未统一，这也导致教师评价结果不能成为有效的激励手段。

5. 教师的职称评定不合理

教师的职称评定在很大程度上直接影响到教师的各项待遇，关系到教师的切身利益。但职称评定存在着一些不合理因素：第一，在中小学，由于高级职称比例偏低，形成了“千军万马挤独木桥”的激烈竞争的局面，有的校内争不到指标，就拉关系走后门，严重损害了职务评定的权威性，影响了教师的积极性。第二，在职称评定过程中，受行政干预较多，受名额限制，论资排辈现象严重。第三，教育教学论文是教师教科研的结果，在一定程度上反映了教师的综合素质，因而论文也就成了教师职称晋级的一个重要条件。但是现在论文作假现象甚多，甚至只要出钱就可以找人代写或发表。第四，从目前职称评定的实际结果来看，市属学校分配的指标比例要高于区直学校。本来市属学校各方面的工作条件就要好一些、待遇也较高，职称评定的结果造成在区直学校的教师想尽一切办法往市属学校挤，使得区直学校师资不足，严重影响了师资的稳定。第五，本来评、聘是两码事。"评"上只是解决了资格问题，只有"聘"上才能享受相应的待遇。但目前的实际情况却是评聘合一，评上就等于聘上了，还没有真正意义上的聘任制，结果有的教师职称评上后，工作热情消失，教学效果下降。

四、推动教师职业发展的措施

1. 加强学校管理者职业晋升理念的培养

教师职业晋升通道的开发远远超出了专业化建设的含义，绝不只是一种特定知识或技术的获得，而是更多地包含了被高层管理者支持、建立开发与发展新理念，以及对开发活动内在联系和特性的真正理解。教育行政部门、教师培训部门、学校一定要充分认识教师晋升通道管理的重要意义和作用，把教师晋升通道管理这个重要问题列入自己的议事日程，尽快出台相应的政策、措施，设置专门的机构或在相应机构里指定专门的人员加强对中小学教师晋升通道规划的指导和管理。要尽快组织专家对中小学教师晋升通道管理的相关理论和实践问题进行系统和深入的研究，并将研究成果及时应用于实践，增强教师晋升通道规划指导、培训、管理的有效性。

2. 中小学教师晋升通道开发活动需系统化

中小学教师晋升通道开发活动的各个组成部分必须按照一套统一的条件和前提联系起来，而且所构成的系统需要与甄选、岗位调整、报酬、绩效评估等其他人力资源活动有机结合起来，将教师内涵发展与外在的激励结合起来。成功的晋升通道开发系统一般鼓励教师、管理人员和学校的积极参与，各自承担一套具体的角色和责任，以使整个系统正常发挥作用。在这种参与中，教师负责自我评估、制订个人计划，管理人员负责协助和鼓励这一过程，而学校则通过提供工具、资源及持续的鼓励与指导，对这一过程给予支持。

3. 确保机构的合理设置和专业人员的指导

许多教师面对众多晋升通道往往不知所措，如果能有专业人士提供职业发展咨询，就能提供更全面、更客观的信息以及更合理的策略和方法，帮助教师尽快发现职业发展的方向和道路。因此中小学应设立独立的人力资源部门和晋升通道管理部门，使管理者从繁杂的人事管理中脱身出来，将更多的精力投身于学校的发展上来。聘请专业人员成立职业咨询中心，定期定点开展职业咨询服务，帮助中小学教师对个人的能力、兴趣等进行测评，解释测评结果，分析人才成长的内部与外部因素，指出相应的晋升通道发展选择，由此确定他们的位置和目标，看清优势和不足，少走弯路，制订个性化的、完善的、可行的职业发展计划，提高晋升发展的决策技能。

加强晋升通道管理队伍的建设，安排那些懂现代管理、有责任感、有创新意识的人进入各级人力资源晋升通道管理部门。晋升通道管理的负责人通常是人力资源的专业人士，或者其他有人力资源管理经验的工作人员以及学校的资深管理人员。规模较小的学校可以借助外界的专业人士来协助。参与晋升通道管理的人员应该有一定的教育教学知识与实践经验，了解学校的各项工作，并且学习过人力资源管理学，有较强的人际沟通能力，并能获得教师的信任与合作。同时由于教师职业的特殊性，要求组织晋升通道规划的职业引导者必须具有模范作用和代表性，这就要求由各专业的带头人和处于晋升通道顶峰的专家教师来做职业引导者，让其成功的职业经历来感染与鼓励其他教师，与他们一起分享成功的晋升通道规划。但这些教师职业引导者大部分不是专业人力资源专家，因此需要学校提供一定的学习、提高的机会，使其掌握人力资源经济活动分析、心理学、组织行为学中科学的晋升通道规划的思想和方法，并鼓励其在实际工作中加以应用和发展，从而带动教师个人与学校晋升通道规划的顺利整合。

晋升通道管理是一项技术性要求较高的管理活动，其理论相对较新。要在中小学进行晋升通道管理实践活动，首先涉及的必然是晋升通道管理指导委员会的组建和专业人员的配备，在实际的操作中必须注重人、财、物的合理配置，避免出现不必要的浪费。只有使各相关机构密切合作，利用一切可以利用的资源，调动一切积极因素，才能构建起有效的晋升通道管理模式，为教师专业发展搭建起一个科学的平台。

4. 建立相应的规章制度

(1)构建明确的专业发展通道

不仅使教师了解其在现任工作岗位上的发展前途，而且也能使教师明了职业转换的途径。如果教师能明确其职业发展的前景，知道能够给他们带来职业发展的各级绩效标准，将促使他们以更有效、更有针对性的方式工作。因此，学校在设计教师的晋升机制时，要让教师明确职业发展中的每一个“职务阶梯”以及必须达到的绩效标准。学校内部应该透明化，明确公布达到每一个“职务阶梯”所必须具备的资格和标准，使教师了解自己奋斗的目标和前进的动力。

教师专业发展从低到高可以区分为以下四种不同的水平。

第一，课堂教学专家。能够熟练解决课堂教学问题，顺利完成课堂教学任务，圆满达成课堂教学目标。教师达到这一水平的基本标志是能够有效解决每一堂课的教学问题，这是教师专业发展的最低水平，是合格教师的基本要求。这一水平需要教师掌握最核心的学科知识和关键的教学技能。

第二，学科教学专家。能够从学科高度把握教学内容和教学方法，将学科知识系统、完整地教给学生。教师达到这一水平的基本标志是能够合理处理一门学科的整体教学问题。这是教师专业发展的较高级水平，这一水平要求教师超越对具体课堂教学问题的关注，对学科知识体系、学科教学目标有系统的、整体的把握，熟练地运用教学法知识，使学生完整地掌握特定水平的系统的学科知识。

第三，学科教育专家。能够站在学校教育的高度，系统、深入地思考和处理学科教学问题，培育学生的学科意识，帮助学生把握学科特点，提升学生的学科思维品质，并在学科教学中渗透德育目标，使学科教学成为卓有成效的教育活动。教师达到这一水平的基本标志是能够通过学科教学有效解决学科教育问题，使学生得到全面发展。对多数教师来说，学科教育专家就是人们常说的“专家教师”。这一水平不仅要求教师对学生进行学科知识传授和技能训练，通过系统的学科教学增加学生的学科知识，培养学生的学科素养，而且要求教师把学校德育目标有机融合在科学教学过程中，使学生通过学科知识学习，在德、智、体、美、劳各方面都能得到发展。

第四，教师教育家。能够站在教育发展和社会发展的高度认识教学问题，能够超越已有经验和知识，形成新的教育思想观念、教学模式或教学方法，引领教学的发展方向，让教学过程成为学生积极体验生命成长的精彩过程，使学生的认知和情感在更高的层次上得到更好的发展。教师达到这一水平的基本标志是能够通过教育创新解决当前教育面临的重大问题。这一水平对教师的要求是通过研究探索提出解决教育难题的有效途径。

上述有关教师专业水平的区分能够提供一个用于描述教师专业发展水平的等级标准框架。所谓教师高水平发展，应该是在学科教育专家及以上水平的发展。中小学青年教师超常规发展的丰富事例表明，这一发展水平主要取决于教师专业发展的有效性，而不是取决于教师入职时间的长短。事实证明，这一发展水平可能出现在教师职业生涯周期的任何一个阶段。

实践中，目前也已经有一系列获得教师荣誉称号的制度正在实行，并存在晋升机制，但是需要注意的是，学校各部门需要在其中积极发挥作用，以荣誉称号为抓手，提升教师教育、科研及德育水平(详见表 6-1)。

表 6-1 教师获得荣誉称号的相应要求

市级学科教学带头人 （除具备市级骨干教师条件外，还需具备以下条件）		
部门	部门职责	评选条件
教务部门	教学	了解国内外教育教学改革与发展的经验和做法，近5年内承担或主持过市级及以上教育教学改革项目并取得阶段性成果。具有系统的专业理论基础和专业知识，掌握所教学科课程标准，积极探索所教学科课程与教材改革，具有丰富的教育教学实践经验，教育教学能力强，将学科知识、教育理论与教育实践有机结合，形成富有个性的教学风格，在本学科领域内具有很高的影响力。
科研部门	科研	近5年内主持或承担市级及以上教育教学科研课题(科研项目)并取得阶段性成果或公开发表，出版本学科的论文、论著，或参加教育主管部门组织的中小学教材编写不少于4万字。
整体个人影响力和引领示范作用		具有系统的专业理论基础和专业知识，掌握所教学科课程标准，积极探索所教学科课程与教材改革，具有丰富的教育教学实践经验，教育教学能力强，将学科知识、教育理论与教育实践有机结合，形成富有个性的教学风格，在本学科领域内具有很高的影响力。在本市或区学科建设中能够发挥引领示范作用，为本市教师队伍建设做出积极贡献。
市级骨干教师		
部门	部门职责	评选条件
教务部门	教学	近5年内承担过区级及以上教育教学主管部门组织的研究课；幼儿园教师熟悉并掌握《幼儿园教育指导纲要(试行)》及《3—6岁儿童学习与发展指南》，承担过区级及以上教育教学主管部门组织的半日观摩活动。
科研部门	科研	近5年内在教育教学改革工作中承担主要任务并发挥骨干作用；近5年内承担或参与市级科研课题有阶段性成果或近5年内在市级及以上正式刊物上发表过与专业有关的教育教学论文。
整体个人影响力和引领示范作用		具有良好的团队协作精神，能够发挥辐射带动作用，积极承担培养和指导青年教师任务，在提高青年教师师德素养、专业水平、教育教学能力和实际工作效果等方面成效明显，为本校和本区教师队伍建设做出贡献。

续表

<table>
<tr><th colspan="3">区级学科带头人</th></tr>
<tr><th>部门</th><th>部门职责</th><th>评选条件</th></tr>
<tr><td>教务部门</td><td>教学</td><td>对所任学科具有系统、扎实的基础理论和专业知识，能准确、全面地掌握任教学科的课程标准(教学大纲)、教材、教学原则和教学方法，教学经验丰富，教学效果显著。近3年内，中学、中等职业学校教师承担过区级及以上较高水平的研究课、示范课、公开课、说课、观摩课或举办过教学教研辅导讲座或介绍过先进的教学经验，或在区级及以上学科教学成果展示活动中获二等奖及以上奖励，或是中等职业学校专业课教师指导的学生在区级及以上比赛中获奖，或参加专业课自编教材及讲义的研发工作取得阶段性成果；小学教师在区级及以上研究课、示范课、公开课、说课、观摩课或教学展示活动中获得三等奖及以上奖励，或参与过区级教学教研辅导讲座、介绍过先进的教学经验；幼儿园教师承担过区级及以上半日观摩、游戏及教学活动展示、教科研展示交流活动等，或在区级及以上教育活动展示、案例评优、玩教具制作等活动中获奖，或在区级及以上范围内做过教育教学相关经验介绍。</td></tr>
<tr><td>科研部门</td><td>科研</td><td>具有坚实的学科理论基础，能够结合工作实际，积极开展教学理论研究，形成具有较高水平的教学研究成果，且具有较高的学术价值与推广价值。教育教学研究能力强，近5年内主持或承担市级及以上教育教学科研课题(科研项目)并取得阶段性成果或公开发表，出版本学科的论文、论著，或参加教育主管部门组织的中小学教材编写不少4万字。</td></tr>
<tr><td colspan="2">整体个人影响力和引领示范作用</td><td>具有系统的专业理论基础和专业知识，熟悉并掌握新课程新教材，高质量落实基础教育课程教学改革，探索数字化赋能教育教学；具有丰富的教育教学实践经验，教育教学能力强，将学科知识、教育理论与教育实践有机结合，形成富有个性的教学风格，在本学科领域内具有很高的影响力。在本市或区学科建设中能够发挥引领示范作用，为本市教师队伍建设做出积极贡献。</td></tr>
<tr><th colspan="3">区级骨干教师</th></tr>
<tr><th>部门</th><th>部门职责</th><th>评选条件</th></tr>
<tr><td>教务部门</td><td>教学</td><td>学科基础理论和基本技能扎实，能够全面、系统地掌握所任学科的课程标准(指导纲要)，教学效果好。近3年内，中小学、中等职业学校教师承担过校级及以上研究课、示范课、公开课、说课、观摩课并获奖，或在区级及以上学科教学成果展示活动中获奖；幼儿园教师全面贯彻、落实《幼儿园教育指导纲要(试行)》及《3—6岁儿童学习与发展指南》，承担过园级及以上半日观摩、游戏及教学活动展示、教科研展示交流活动等；在园级及以上教育活动展示、案例评优、玩教具制作等活动中获奖。</td></tr>
</table>

续表

区级骨干教师		
部门	部门职责	评选条件
科研部门	科研	近3年内，具备以下条件之一：承担或参与校级及以上科研课题并取得阶段性成果，在校级及以上刊物上发表本人撰写的相关文章；在区级及以上刊物上发表过与专业有关的教育教学文章，或论文获区级及以上奖励；所辅导的学生在区级及以上教育教学主管部门组织、参与的竞赛中获得区级及以上奖励。
整体个人影响力和引领示范作用		积极参与校本教研、校本研修，近3年承担学校、学区或区级及以上教学改革项目并发挥作用。具有良好的团队协作精神，能够发挥辐射带动作用，在带领学科群体或在指导青年教师提高专业知识水平、教学能力和指导青年教师开展教科研工作方面发挥重要作用，并取得一定成果，为本校和本区教师队伍建设做出贡献。

从表6-1获得教师荣誉称号的要求可以得知，在荣誉称号上，教师的晋升首先是由区级骨干教师上升到区级学科带头人，然后再逐渐上升到市级骨干教师、市级学科教学带头人。不同阶段的教师所对应的教学、科研、引领示范和培养青年教师的要求不同，晋升越往上走，对其工作内容的要求越严格。在教师荣誉称号晋升过程中，学校各部门需要协同一致、互相配合，为教师们提供指导与帮助。

(2)实施有效的绩效评价

教师绩效评价是对教师实际工作表现和产出的反馈，主要用于学校的日常管理和表彰、奖励，它取决于教师的能力、教师在工作中的努力程度和教师在给定的时间段内应用其能力的程度。从晋升通道管理角度看，绩效评价是进行晋升通道管理的重要手段，绩效评价的结果是教师职业发展如晋升和培训的依据。对于教师来说，绩效评价的结果是自我认识的重要途径，也是教师个人制定晋升通道发展目标的基础。总之，绩效评价的结果与教师的个人利益、晋升通道发展联系密切。

教师需要的是不断的绩效反馈，特别是与自己的晋升通道目标有关的反馈。评价的真正意义在于激励教师努力工作、提高教学水平。因此，在教学评价中，应增加一些有助于为教学提供反馈信息的评价项目。通过这些信息的反馈，让教师及时了解自己的教学质量和水平、存在的优缺点与问题，从而自觉地调整或改进自己的教学行为，提高教学质量。在评价之前，评价项目及评价标准的制定、评价方法和手段的选择等都应该广泛争取教师的意见及建议，与教师协商确定。对教师的评价不仅要考虑其教学成绩和履行职责的情况，还应考虑教师自身素质的提升状况，如教师是否不断学习，教学行为是否改进，是否掌握了新的教育技术、教育方法和手段等。在评价过程中，重视并鼓励教师进行自我评价和自我反思，因为被评教师比任何人都更了解自身的情况，其评价更能真实地反映其当前的工作及思想状态等情况，为评价工作提供准确的第一手资料。只有这样才能真正发挥评价对教师的激励作用，并促进教师专业化的发展。评价结束后，要注重评价结果的反馈。将评价结果与被评教师一起讨论，听取被评教师的意见，并协助其做好改进工作的计划等。

(3)建立与晋升通道管理相配套的教师培训与开发体系

晋升通道管理与培训的联系很密切，培训是晋升通道管理的必要手段。学校应根据工作分析结果、教师基本素质测评和绩效考核结果，找出教师在管理能力、智力、个性及领导类型等方面与本职工作要求所存在的差距，以及今后晋升通道发展过程中可能会面临的问题。然后有针对性地制定教师的培训与开发方案，通过培训进一步发现教师的潜在能力与特长，为其晋升通道规划打下良好的基础，帮助他们尽快成长，以适应本职工作和今后职业发展的需要。

教师的晋升通道是有周期性的，每个阶段的发展特征和需求是有差异的，要根据培训对象的类型、层次、年龄等情况，因材施教、分类指导、分别要求。要以校本培训为基本形式，主要利用本校的资源，同时注重“外引”和网络资源。要注重“外引”邀请名师、名家来学校讲授、指导，以“名人引路”的方式提高教师的现代化教育理论水平，使其了解学科前沿知识及发展趋势、拓展专业知识的宽度和深度。要注重“内用”，充分发挥骨干教师的核心辐射作用，通过骨干教师对全体教师进行再培训，通过老教师对年轻教师“传帮带”，通过教学观摩、教学诊断、案例剖析、课题研究等形式促进教师互动研讨，实现经验共享。校本培训要以科研为先导，以教研为核心，把教学与研究有机结合起来，以研带教，以教促研，提高教师的研究能力。在提高教师研究能力的同时，开展有关反思策略、反思能力、反思方法的培训，使教师在自我调整、自我建构中培养反思意识，帮助教师提升精神境界，获得专业上的不断成长。

具体地说，培训能够作为一个重要抓手，为教师在职业晋升与发展中提供帮助与动力。我们根据调研情况，归纳总结了以下培训体系，以助力教师实现职业晋升。

培训体系包括各类培训，如市级、区级和校级的研讨会，青年教师培训，党员培训，骨干培训。培训方式包括远程培训、现场培训等。下面分别介绍各类教师培训。

第一，师带徒的培训模式。每个学期请老教师做培训，为新教师安排两个师父，一个教育方面的师父，一个教学方面的师父，每周都要让新老师听指导老师的一次授课，彼此交流研讨，并且一起出去听讲座。

第二，新教师入校培训。新教师入校之后，可以安置其在不同行政部门辅助行政工作，使其快速熟悉学校情况，得到快速成长。实践证明，这是一项十分有效的新教师培训方法。

第三，在职教师培训。参加区里的常规培训、继续教育培训以及单独的学科培训。例如参加中学区级骨干学科培训班，经考核合格者(完成30学时的学科课程培训和10学时的网络课程培训)，将获得区级骨干培训结业证书。该证书是参加下一届骨干教师评选的条件之一。校长也可以请专家授课，或采取论坛形式，针对某一个小问题，在台上有问有答，使更多的人参与到培训讨论中来。可以召开市级学科带头人、骨干教师交流研讨会，宣讲市、区对特级教师的要求，为老师们指明进一步提升的路径和方向。

第四，名师工程。由学校各个有研究方向的老师组成自己的工作室，给有想法的老师搭建平台。工作室的负责人一般为骨干教师、学科主任等，也可以是工作有建树的普通老师；工作室确定自己感兴趣的研究方向、课题等。这是一个研讨式、参与式的小团体，并拥有一定的教科研经费。人员双向选择确定，每位老师可以报多个工作室。

第五，读书工程研讨会。开展读书活动，能够通过全校教师阅读机制的建设和系列阅读活动的开展，提升教师认知素养、拓展教师专业发展模式。可设置教师自由交流读书心得环节，这是教师获得知识、加强专业修养的重要方法。

第六，设置专家团、专家辅导工作室对教师进行评价、培训，指出教师工作的优缺点、今后的发展方向等。老专家是学校的文化象征，体现着学校的价值追求。学校的发展，核心在于课堂。学校派出专家团老教师进行集中听课，与任课教师进行面对面的沟通和指导。同时，请专家进行整体教学情况的梳理和把脉，对任课教师进一步的发展和提升提出建议。专家团的工作内容和要求包括：①分学科、分文理科深入课堂，了解课堂。②掌握整体教学现状。③针对教学情况进行详细反馈。④通过反馈报告和研讨等方式进行深入探讨，寻求突破点和发展点。⑤辅助教育教学各部门的工作，定期进行评价辅导。

第七，召开“班主任工作交流与辅导”工作室专家研讨座谈会，交流班主任工作中的问题，为班级文化建设、主题班会、班主任工作计划等提供建议。

第八，进行“跨学科整合教学实践”校本教研展示，加强学科间的整合，发挥综合育人功能。校本培训是学校常态化系列活动，在提高教学效果过程中能够起到至关重要的作用，为全面推进课程改革做准备。展示活动可以就课程选题、课程准备、教学过程、收获以及在学科整合中的困惑做总结与分享。综合开展跨学科、跨学段的主题实践研修活动，改变以往单一的学科思想，整合多元课程资源，更加注重学科间的交流与融合。在这一过程中，教师自身也能得到较大的收获和发展。

5. 实施教师个性化的阶段管理

关于中小学教师成长的阶段，国内外都有不少理论，比如道尔顿等人的阶段理论、休伯曼的教师职业发展阶段理论和王铁军关于名校长、名教师的教育生命周期理论等，中小学教师进行晋升通道管理的时候都可以参考。中小学教师晋升通道大概可以划分为五个阶段。

(1)入职适应期

刚从学校毕业的新教师尽管有一定的专业知识和教育理论水平，但对教育实践了解不多，缺乏教育实践经验。因此，对新教师来说，关键是如何通过2—3年的教育实践，尽快完成理论与实践的初步结合，使自己“站住”讲台，能适应课堂教学工作的基本需要。在这一阶段，教师所面临的主要任务是熟悉教学内容、教学过程、教学对象、教学任务，适应学校环境，积累经验。

从学校的角度来看，首先是要让新教师站稳讲台，让他们先做几年班主任，积累一些管理学生的经验和课堂教学的经验，提高驾驭课堂和管理学生的能力。其次，新教师往往热情有余，经验不足，所以为新教师提供职业咨询和帮助就显得尤其重要。如果能得到优秀教师的建议和帮助，新教师将会更快地融入教学。由优秀教师充当指导教师，建立起新老教师结对帮带制度，对新教师的备课、上课、作业布置和批改、班级管理等进行具体的规范指导、检查复核，同时有严格的教学基本功训练相配套，这对新教师尽快度过适应期是相当关键的。因为这个时期新教师以模仿借鉴为主要学习手段。在这个阶段，如果鼓励新教师模仿学习先进教师的教学、教育和管理模式及技巧，而且有足够的听课观摩、备课研讨、思考反馈的时间和空间保证，这对他们尽快缩短适应期，成为基本胜任教育教学工作需要的适应型教师，是至关重要的。

学校还应当采取措施加强新教师对他们自己晋升通道的规划和开发活动的参与。制定职业规划，不是告诉新教师该干什么，而是针对新教师已确定的薄弱环节，以需要为基础，以信息为导向，以尊重、公平和效率为支撑，提高新教师的专业技能。如开展一些相关培训活动，使新教师意识到对自己的晋升通道加以规划以及改善自己的职业决策的必要性，并学到一些晋升通道规划的基本知识；同时开展各种帮助新教师了解自己的职业性向、明确自己职业锚的活动，最终帮助新教师形成较为现实的职业目标。学校还应举行一些职业咨询会议，鼓励新教师早“激活”自己的职业规划，积极地思考、计划和完成自己的发展活动，而不是消极地看待自己的晋升通道。

(2)职业发展期

这一时期的教师已经具有从事教学工作所需要的有效的基本技能，对于教学活动也能适应，开始能够独立地、熟练地从事教学，并逐渐形成自己的教学风格。这一时期的主要任务是创造出自己的特色，在“精”上下功夫，并能够把在学校学到的知识逐渐运用于教学实践。

学校应该帮助教师实施晋升通道评价，建设性的反馈能使他们判断自己的目标和规划是否有意义。而晋升通道评价就发挥着晋升通道管理的适应性反馈功能，使教师能够监控自己的晋升通道进程。举个例子：一位 35 岁的高中历史老师越来越厌倦他的工作了。他经过多方面的自我评价后得出结论：自己应该在教育领域寻找一份比现在的岗位灵活性更大，而且能多挣钱，还能发挥他善于与人共事的长处的工作。他咨询了学校并与许多同行谈话以后，把这个概念目标变成了具体的行动目标，那就是他想在 3 年内去做高中的管理工作。首先，他报名攻读在职硕士管理学位，读完这一课程可使他获得从事管理的资格。正如这位教师的经历所显示的，晋升通道评价能反映出晋升通道管理是如何解决问题的。如果能有一个有效的晋升通道评价过程，能获得专业人士的帮助，就会使教师重新审视自己的晋升通道开发工作，顺利找到自己的定位。可以在学校内设立职业生涯发展评估中心，由人力资源部门的工作人员兼任教师的辅导、评估与指导工作，也可聘请社会上的晋升通道专家来负责为学校教师提供晋升通道咨询与指导。

教师成长档案是晋升通道评价的一种辅助形式，它记录了教师个人成长的历程，其构思、制作过程就是要促进教师人格品位的提升和对专业发展的追求，通过帮助教师对工作中的本质内容进行归档，并营造监控专业成长的环境。档案的主要内容有：第一，职业规划书，包括教师个人的职业规划书、学校的发展规划书以及学校和教师两者共同制定的教师职业规划书，需要说明的是最后一项规划书应该是前两项的综合和扩展。第二，教师的个人资料，包括个人的基本信息、个人的教育理念，对自己的描述、个人的成长经历和工作经历等。第三，教师的教学活动信息，包括教学设计(阶段性设计和总设计)，课堂教学活动的实施，采用的教学方法、策略和技巧，教学活动和教学任务设计，教学管理的方法以及对学生的指导情况等。第四，教学资源和学生作品，主要包括教师的教案、各种教学材料、学生作品等。第五，评价，包括学生的评价、同事同行的评价、学校的评价、家长的评价等。第六，教师的学习信息，包括专业培训记录、业务培训记录、学习进修信息等。第七，教师的教学反思，包括教师对自己教学活动和教学过程的反思，对学生评价、同事评价、学校评价等的反思，对自己所参加的学习培训进行反思，以及对日常教学生活的反思等。

教师成长档案一式两份，填好后一份由教师自己保管，一份交给学校。

作为管理者，学院领导要与教师一起探讨，并通过教师的档案袋及时了解具体的情况，然后与教师进行交流和探讨，根据各种反馈信息共同修改和调整计划，并继续实行，从而促进教师的职业发展。这种方式对教师有极大的帮助。

(3)职业倦怠期

在从事多年教学工作后，很多教师会对教学工作产生倦怠感、无力感，他们开始重新评价自己的职业选择，做出是否改行的判断。这一阶段学校的应对措施要注意下面两点。

第一，增加工作角色，丰富教师经验。工作经验的丰富本身就是晋升通道追求的目的之一。学校可以增加教师的工作角色，比如双重职业道路，让有胜任能力的教师既从事专业教学工作，也从事管理工作；或者有意识地进行工作再设计，使教师产生对已有工作的再认识、再适应，产生积极的职业情感。

第二，提供信息反馈，鼓励职业探索。不同于在初级岗位上常有上级领导、同事、导师等的指导和帮助，当教师发展水平上升到高一级别后，这种帮助和指导会逐渐变少，而且级别越高，获得工作、能力反馈的机会通常越少，获得有关信息的通道和机会也通常会越少。此时，学校尤其应该提供相应的信息帮助和资源支持，及早地鼓励教师进行晋升通道探索，加快教师形成新的职业自我概念的进程。

(4)职业稳定期

这时的教师在教育教学、生活上都有了新的提高，他们也成了资深教师，对自己的教学有一定的自信。但他们容易产生自满情绪，沉醉于自己已经取得的成就，而不愿意去探索新的教学模式，教师在这个时期可能会面临职业通道越来越窄、发展机会越来越少的困境，学校有必要保持他们对工作的热情。学校可以用满足员工心理成就感的方式来代替晋升实现激励效果。通过为教师提供培训机会让他们在工作中更加游刃有余，鼓励或资助他们经常“充电”，防止知识老化或使他们掌握更多的工作技能，增强他们的就业保障感；还可以适时对教师的成绩予以表彰等，都能很大程度上提高他们的心理成就感。在企业中，组织可以通过工作轮换来解决职业倦怠问题，但教师工作专业性太强，不可能通过工作轮换来解决这一问题，但可以改变他们的角色。比如让他们担任新教师入职时的导师，在为新教师提供帮助的同时，处于职业高原期的教师自身可以得到尊重感，并获得与以往不同的成就感；还可以组织教师参加校内、校际研讨，使教师之间彼此交流教学经验和科研成果。

(5)退出教职期

由于年龄等原因，教师即将退出教育岗位，这一阶段也往往标志着教师晋升通道的终结。继续保持已有职业成就，维护教师尊严，准备退出，是这一阶段教师的主要心态。学校有责任帮助每一位即将退休的教师制订具体的退休计划，尽可能地把退休生活安排得丰富多彩、有意义。不过，多数退休教师的贡献不会随着正式退休而完结，学校可采取兼职顾问或其他方式聘用他们，延长他们的晋升通道。因为这些即将退休的老教师拥有渊博的知识和丰富的阅历，积累了大量的经验，学校应让他们充当重大决策的顾问，作为新任教师的导师等，类似的工作都可以有效地应用他们多年的工作经验。

6. 教师的个人努力

(1)改善职业态度，完善个性品质

对教师个人来讲，树立远大的抱负，把教育事业当作崇高的事业去追求，会使教师获得专业发展持续不竭的强大动力，使其始终能够以一种奋发向上的精神从事教学工作，这是教师专业得以最大程度发展、个人价值得以最大程度实现的前提。对学校来说，对教师的职业追求给予精神激励，为教师献身教育事业提供价值引领，是指导、支持和帮助教师发展积极的职业态度、完善个性品质的有效途径。

教师的职业态度包括对教学工作的态度、对教学专业的态度和对学生的态度。教师对教学工作有积极的态度，就会对教学主动承担责任，认真对待工作，积极投入工作，愿意在提高工作质量和效率上花时间、下气力；教师把教学当专业，就会自觉认识到教学工作需要以系统的专业知识和专业技能为基础，认识到教学专业要求教师努力掌握系统的专业知识和技能，并通过持续不断的学习提高自己的教学水平；教师把学生当作具有自我意识的人、处于成长过程中的人、具有独特个性的人，就会尊重学生的想法，关心学生的需要，就会设法通过各种途径激发学生的学习动机，支持和帮助学生主动学习、自主学习，致力于增强学生的自我发展能力。教师的上述认识和相应的行为，既是有效教学的必要条件，更是实现高水平专业发展的必由之路。

意志同样是影响教师专业发展的重要心理品质。教师只有在专业成就和荣誉面前保持谦逊的态度，不满足，不停步，持续追求专业发展；只有在面临工作中的困难和挫折时，保持积极向上的心态，不气馁、不退缩，才能够使自己的职业生涯不断走向成功。

(2)优化专业发展策略

一个人站立的位置决定了他能够看到什么，一个人的眼界决定了他的思想境界。教师实现高水平快速专业发展的关键之一，就是专业发展的起点要高，即教师要在入职初期就把学科教育专家当作教学专业发展的标杆，高标准要求自己，努力做最好的教师，避免把对自己整个专业发展具有重要影响的职初期消耗在低水平、重复性的教学活动中。

职初教师乃至所有教师实现高水平快速专业发展的基本途径，就是读最好的书籍，研究、借鉴最好的教学经验。读书是教师职业的需要，是教师最重要的工作方式之一，但不同的书籍对教师职业生涯的影响是不同的。教师不仅要勤于读书，更要善于读书。教师读书包括阅读与教学专业相关的书籍，其中尤为重要的是阅读教育学科名著及本学科教学大师的著作，即阅读本学科教学领域最好的书籍，并通过各种方式研究、学习、借鉴本学科最优秀教师的教学经验。所有学科的教师都应该尽早熟悉在本学科教学领域中本地区、全国乃至全世界最优秀的教师，熟悉他们的教育教学思想、观点和实践经验。只有这样，教师才能够从职初开始就置身本学科教学专业的前沿，尽早占据专业发展的制高点，“居高临下”地规划自己的职业生涯，主动把握专业发展的先机，有目的、有计划、有重点地提高自己的教学专业水平。当前，不断发展的信息技术为教师在较高起点上规划自己的职业生涯、实现自己的专业追求提供了极大的便利条件。

对教师教育机构和中小学来说，激发、培育教师的自主成长意识，为教师提供专业发展的榜样，为教师推荐优秀阅读书目，组织教师开展读书研讨会、报告会，指导教师规划自己的职业生涯以及通过集体反思和个人反思结合的方式提升教师的专业境界等，都可以成为提高教师专业发展起点、优化教师专业发展策略的有效措施。

(3)完善教育教学观念和教学实践模式

具有内在一致性的教育价值观、教育教学理念和教育教学实践模式是影响教师个体和群体工作绩效的重要因素。从一定意义上说，优化专业发展策略的基本目的，就是使教师尽早形成先进的教育教学思想体系，为其教育教学实践提供思维和行动的指南。因此，对教师个人来说，完善教育教学观念和教学实践模式是其专业发展持续努力的方向。而对学校来说，通过提供和引导教师共享教育价值观、共享教育教学理念和共享教育教学实践模式，既是凝聚教师团队力量、发掘教师专业潜力、寻求最佳组织绩效的有效策略，同时也是建设高水平教师队伍、促进教师群体快速专业成长的有效措施。

(4)改进教学策略和教学技能

毫无疑问，学科知识、教学策略和教学技能都是影响教师教学绩效的重要因素，制约着教师专业发展的水平和速度。其中教师的核心学科知识掌握情况、师生关系的处理能力、对关键教学行为的运用水平、对教学基本环节的质量控制能力以及对特殊学生的教学指导能力标志着教师的专业发展水平。促进教师高水平快速专业发展，需要有效解决上述问题。

熟练掌握任教学科核心知识，真诚尊重、关心学生，热情指导、帮助学生，努力建立良好师生关系，是教师必备的专业素质，是教师必须尽早养成的基本功。熟练掌握关键教学行为，是有效教学不可或缺的前提条件。教师的教学行为多种多样，研究表明，清晰授课、多样化教学、任务导向、引导学生投入学习过程以及确保学生成功率，是在所有教学情形下都有效的五种关键教学行为。通过有针对性的努力，重点提高教师关键教学行为的运用水平，是促进教师教学水平迅速提高的有效措施。备课、上课、作业布置与批改、学习辅导、学习评价是教学工作的五个基本环节，切实有效地提高这五个教学环节的质量是对所有教师的基本要求。教师还必须根据学生的个体差异，及时为学优生和学困生这两类特殊教育对象提供适当的指导和帮助。

对于一般性教学问题，教师可以通过对现有教育教学知识的合理运用有效解决。但在学校教育教学实践中，有一些问题可能是现有知识难以有效解决的，在这种情况下，就需要教师通过研究探索解决这些特殊教育教学问题的有效方法，生产新的教育教学知识。因此，学会运用研究手段解决教育教学中的难题，应该成为支持教师实现高水平专业发展的重要途径。

7. 其他方面

(1)中小学教师晋升通道管理必须保持信息的畅通

建立畅通的晋升通道开发系统，将教师个人晋升通道发展规划和学校战略目标融为一体。学校应及时公布相关信息，让教师了解学校的远景目标及教师发展的机会等，使教师看到自己在学校中发展的希望。同时，通过职业信息的沟通，扩大了教师的选择空间，有利于学校合理使用人力资源，提高教师的满意度。

(2)中小学教师晋升通道管理需取得高层管理人员的支持

晋升通道管理活动是一项复杂的系统工程，涉及教育行政各职能部门、研究部门和中小学等各个方面。高层管理者的支持必须予以重视，因为学校的校长、地方教育行政部门的教师、管理机构的领导既是教师管理的决策者，也是教师晋升通道发展机会的创造者，他们的支持对于促进教师晋升通道开发活动起着重要的作用。高层管理者对教师晋升通道的影响方式有多种，如可以将教师晋升通道管理与计划的决策权授予下级管理者，让他们发展年轻的教师；可以营造不同层级之间、不同学校之间进行频繁的、开放的沟通的气氛等。为此，高层管理人员应加强领导，统筹规划，严格管理，为教师晋升通道管理提供有力的保障。

(3)教师对个人的晋升通道承担主要责任

教师想要获得个人晋升就要做好晋升通道规划，要了解自己的起点和现状、优势与特长、缺点与不足，明确自己的晋升通道发展阶段和职业能力开发需求。中小学教师在制定晋升通道规划的时候，一定要充分了解信息，包括当地教育行政部门和学校的发展规划、当地教育行政部门对教师的有关要求、学校内部有关职位空缺及其他工作机会的信息，以及职称评聘、特级教师评选等方面的标准。教师应该树立对自己的晋升通道负责的意识，对自己的晋升通道进行自我管理、自我设计。

第二节　新教师适应期心理健康管理

在教师的职业成长过程中，第一个阶段，即入职适应期，是一个特殊时期。如果教师能顺利度过该阶段，则能在后续的职业发展期获得专业方面的成长，成为一名合格的教师；如果没有顺利度过该阶段，则很有可能离职，或者较长时期停留于职业迷茫和探索中，不利于后期的专业成长。为了帮助新教师顺利度过适应期，我们针对新入职教师开展了心理培训工作并达到了预期的目标，为今后新教师招聘与培训等方面的工作积累了宝贵的经验。

新教师作为教师群体的一个重要组成部分，其成长直接关系到学校师资队伍的整体水平和稳定性。新教师入职的最初几年是其职业生涯发展的关键期，也是各种适应性问题的多发期。尽管教育局、学区或学校等各个层面均采取了多种方式对新教师进行培训，但培训内容多侧重于教学能力或教学专长方面，对新教师心理健康方面的辅导或培训相对不足。鉴于心理健康在新教师入职初期的适应过程中的关键作用，加之心理健康问题的诱发因素比较多元、其消极影响相对弥散且持久，因此需要及早采取措施来防患新教师在入职初期可能出现的心理健康问题，帮助新教师尽快适应新工作；同时需要挖掘新教师自身潜力，提高其自我完善能力，促进其专业成长与职业发展。

一、新教师心理健康培训的必要性

1. 新教师入职初期的适应不良易诱发心理问题

入职初期的教师面临诸多需在短期内完成的适应期任务，如从学生到教师的角色转换；对自我的重新定位；专业知识、教育理论与教学实践的结合；新的人际关系的建立与团队协作；师生互动及课堂管理；等等。这些适应期任务几乎同时摆在新教师面前，无疑给新教师带来极大压力。调查显示，新教师在入职适应期内，因个人(如个性特点、认知观念等)和外界环境(如学校氛围、外部支持系统等)多种原因，在应对各种适应期任务时，容易产生心理问题，如情绪不稳定、焦虑、抑郁等；认知上也容易产生偏差，自我评价失准，缺乏效能感；对学校及集体缺乏归属感；职业价值观易波动，职业认同感较低，工作投入度低，缺乏热情及自我完善的成长动力等。这些心理问题若不能够被及时发现并加以有效地应对和解决，将会直接影响新教师本人当下及未来的职业生涯发展和生活质量，对学生的身心发展和学业成就产生不可忽视的消极作用，也给学校各方面工作的开展带来直接或间接的麻烦。因此，及早发现、应对或防患新教师可能出现的心理问题，采取措施来维护和促进新教师的心理健康，这是非常有必要的，应该作为新教师培训中的一项重要内容。

2. 新教师的积极心理潜质有待开发

关注新教师入职初期出现的心理问题是非常有必要的，但同时更应着眼于新教师的积极心理潜质的开发。当今社会越来越看重积极的心理品质，其中心理资本最为核心、最受关注。心理资本通常被认为是促进个人成长、提升个人绩效的积极心理资源，主要表现为信心、希望、乐观和韧性等心理品质。心理资本支配着个体的工作动机、态度与工作行为，尤其是在身处压力或逆境时，拥有积极的心理资本就更有可能努力、坚持，能有效规避、改进自身的缺点和不足，调整目标，并积极进取，获得成功。以心理资本为核心的积极心理品质无论对于新教师个人发展、学生身心健康成长还是学校可持续发展而言，都是极为宝贵的原动力，也是提高工作绩效、提高学校竞争力和软实力的核心要素。开发新教师的积极心理潜质，培养其乐观、有韧性、充满希望和自信的心理资本，也应成为新教师培训中的重要内容。

3. 新教师的心理健康促进有待系统化和专业化

新教师在任职初期因多种原因容易出现不同程度的心理问题和成长困惑，这是比较普遍的一种现象。但若能及时发现并给予必要的支持与帮助，大部分新任教师都能够利用自身的积极心理资本来应对特殊时期的心理适应不良，并为后续的职业生涯发展奠定良好的基础。鉴于心理健康问题的出现比较普遍，诱发心理问题的因素较为多元，而其消极影响又比较弥散、持久，有必要将新教师心理健康促进作为学校常规工作的一部分而加以系统化地设计，必要时应与心理学专业机构协作，从专业化的角度进行有针对性的培训，为新教师的心理健康提供广泛的社会支持系统。心理健康促进不是一时一事、头痛医头脚痛医脚的应急和应激工作，而是系统化的、常规化的工作。从借助规范的心理测评工具及早地发现与诊断，到有针对性地给予心理干预、结合学校常规培训和教学工作实施心理干预，再到干预后效果的追踪及方案的调整，最终发展到新任教师的自我调整与自主成长，这一系列科学的活动设计能切实有效地为维护和促进新教师心理健康保驾护航。

二、新教师心理健康培训的目的

1. 调整、改善新教师的自我认知与社会认知

对自我、工作、学生、同事或领导等的认知偏差往往是心理健康问题产生的主要原因。引导新教师对自我产生准确、积极的认知评价，对外部环境形成全面、客观的认识是培训的主要目的之一。通过归因训练，帮助新教师悦纳自我，接受现实，进一步提升其自我认知与社会认知的水平。

2. 提高新教师的情绪管理与自我调控能力

新教师入职初期面临多重压力，无论是自身角色的转变与冲突，还是教学中遇到的各类问题，或者工作中的人际交往、时间管理等，都在不同程度

上给新教师的入职适应带来压力。通过压力应对、情绪管理等方面的培训，使新教师掌握一些基本的自我调控方法。

3. 促进新教师的职业认同与生涯规划

入职初期的适应状况在一定程度上影响着新教师职业认同感的建立，进而影响其后续的职业生涯规划。通过组织承诺、价值澄清等培训，促进新教师产生对教师职业的客观认识与积极认同，并尽快融入学校工作，走好教师职业生涯发展的第一步，避免职业倦怠的出现。

4. 提升新教师的心理资本及幸福感

心理学家认为，每个人都拥有潜在的心理资本，但这些心理资本往往被掩盖、忽视或闲置，需要借助外力或自我觉醒来开发和培育。通过多种形式的积极心理训练开发、提升新教师的心理资本和幸福感，进而促进新教师将自身的心理正能量传递给与其互动的学生、同事、家长以及身边的其他人，赋予教师角色以更积极、更有建设性的新内涵。

三、新教师心理健康培训的原则

1. 针对性原则

处于任职初期的新教师面临许多有待解决的问题，而学区、学校等也会在不同层面给予各种培训。我们参考学校要求或期望，根据新教师在入职初期的心理需求及存在的问题，从心理健康的角度进行有针对性的培训。

2. 实用性原则

心理健康的维护与促进涉及许多方面，我们的培训侧重于新教师入职初期的阶段性发展特点，给予具有实效性的辅导，以期帮助新教师学会积极应对当下的心理困惑，探寻解决现实问题的方法。

3. 发展性原则

心理健康贯穿教师生涯发展的全程，我们的培训虽然着眼于新教师当下的心理健康维护及现实问题解决，但同时也关注对其后续的生涯发展能否产生积极作用。培训始终以提升新教师的心理资本、促进其心理适应为主要目标，促进新教师的可持续的、全面的健康发展。

4. 多样性原则

培训的内容与形式应根据新教师的不同需求及心理发展特点、学校的整体培训计划等而灵活多变，以期最大限度地为学校和教师提供个性化的支持与服务，增强培训效果。

5. 协同性原则

鉴于我们的培训对象主要是入职初期的新教师，且培训内容侧重于心理健康促进，故其从功能定位来看是辅助性的，是协助学校提升新任教师的心理资本，进而促进学校整体人力资本的提升。同时，学校在必要时也需给予支持、协助，配合相关调研工作与培训工作的实施。因心理健康与教师专业发展相辅相成，故我们的培训与其他方面的职业培训也应相互配合。

四、新教师心理健康培训的实践

(一)新教师适应期心理培训需求调查

为了更有针对性地对新入职教师进行培训，我们编制了《新教师培训需求调查问卷》，并对3所试点校的20名新入职教师进行了问卷调查，调查结果如下。

1. 新教师所接受的培训

我们对试点校所采取的培训方法进行了调查，新教师所接受的培训按照不同的标准可以分为不同的类型。

(1)按照培训的实施者来分，学校和区教委是实施新教师培训的主要组织机构。

(2)按照培训的内容来分，主要有新教师入职适应、教育教学技能、教育学与心理学知识、教师心理健康维护等方面。

(3)按照培训的形式来分，主要有师徒结对、一老带多新、专家讲座、专家听课并指导教学、观摩学习、外出调研、团体辅导、新教师互助(包括联欢会、沙龙和互助小组)、教研室的教研活动等。

2. 新教师印象深刻的培训

(1)A中学的新教师较多地提到了“青蓝工程”、区教委的培训、参观寄读学校、外出听课、校长讲座、特级教师研讨课观摩等培训。

(2)B中学的教师提到了魏书生班主任讲座、区教委的培训。

(3)C小学的教师提到了学校外请专家评课、去寄宿学校参观、听专家示范课、每周参加教研活动等。

3. 新教师较为关注的问题及面临的挑战性问题

(1)大部分教师提到了如何胜任学生管理和教学工作，这里的学生管理工作包括课堂管理、日常管理、后进生转化、与学生沟通、学生心理健康等内容；教学工作包括教学组织能力，教育教学技巧，教学设计、教学活动的顺利实施，备课等。

(2)部分教师提到了新教师的适应问题，教师职业发展问题，科研论文撰写问题，解决家庭、工作冲突问题等相关问题。

(3)就当前面临的挑战性问题而言，大部分教师提到了学生管理、教学设计、班主任工作、多重任务下时间管理与工作协调等方面的内容。部分小学教师提到了与家长沟通及获得家长认可等问题。

4. 新教师的培训需求

首先，就心理培训的需求来看，有以下特点。

第一，心理培训需求较为强烈。调查结果显示，85%的新教师对参加教师培训有着较为强烈的愿望，且80％的新教师认为非常有必要加强教师心理素质方面的培训。

第二，就心理培训的内容方面，40％以上的新教师选择了压力管理、人际沟通、情绪调控和职业生涯规划等主题，也有不少新教师选择了师生互动、自我认识等主题。

第三，就最喜欢的心理培训的形式而言，排在前列的依次是拓展训练、团体辅导、专家讲座和专家咨询等。

第四，在对培训时间的选择偏好上，75％的新教师希望在工作日接受培训，少量的新教师选择了双休日或者寒暑假。

其次，在希望学校给予的支持和帮助方面，部分新教师提到了希望学校能够提供微格教室以便教师可以练习教学技能；希望学校的培训更具有针对性、区分教师的不同需求；希望学校能够给予更多的培训机会、反思时间及外出学习交流的机会。还有部分新教师提到了希望学校能够建立一个家校交流的平台，让教师和家长交流更为畅通；希望学校能够更多地了解新教师，多给新教师提供专业学习、听课的机会；希望学校能够对新教师的科研给予支持；希望自己能够更为合理地安排工作，提高工作效率等。

在调查新教师培训需求的基础上，我们对新教师的培训需求进行了分析，制定了《新教师心理健康促进方案》，设计了具体的培训计划，并在两所试点校开展了两次培训活动，同时也为后续的培训方案的形成提供了依据。各项工作的具体开展情况见表6-2。

表6-2 新教师心理培训工作情况

项目	培训方案的初步制定	培训需求调查及方案确定	培训计划的实施
主要工作	文献查阅； 新教师访谈； 专家访谈； 课题组论证	开展新教师访谈； 编制培训需求调查问卷； 对试点校新教师进行问卷调查； 分析问卷调查结果	与试点校沟通，确定培训方案； 在试点校开展具体的培训活动； 分析培训结果反馈信息，改进以后的活动方案
成果	制定了《新教师心理健康促进方案》； 编制了《新教师心理健康促进活动策划》	编制了《新教师培训需求调查问卷》； 分析了新教师的培训需求	在试点校开展了培训活动，收集了关于培训效果的反馈信息，为后续培训方案的改进提供了参考

除了上述培训需求调查外，我们在3所试点校分别开展了主题为“提高自我认识”和“压力调节与管理”的团体辅导活动，有20名新入职教师参与。在2个多小时的团体辅导后，参与培训的新教师对此次活动给予了高度评价，90％以上的教师认为自己在活动中感觉很舒适，并且期待下一次的团体活动；

80%以上的新教师认为活动给自己带来的内心触动比较大，通过参与活动收获了很多，获得了内心的成长和正能量。经过上述活动，我们完善和修正了培训内容，最终形成了新教师适应期心理健康培训方案。

(二)新教师适应期心理健康培训方案

新教师入职的最初几年是其职业生涯发展的关键期，也是各种适应性问题的多发期。为及早采取措施来防患新教师在入职初期可能出现的心理健康问题，帮助新教师尽快适应新工作，我们设计了有针对性的培训内容方案，以期维护和促进新教师的心理健康，提升其心理素质。培训内容以心理健康这一主题为核心，包括三个系列。鉴于不同学校、不同新教师在不同时期可能具有不同的培训需求，在具体培训时可从中选择或组合，详见表 6-3。

表 6-3　新教师心理健康培训工作一览表

模块	主题	主要内容	可采取形式
新教师心理健康调查	培训需求调查	培训初期开展培训需求调查，并测查新教师心理健康基线状况 •实施心理状况调查(如效能感、职业认同、压力应对等)； •访谈新教师，了解其心理状况和培训需求； •访谈主管领导，了解试点校的培训需求	问卷调查； 访谈
	过程性评估	培训中期开展过程性评估，了解培训效果，调整培训内容	行为观察； 问卷调查； 访谈
	终结性评估	培训后期开展效果评估，为后续培训提供借鉴	行为观察； 问卷调查； 访谈
压力与情绪管理及积极心态养成系列	自我认知	“发现闪光的我”“自画像” •通过反思来提高自我认知能力； •练习正向认知与评价技巧，增强自信，提升自我效能感	团体心理辅导； 反思日志
	压力应对	“跳出压力圈”“压力与动力” •帮助新教师学习识别压力源； •学习压力应对策略	个体心理辅导； 团体心理辅导； 讲座
	情绪调控	“我的情绪我做主”“痛并快乐着” •了解情绪产生的机制； •学习情绪调控的技巧	反思日志； 讲座； 个体心理辅导

续表

模块	主题	主要内容	可采取形式
人际沟通与团队合作系列	认知偏差与归因训练	“摘掉你的有色眼镜”“傲慢与偏见” ·了解常见的认知与归因偏差； ·反思自身的刻板印象与偏见； ·学习矫正错误认知与归因	团体心理辅导； 讲座； 反思日志； 焦点小组访谈
	人际沟通技巧	“理解万岁”“投之以桃，报之以李” ·了解人际沟通中常见的障碍类型； ·练习有效的沟通技巧	讲座； 团体心理辅导； 反思日志； 焦点小组访谈
	师生关系	“亦师亦友两相宜”“师者……” ·反思教师角色、学生角色； ·在实践中体验师生关系的喜怒哀乐； ·探寻建立和谐师生关系的途径与方法	行动研究； 反思日志； 个体心理辅导； 焦点小组访谈
	团队合作	“你我共筑和谐大家庭”“团结就是力量” ·体验、理解团队合作的必要性； ·确立合作意愿，学习合作技巧	团体心理辅导
职业认同与职业生涯规划系列	组织承诺	“既来之，则安之”“让我欢喜让我忧” ·引导新教师深入了解学校文化氛围； ·通过客观比较，挖掘积极成分，建立学校归属感	焦点小组访谈； 反思日志； 个体心理辅导
	生涯发展	“规划生涯、扬帆起航”“活出你的精彩” ·客观认知教师职业，建立职业认同感； ·引导开发自身潜能，提升生命价值	团体心理辅导； 个体心理辅导； 反思日志
	职业倦怠	“教师的幸福感”“干一行，爱一行” ·引导新教师客观分析教师职业的特点； ·学习正向思维，激发自我完善的内在动力； ·优化教学专长，提升教育教学能力	讲座； 焦点小组访谈； 反思日志； 行动研究

注：

1. 每个月可以侧重一个培训主题，培训内容及其顺序可以根据培训需求访谈及心理健康基线调查结果，并结合学校的实际状况来调整。

2. 根据具体情况，培训主题可以做适当整合。

3. 同一主题的培训形式可根据具体情况来确定，既可以用多种形式，也可以用单一但适宜的形式。

(1)压力与情绪管理及积极心态养成系列：自我认知与自我效能感；压力源识别及压力利弊辨析；压力应对的各种策略；情绪识别与理解；情绪调控的各种策略等。

(2)人际沟通与团队合作系列：角色定位不当与调整；社会认知偏差与归因训练；积极的师生关系建立；人际沟通技巧；团队合作训练等。

(3)职业认同与职业生涯规划系列：自我探索与成长；组织承诺与职业认

同；教学专长的心理促进；职业倦怠及防患等。

新教师的心理培训不只是针对新教师本人，还应关注新教师成长的环境；培训也不是短期之内就能呈现效果的，尤其是心理方面的培训。因此，后续可适当扩大培训范围，让更多的教师享受专业化的心理辅导服务，同时也应充分利用学校的有关资源，形成有利于教师成长的适宜环境与氛围。

第三节　教师工作压力源及应对

由于教师职业的重要性和特殊性，其压力问题引起了社会各界的广泛重视。2000年，美国职业压力协会（American Institute of Stress）将城市教师列为十大最具压力职业之首。近来的许多调查研究显示，教师已经成为英国压力最大的职业之一，在26项高压力工种中位列第二。教师在我国香港被列为仅次于警察的第二高压职业。

20世纪90年代，我国教师的压力问题以及由此造成的工作倦怠问题开始逐步显现。2005年，新浪网联合中国人民大学组织与人力资源研究所对国内近9000名教师进行的调查研究显示，超过80%的被调查教师反映压力较大，近30%的教师存在严重的工作倦怠，几乎90%的教师存在一定的工作倦怠，近40%的教师心理健康状况不佳，20%的教师生理健康状况不佳，有超过60%的教师对工作不满意，部分甚至有跳槽的意向。①

国内外众多研究普遍表明，教师职业是一种高压职业，教师的职业压力普遍存在，且已经给广大教师甚至整个教育事业带来巨大的负面影响。我国教师压力过大的问题已经以各种显性的方式表现出来，而且教师所承受的压力还在不断扩大，教师群体正成为高压群体。社会上各种关于教师罢工、提早退休、侮辱和体罚学生等报道说明教师的压力问题正逐步扩大和转移为一种社会问题。因此，对教师压力的研究还需要进一步引起人们的重视。

教师是人类灵魂的工程师，是育才之才。从人力资源的角度看，广大教师正是社会人才库的中坚力量。作为人才，不仅要具备一定的身体素质和智力水平，还要有优秀的心理素质、良好的精神状态、积极的工作态度等心理资本（Psychological Capital，简称PsyCap）。现代社会日益激烈的竞争也对人的心理资本提出了更高的要求。心理资本作为积极心理学运动的重要成果，已经在全球范围得到普遍认同和重视。根据Luthans的研究，心理资本包括了自尊或自我效能感、乐观、希望和韧性四个维度，它是促进个体发展和绩效提升的重要因素。国内学者也对心理资本抱有极大的热情，不少研究已经

① 中国人民大学公共管理学院与人力资源研究所：《2005年中国教师职业压力与心理健康调查》[R/OL]，新浪教育，http://www.sina.com.cn，2005-09-09/2009-12-13。

揭示了心理资本与工作绩效、工作满意度、组织承诺和工作倦怠等变量的相互关系。对心理资本的研究不仅可以在一定程度上解释个体的某些行为特征，还能为引导个体积极应对环境变化和发掘自身潜力提供理性依据。

教师的言行直接影响学生的成长，教师的工作状况直接影响学生的身心健康，因此促进教师心理成长、缓解教师工作压力不仅是教师作为一名专业工作者个人发展的需要，也是教师作为人类灵魂工程师服务社会的需要，更是建立一支和谐发展的教师队伍的需要。正是基于这样的前提和背景，本节的研究将心理资本作为工作压力源和工作倦怠的调节变量，通过对教师这一特殊群体的调查研究，试图找出心理资本在不同工作压力条件下对工作倦怠的调节作用，为促进教师职业的健康发展提供理论支持，并根据研究结果提出了相应的减少工作压力和工作倦怠感的建议。

一、教师工作压力源的研究与测量

1. 国内外关于教师工作压力源的研究成果

心理压力是个体基于内在、外在事件刺激产生的一种紧张而不平衡的心理状态，这种紧张而不平衡的心理状态的持续作用会引发自身心理反应和生理反应。压力源是指那些使人感到紧张的事件或环境刺激，是使教师产生紧张和不良反应的客观环境因素①。

工作压力领域的研究专家 Cooper 等提出六方面的压力源：(1)工作本身，包括工作环境，工作时间和强度，新技能、新技巧的需求；(2)组织角色，包括角色冲突和混淆，责任不明确；(3)工作中的人际关系，包括与同事、上级领导和下属的关系；(4)职业发展，包括工作稳定性，知识和技术更新，进修、晋升和提升的机会；(5)组织结构与氛围，包括个体能否参与制订工作计划和组织决策；(6)家庭与工作，包括家庭和工作压力的相互影响。Anthony Saville 曾将一份包括 49 个潜在压力源的问卷发放给美国内华达州的 3500 名教师进行调查。结果发现，在这 49 个潜在的压力源中，被调查的教师认为以下八个因素是其压力的主要来源：教室过度拥挤、诉讼威胁、学生暴力、文书工作、与校长意见不合、非自愿调动、纪律、私人时间丧失。② Kyriacou 和 Sutchcliffe 指出了六种教师压力来源：时间紧迫感、社会地位低、学生无纪律、工作环境差、学生缺乏学习动机、同事间的冲突。③ 英国曼彻斯特大学

---

① 朱从书、申继亮、刘加霞：《中小学教师职业压力源研究》[J]，《教育管理与评价》，2002 年第 3 期，第 50—54 页。

② Anthony Saville. Teacher Stress is a Problem for Many in Suburban Nevada [J]. The Phi Delta Kappan，1981，62 (9)：676.

③ Kyriacou C & Sutchcliffe J. Teacher stress：Prevalence，Sources and Symtoms[J]. British Journal of Educational Phychology，1978(48)：159－167.

的 Marie Brown 等对中小学教师进行了为期两学年的研究，尝试从更广泛的背景下将隐藏在个体压力和组织压力之下的压力源找出。他们发现，尽管教师个体或教师群体的压力源存在差异，但其中与工作有关的因素具有普遍性。这些因素可以分为以下八类：师生关系、同事关系、与家长及其他团体的关系、创新与变化、学校管理与行政工作、时间利用、学校环境、个体认知和感觉。研究结果证明，在任何教师压力检测过程中，个体层面和组织层面的压力源都要得到有效的重视，同时也揭示了隐藏在这两个层面之下的难以识别的压力标识。① Joseph J. Blasé 利用 TSI 对教师压力进行了一项定性研究，发现有十项重要的压力源，包括组织层面、学生层面、行政层面、同事层面、家长层面、职业层面、个人层面等。② Juan F. Manso-Pinto 曾利用 TOSFQ 对智利教师的心理压力进行了相关研究，发现以下四个因素是教师压力的主要来源：行政支持、工作困难、财物安全、学生纪律。其中，行政支持被认为是智利教师压力的主要来源。③ 另外还有一些学者指出，压力不仅来源于环境、人格等因素，还来源于其他的一些附加因素，例如责任法规、班级规模偏大、低工资、学生的高度依赖性、较低的社会支持等。④

近些年，国内的学者也对工作压力进行了相关的研究。朱从书、申继亮、刘加霞的调查结果表明，当前我国中小学教师工作压力主要表现在学生因素、工作负荷、考试压力、自我发展需要、职业期望和家庭人际六个方面，其中学生因素、工作负荷和考试压力对教师压力水平有明显预测作用。与国外同类研究比较，我国中小学教师的工作压力源很明显地表现出既受教师职业特殊性的影响，又受我国传统文化和教育现状的影响，同时还表现出了当前教师工作压力发展变化的新趋势：考试压力是我国中小学教师特有的一个重要压力因素，而教师自我发展需要是随着社会发展而产生的新的工作压力因素。⑤ 饶淑园采用自编的调查问卷调查 1392 名珠三角地区中小学教师的职业压力状况⑥，结果发现经济收入、待遇地位是中小学教师排在首位的压力源，其次是学生和组织管理因素，此外，家长因素、考试因素和工作负荷也是教

---

① Marie Brown & Sue Ralph. Change-linked Work-Related Stress in British Teachers [J]. Research in Education, 2002(67): 1—13.

② Joseph J Blasé. Qualitative Analysis of Sources of Teacher Stress: Consequences for Performance [J]. American Educational Research Journal, 1986, 23 (1): 13—40.

③ Juan F Manso-Pinto. Occupational Stress Factors as Perceived by Chilean School Teachers[J]. Journal of Social Psychology, 1989, 129(1): 127—129.

④ Goodman V B. Urban Teacher Stress: A Critical Literature Review [J]. ERIC Document Reproduction Service, 1980(48).

⑤ 朱从书、申继亮、刘加霞：《中小学教师职业压力源研究》[J]，《教育管理与评价》，2002 年第 3 期，第 50—54 页。

⑥ 饶淑园：《珠三角地区中小学教师职业压力与管理的研究》[J]，《教育管理与评价》，2002 年第 3 期，第 50—54 页。

师重要的压力源；自我发展、教学条件、人际关系和家庭因素虽然排序较后，但都列入压力较大的范围。多重压力因子交织在一起的复合压力网形成了教师的职业压力。通过对天津 213 名教师进行问卷调查和个别访谈，耿敏、李洪玉发现，教师面临的职业压力主要来自五个方面：教学、人际关系、自我观念与发展、社会舆论及家长认识误区。其中与教学、人际关系及自我观念与发展有关的问题较为突出。① 张勇对约 200 名吉林省中小学教师进行了开放式问卷调查②，发现我国教师的主要压力源包括：学生的学业成绩（升学压力）、角色不明确和角色冲突、学生厌学、学生纪律问题、上级检验和考核带来的压力（写教案成为一种负担）、工作条件差（收入低、拖欠工资、缺乏足够的教学教辅资料和设施）、时间紧、工作量大、人际关系不和谐、裁员的压力（教师工作的稳定性变得越来越差）。

2. 教师工作压力源的测量

国内外学者就教师工作压力源的测量开发了大量的量表。以下是一些应用较为广泛的测量工具。

Fimian 早期开发的教师压力调查表（Teacher Stress Inventory，简称 TSI）被用来测量教师各类压力的感知强度。这份压力调查表包含了 10 个次量表、49 个项目的利科特量表，分别用来测量十项与压力相关的问题。③ 职业紧张测试指标（Occupational Stress Indicator，简称 OSI）是评估职业压力的专业性诊断工具。该指标的研制者是国际职业紧张研究权威、英国曼彻斯特大学的 Cooper 教授，他在 1988 年通过信度和效度的检验证实了该量表的运用价值。OSI 共包括六个分问卷，其中的压力源问卷含有六个维度，分别是：工作本身、管理角色、人际关系、职业经历和成就、组织结构和氛围、家庭与工作的交互作用。之后该量表又经过了多次修改，还形成了针对不同国家和不同职业的特定版本。Osipow 和 Spokane 于 1987 年开发了职业紧张量表（OSI-R），对科技、管理等专业领域的从业者进行职业压力测量。OSI-R 拥有三个维度：职业压力、心理压力和应对资源，相对应地形成了 3 份次问卷：①职业角色问卷（Occupational Roles Questionnaire，简称 ORQ），包含了 60 项与压力有关的工作角色，并以 6 个次量表的形式表现出来：角色超载、角色不足、角色模糊、角色分界、责任和物理环境；②个体压力问卷（Personal Strain Questionnaire，简称 PSQ）包括 4 个次量表：职业压力、心理压力、个体间压力、身体压力；③个人资源问卷（Personal Resources Questionnaire，

① 耿敏、李洪玉：《中小学教师职业压力的现状研究》[J]，《教育科学研究》，2008 年第 12 期，第 30—32 页。

② 张勇：《中小学教师工作压力管理策略》[J]，《现代中小学教育》，2002 年第 3 期，第 55—57 页。

③ Michael J F & Philip S F. The Validity and Reliability of the Teacher Stress Inventory: A Re-Analysis of Aggregate Data[J]. Journal of Organizational Behavior, 1990, 11(2): 151－157.

简称 PRQ)测量了 4 种类型的应对压力的行为：娱乐、自我照顾、社会支持、理性与认知。每一份次量表都被分配了分数，以此将错误和测试误差最小化。Osipow 和 Spokane 对 OSI-R 的 14 个次量表的内部一致性进行了测量，它们的范围都在 0.71 到 0.94。实践证明，OSI-R 是一个有效的测量工具，它对"Stress""Strain""Coping resource"进行了区分。这个模型指出，那些被识别出来的压力源会导致不同程度的压力水平，而有效利用模型中提供的 4 种应对策略就可以缓和压力。

除此之外，还有很多学者就压力源问题进行了研究，也有学者针对教师群体的压力因素设计了相关问卷，现将几种比较权威的工作压力问卷及其子维度罗列在表 6-4 中。

表 6-4 工作压力源测量量表和结构要素

编号	量表名称	研究人员	子维度
1	职业紧张测试指标 OSI	Cooper C L，Sloan S，Williams S	工作本身、管理角色、人际关系、职业经历和成就、组织结构和氛围、家庭与工作的交互作用
2	OSI 修订版（英国）	Bogg J，Cooper C L	工作本身、管理角色、人际关系、职业和成就、组织结构和氛围、家庭与工作的交互作用、组织压力、内部竞争、工作限制
3	OSI 修订版（中国）	Luo Lu，D Phil，Cary L Cooper，Yen Ching Chen，Chia Ho Hsu，Chi Hua Li，Hung Luan Wu，Jian Bin Shih	工作负荷、人际关系、工作-家庭平衡、管理者角色、个人责任、工作琐事、上司赏识、组织气氛
4	OSI 修订版（荷兰）	Arne Evers，Michael Frese，Cary L Cooper	工作本身、组织角色、人际关系、组织结构和氛围、家庭-工作平衡、职业和成就
5	职业紧张量表 OSI-R	Osipow H，Spokane A R	任务过重、任务不适、任务冲突、任务迷糊、责任感、工作环境、业务紧张反应、心理紧张反应、人际关系紧张反应、躯体紧张反应、休闲、自我保健、社会支持、理性处事
6	压力管理指标 PMI	Cary L Cooper，Stephen Williams	工作量、关系、识别、组织气候、个人责任、管理作用、家庭-工作平衡、日常困扰

续表

编号	量表名称	研究人员	子维度
7	职业压力问卷 OSQ	Vingerhoets A J J M，Marcelissen F H G	技能发挥、决策权、任务控制、工作和实践压力、角色模糊、体力运用、暴露在危险的环境中、工作不安全、意义缺失、上级支持、同事支持
8	教师压力量表 TSI	Fimian M J	专业投入、行为表现、时间管理、纪律和动机、情感表现、与工作有关的压力、食欲、心血管状况、疲劳表现、专业压力
9	教师压力量表 TSS/TSM	Loyd S P，Glenda E W	角色模糊、角色超载、角色冲突、不参与、角色准备、学校压力、任务压力
10	教师压力源量表 TSQ	Travers C J，Cooper C L	师生互动、学校的组织和管理、班级规模、教育方式的改变、对教师的评估、对管理的担忧、缺少晋升机会、员工短缺、工作不安全、教师角色含糊不清
11	教师职业压力因素问卷 TOSFQ	Clark E H	专业不足、师生关系、同事关系、团队指导、工作超载

基于以上研究及成果，本书使用规范的方法编制了中国情境下的教师工作压力源问卷。根据研究结果，教师压力源可以分为 4 个维度，分别是工作环境压力、角色压力、工作本身压力和社会环境压力。其中工作环境压力的 4 道题目分别是：单位人际关系复杂；所做的工作不能得到客观、公正的评价与回报；工作不能得到领导的理解与支持；单位的规章、制度和各类要求不合理。角色压力的 4 道题目分别是：与长辈或子女的关系；与配偶的关系；家务太多；子女教育与就业。工作本身压力的 4 道题目分别是：担心学生出各种问题；与问题学生打交道；学校与家长过分关注学生的分数；对教师业务能力要求越来越高。社会环境压力的 3 道题目分别是：工资待遇低；通货膨胀；住房问题。

首先，多维结构的工作压力与国内外学者的现有研究成果保持了一致。学者们大多认为工作压力的来源是多方面的。其次，本研究得出的教师压力源的 4 个维度与国外一些研究结论相符合，说明国内教师的工作压力与国外教师的工作压力存在一些相同或相似的来源。例如，Arne Evers、Michael Frese 和 Cary L. Cooper 的问卷将工作压力分为 6 个维度，其中的“组织角色”与本问卷所指的“角色压力”基本相符，而“工作本身”与“职业和成就”类似于本问卷所指的“工作本身压力”，“人际关系”和“组织结构与氛围”则是指本问卷的“工作环境压力”，而“家庭-工作平衡”在本问卷的“社会环境压力”中有所体现。最后，本研究也揭示出了一些与以往研究的差异。例如，压力源“工作任务的多样性不足”和“工作中决策自主权不足”在本研究中没有得到支持。一个可能的原因是，多样性和决策自主权是工作中较高的追求，是建立在已经具备一定工作满意度的前提下才会出现的期待。而广大教师目前承受了太多其他方面的压力，还没有到将多样性和决策自主权的缺失作为压力来看待的程度。另外，由于我国高考制度的存在，中学教师面临着较大的考生分数和排名压力，这一点在毕业班教师身上体现得尤为明显。在问卷的具体项目上体现为“工作本身压力”中的题目“学校与家长过分关注学生的分数”。我们在访谈中也多次发现，学校名次和学生名次给教师造成了巨大的心理负担。加上部分学校行政化色彩较浓重，广大教师对成绩排名和职称评定的发言权较少，也在一定程度上加大了教师的工作压力。

二、教师工作倦怠的研究与测量

1. 国内外关于教师工作倦怠的研究成果

工作倦怠指的是“在以人为服务对象的职业领域中，个体的一种情感耗竭(Emotional exhaustion)、人格解体(Depersonalization)和个人成就降低(Reduced personal accomplishment)的症状”。① 教师工作倦怠是教师在压力环境下工作的结果反应，其突出表现是：教师在工作中缺乏职业道德和敬业精神、教学方式落后、教学作风懒散、教师无意从教、工作厌烦、人心思动、想改谋他职。其结果导致教师厌教、学生厌学，相互影响，恶性循环，既影响教师队伍的稳定，又有碍教育质量的提高，更不利于教育教学的改革。

工作倦怠的影响因素很多。第一类是内因决定论。这类观点认为个体的人格、态度以及某些人口统计学变量(如年龄、性别、受教育程度等内部因素)可以有效地解释工作倦怠的产生。个体并不是机械地对工作环境做出反应，个体的一些内部特征会影响个体与外在环境间的相互作用。具体而言，有研究表明，人格的坚韧性越高，职业应激反应越低，职业倦怠的程度亦越低。Thomson 和 Wendt 认为高人格坚韧性特征的教师体验到低水平的工作倦怠②。Michelle 认为人格坚韧性可以以四种方式来影响个体的倦怠过程，首先，人格坚韧性能够促进积极的应对方式；其次，人格坚韧性可以改变个体

① Maslach C, Schaufeli W B, Leiter M P. Job Burnout[J]. Annual Review Psychology, 2001(52): 397－422.

② Thomson W C, Wendt J C. Contribution of Hardiness and School Climate to Alienation Experienced by Student Teachers[J]. The Journal of Educational Research, 1995, 88(5): 269－274.

对于应激事件的认识评价；再次，人格坚韧性可以通过社会支持间接地作用于个体的应对方式；最后，人格坚韧性引发习惯的改变有利于个体健康，最终会减少疾病。① 还有研究者发现，工作倦怠的三个倦怠维度都与低自尊有关。Anderson 和 Iwanicki 发现，教师自尊的缺乏与情感耗竭和人格解体分数密切相关。② 与此类似，Malanowski 和 Wood 的研究表明，自我实现需要未能得到满足的教师更有可能体验到倦怠。Friedman 和 Farber 将教师的职业自尊划分为职业胜任感、职业满意感和个人胜任感三个方面来考查教师的职业自尊与工作倦怠之间的关系，结果发现，低职业自尊与工作倦怠相关。③ 外控的人由于将事件和成就归因于强有力的他人或机遇，因而比内控的人更多地体验到倦怠。Gold 考查了教师的倦怠与其对学生的控制能力之间的关系，发现那些在学生控制方面有困难的老师更有可能感知到较高的人格解体和较低的个人成就感④。Fred 等对 191 名城市小学教师的调查表明，教师倦怠与教师的控制点和学生控制观念之间存在密切的关系，那些外控的、对学生怀有监督主义观念的教师具有更高水平的人格解体和更强烈的低水平的个人成就感。第二类是外因决定论，持这种观点的人认为工作环境等外部因素是导致教师工作倦怠形成的主要原因。根据应激的资源理论，当工作环境等外部因素对个体的要求持续超过个体的有效应对资源时，个体就会产生工作倦怠。这些外部因素主要包括：工作负荷、时间压力、角色冲突、角色模糊、工作自主性与可控性、工作支持与资源、工作报酬、工作物理环境、工作中的人际关系、组织公平、管理风格和组织变革等。

国内关于教师工作倦怠的表现及危害研究主要是以 Maslach 的三维度理论模型为依据而取得的总结性、描述性的结论。杨卫星、吕佳的研究⑤显示教师工作倦怠的表现有三个方面，即情绪衰竭、人格解体和个人成就感降低。产生工作倦怠的教师往往表现出疲劳感，性急易怒，在情绪上缺乏热情和活力；在工作上回避困难，遇事推诿，缺乏进取心，心理上倾向于自我贬损，将工作中的不成功归因于自己的无能，产生“习得性无助”；在行为上则有消极、异常表现，如减少接触或拒绝接纳学生、用带蔑视色彩的称谓称呼学生、

① Michelle R W. Skills Training in the Long-term Management of Stress and Occupational Burnout[J]. Current Psychology, 2000, 19 (3): 215—228.

② Anderson M B, Iwanicki E F. Teacher Motivation and Its Relationship to Burnout[J]. Educational Quarterly, 1984, 20 (2): 94—132.

③ Friedman I A, Farber B A. Professional Self-concept as A Predictor of Teacher Burnout [J]. Journal of Educational Research, 1992, 86 (1): 28—35.

④ Gold Y. Does Teacher Burnout Begin with Student Teaching [J]. Education, 1985, 105 (3): 254—258.

⑤ 杨卫星、吕佳：《教师工作倦怠与管理策略》[J]，《河南师范大学学报》，2005 年第 2 期，第 162—165 页。

用标签式语言描述个体学生、对同事妄加猜疑等。张悦红的研究①显示，教师职业倦怠的心理主要表现在厌教心理、厌生心理、个性心理缺陷(生理心理症状、人际关系问题、职业行为问题)、职业离弃心理等方面。也有学者将影响教师工作倦怠的因素或根源划分为职业因素、组织因素、人格因素和社会因素四类。教师职业脑力劳动的复杂性和教育对象的特殊性，是大部分研究者归纳的影响教师工作倦怠的职业因素。工作负荷、角色冲突和角色模糊、人际支持、组织结构等是影响教师工作倦怠的组织因素。人格因素方面，A 型人格个体的职业倦怠发生率偏高，往往在多年高质量、热情、大量工作后，突然对工作不感兴趣，出现明显倦怠，甚至不能继续工作。此外，教育体制改革、知识经济的快速发展和公众对教育的过度期望是影响教师倦怠的社会因素。②

2. 教师工作倦怠的测量

国外方面，应用得最为广泛的工作倦怠测量工具是 Maslach 工作倦怠问卷(Maslach Burnout Inventory，简称 MBI)。Schaufeli 和 Enzamann 的统计表明，在已发表的有关工作倦怠的研究中，90%以上的论文和研究报告都采用 MBI 作为测量工具。MBI 包含 3 个分量表：情感耗竭、人格解体和个人成就。问卷的项目以陈述句的形式出现，要求被试依据自己的感情和态度对项目进行 7 级评分。情感耗竭、人格解体和个人成就 3 个分量表的内部一致性系数 α 分别为 0.90、0.79 和 0.71，测量的标准误分别为 3.80、3.16 和 3.73。Maslach 等于 1996 年开发出了工作倦怠问卷的教师版本，即 Maslach Burnout Inventory-Educators Survey(简称 MBI-ES)。该版本包括情绪衰竭、个人成就和低人格化 3 个分量表，曾在美国多所学校进行过测验，具有良好的信度和效度。根据 Iwanicki 和 Schwab 的测验，其内部一致性系数 α 分别为 0.90、0.76 和 0.76。MBI 是应用最为广泛的一种测量工具，而 BM(Burnout Measure)则是第二种常用的测量工具，它也是一种自评量表，是由 Pines 和 Aronson 所制定的。它是基于 Schaufeli 和 Enzamann 对工作倦怠的定义所提出的，将工作倦怠定义为“对情感要求的情境的长期卷入而导致的一种身体、情感和心理的衰竭状态”。BM 适用于所有的职业，甚至包括那些没有职业的人们，它由 21 个项目组成，也是采用 7 级评分，如果平均得分超过 4 则意味着有工作倦怠，它所测量的维度是身体、情感和心理的衰竭。BM 被认为是一种有效且可靠的测量工具，它的内部一致性系数超过 0.90，且具有稳定性，间隔 1

① 张悦红：《论教师职业倦怠》[J]，《天水师范学院学报》，2004 年第 1 期，第 80—84 页。

② 董增云：《国内教师工作倦怠研究综述》[J]，《陕西广播电视大学学报》，2006 年第 4 期，第 38—41 页。

个月和4个月的重测系数分别为0.66和0.89。[①]

国内方面，徐富明、吉峰、钞秋玲编制了中小学教师职业倦怠问卷，该问卷是通过查阅文献来确定其理论维度，再辅以开放型问卷和访谈而形成初步问卷，然后经过初测、分析和修订而形成。它由15个项目组成，采用5级自我评定量表。研究者通过主成分分析和方差最大正交旋转证明了该问卷具有较好的结构效度，同时具有较好的内部一致性系数、分半信度以及同质性信度，且问卷的项目区分度和项目鉴别指数也达到了理想的程度。[②] 李超平、汪海梅对MBI-ES进行了修订，修订后的问卷最终分为情绪衰竭、人格解体和成就感低落三个部分，共15道题，通过对586名教师的调查，得出问卷的内部一致性系数分别为0.9、0.8和0.76。[③]

三、心理资本的研究与测量

1. 心理资本的研究

国外关于心理资本的研究主要集中在三种观点上。第一种观点是特质(Trait)论。特质论认为心理资本是作为个体的内在特质而存在的。例如，Hosen等认为，心理资本是个体通过学习等途径进行投资后获得的一种具有耐久性和相对稳定性的心理内在基础构架(Psychological infrastructures)。他们认为，心理资本包括个性品质和倾向、认知能力、自我监控和有效的情绪交流。[④] Letcher等甚至将心理资本等同于“大五人格”，认为心理资本即人格特质。Cole也认为，心理资本是一种影响个体行为与产出的人格特质。可以这样说，特质论者认为心理资本就是人格，是先天与后天共同作用的结果。第二种观点是状态(State)论。状态论认为心理资本是一种心理状态。目前这种观点在心理资本研究中占据主流地位。例如，Goldsmith[⑤] 和 Tettegah[⑥] 等认为，心理资本就是个体对自我、工作、伦理以及人生信念、态度和认知的综合。Avolio等认为，心理资本是指那些有助于预测个体高绩效工作和快乐

① Pines A, Goldberger L & Breznitz S. Handbook of Stress (Second Edition) [M]. New York: The Free Press, 1993: 386—403.

② 徐富明、吉峰、钞秋玲：《中小学教师职业倦怠问卷的编制及信效度检验》[J]，《中国临床心理学杂志》，2004年第12期，第13—14页。

③ 李超平、汪海梅：《时间管理与教师工作倦怠的关系》[J]，《中国临床心理学杂志》，2009年第17期，第107—109页。

④ Hosen R, Solovey H D & Stern L. Education and Capital Development: Capital as Durable Personal, Social, Economic and Political Influences on the Happiness of Individuals [J]. Education, 2003, 123(3): 496—513.

⑤ Goldsmith A H, Veum J R & Darity W J. The Impact of Psychological and Human Capital on Wages [J]. Economic Inquiry, 1997(35): 815—829.

⑥ Tettegah S. Teachers, Identity, Psychological Capital and Electronically Mediated Representations of Cultural Consciousness [R]. Hypermedia and Telecommunications, 2002: 1946—1947.

工作指数的积极的心理状态的综合，这些积极的心理状态能够导致积极的组织行为，使个体勤奋努力地去做正确的事情，并且获得较高的绩效和工作满意感。积极的心理状态包括希望、自我效能感（自信）、乐观、积极归因、自我恢复力等。[①] Luthans 认为，心理资本是一个由多种因素构成的综合体(Bundling)。与特质不同，心理资本是一种重要的个人的积极的心理能力(Positive psychological capacities)，是个体在特定的情境下对待任务、绩效和成功的一种积极状态，对个体的认知过程、工作满意感和绩效都产生显著的影响。Luthans 等还指出，心理资本是基于积极组织行为学标准的核心积极心理状态，组织可以通过影响个体关于"我是谁"以及"我将成为谁"的认知来获取竞争优势。[②] 可以看到，这些研究者都认为心理资本是一种特定的积极心理状态，这种独特的个人资源能够促使个体实施积极的行为并产生高绩效。第三种观点是综合论。综合论认为，心理资本是一种同时具有特质性和状态性的心理素质。2006 年，Avolio 等在探讨心理资本的内涵时，使用了"类似于状态(State-like)"这个词，并认为心理资本既具有状态性，可以通过干预措施来开发，又具备特质性，相对比较稳定，而且状态与特质实际上是同一维度上的两个极端。同时，Avolio 列举了大量实例来佐证自己的观点，另外包括 Bandura 对自我效能感的研究、Snyder 对希望的研究、Carver 对现实性乐观的研究以及 Masten 等对复原力的研究在内的很多研究大多支持 Avolio 的观点。目前，综合论是关于心理资本内涵研究的最新观点，对心理资本今后的研究很有启示意义，但是这种观点正确与否，还需通过进一步的研究来证明。

国内学者对心理资本的研究主要是国外研究成果在国内的应用和改进。仲理峰对中国企业领导和员工的实证研究检验了心理资本及希望、乐观和坚韧性三种积极心理状态与员工的工作绩效、组织承诺和组织公民行为之间的关系。[③] 温磊、七十三和张玉柱对心理资本问卷进行了初步修订，通过对 908 名中国企业员工进行的测量表明问卷的内部一致性信度和重测信度良好。[④] 柯江林、孙健敏和李永瑞开发了中国本土的心理资本构念，其具有二阶双因素结构：事务型心理资本（自信勇敢、乐观希望、奋发进取与坚韧顽强）与人际

---

① Avolio B J, Gardner W L & Walumbwa F O. Unlocking the Mask: A look at the Process by Which Authentic Leaders Impact Follower Attitudes and Behaviors [J]. Leadership Quarterly, 2004, 15 (6): 801-823.

② Luthans F B, Avolio B J, Walumbwa F O, et al. The Psychological Capital of Chinese Workers: Exploring the Rrelationship with Performance[J]. Management and Organization Review, 2005, 1 (2): 249-271.

③ 仲理峰：《心理资本对员工的工作绩效、组织承诺及组织公民行为的影响》[J]，《心理学报》，2007 年第 2 期，第 328—334 页。

④ 温磊、七十三、张玉柱：《心理资本问卷的初步修订》[J]，《中国临床心理学杂志》，2009 年第 2 期，第 148—150 页。

型心理资本(谦虚诚实、包容宽恕、尊敬礼让与感恩奉献)。同时，本土量表具有良好的效标关联效度，人际型心理资本、事务型心理资本和任务绩效、周边绩效、工作满意度、工作投入及组织承诺显著正相关，人际型心理资本与传统性、相依正向关系显著。①

2. 心理资本的测量

对心理资本结构或内容的探讨不仅有助于深入理解心理资本的内涵，也有助于开发心理资本的测量工具。目前研究者对心理资本的理解或研究存在不同的视角，因此他们所确定的心理资本结构要素和所开发的测量工具也有所差异。我们将目前一些代表性的量表和结构要素梳理如表 6-5 所示。

表 6-5　心理资本测量量表和结构要素

编号	量表名称	研究人员	结构要素
1	心理资本量表	Goldsmith	自尊
2	核心自我评价构念量表	Judge，Cole	自尊、自我效能感、控制点和情绪稳定性
3	心理资本评定量表	Jensen	希望状态、乐观状态、自我效能感、复原力
4	大五人格(心理资本)评价量表	Letcher	情绪稳定性、外向性、开放性、宜人性、责任感
5	积极心理资本评价量表	Page	希望、乐观、自我效能感(自信)、复原力、诚信
6	心理资本量表	Larson	自我效能感、乐观和复原力
7	心理资本问卷 PCQ-24	Luthans	希望、现实性乐观、自我效能感/自信、复原力
8	积极心理状态量表	Luthans	希望、乐观、复原力
9	心理资本状态量表	Avey	希望、乐观、复原力、自我效能感
10	心理资本状态量表	Jensen	希望状态、乐观状态、复原力
11	PsyCap 预测量表	田喜洲	希望、自信、乐观、坚韧
12	中国本土心理资本问卷	柯江林、孙健敏、李永瑞	事务型心理资本：自信勇敢、乐观希望、奋发进取、坚韧顽强；人际型心理资本：谦虚诚实、包容宽恕、尊敬礼让、感恩奉献

① 柯江林、孙健敏、李永瑞：《心理资本：本土量表的开发及中西比较》[J]，《心理学报》，2009 年第 9 期，第 875—888 页。

以上是对本书所涉及的教师工作压力源、工作倦怠和心理资本研究历史和现状的总结归纳，也是教师工作压力应对研究的基础和前提。

四、提升心理资本，减少工作压力和倦怠感

为了研究教师工作压力、教师工作倦怠、教师心理资本之间的关系，我们使用具有较好信效度的研究工具，对219名中小学教师进行了研究。

教师工作压力的测量采用自编的教师工作压力源问卷，共29道题目，以利科特5分量表来测量教师的压力源，分别为“1——不是造成压力的主要原因”“2——在一定程度上是造成压力的原因”“3——是造成压力的较重要的原因”“4——是造成压力的重要原因”“5——是造成压力的关键原因”。

教师工作倦怠的测量采用MIB-ES问卷，共22道题目，以利科特6分量表来测量教师的工作倦怠情况，分别为“0——从不”“1——极少，一年几次或更少”“2——偶尔，一个月一次或者更少”“3——经常，一个月几次”“4——频繁，每星期一次”“5——非常频繁，一星期几次”“6——每天”。

教师心理资本问卷主要采用PCQ-24的中文版本，根据访谈结果我们添加了题目，共28道题，以利科特5分量表来测量教师的心理资本情况，分别是“1——非常不同意”“2——不同意”“3——既没有同意也没有不同意”“4——同意”“5——非常同意”。我们使用分层回归分析得出心理资本对教师工作压力和工作倦怠的调节作用。

1. 心理资本对教师工作压力源与工作倦怠的调节作用

研究结果表明，心理资本对工作倦怠中的情绪衰竭和人格解体方面存在调节作用，而在成就感低落方面调节作用不显著。

(1)心理资本对情绪衰竭的调节作用

随着角色压力的逐渐加大，韧性程度越高的个体，其情绪衰竭的程度就越低；韧性程度越低的个体，其情绪衰竭的程度就越高。而心理资本的其他三个维度：自我效能、乐观和希望对情绪衰竭的调节作用不显著。

由此可见，随着教师工作压力的逐渐加大，韧性对情绪衰竭有着显著的调节作用。情绪衰竭是疲劳感的一种体现，出现情绪衰竭的个体会在情绪上缺乏热情和活力，做事回避困难、推诿拖沓、丧失进取心等。高韧性个体往往具有不轻易言败的精神，对工作充满挑战的欲望和必胜的信念，也愿意为成功付出更多的努力。当压力逐渐加大的时候，高韧性个体不会畏惧困难，反而将其作为磨炼自己的良好契机和学习提升的难得机遇，从而全身心投入应对压力的工作中，并在此信念的引导下持续努力。而对于低韧性的个体，当来自各方面的压力增大的时候，个体会产生害怕困难、失败，不敢挑战的思想，或者一遇到麻烦就轻易放弃，由此造成低迷的情绪，导致工作倦怠。

(2)心理资本对人格解体的调节作用

随着角色压力和工作环境压力的逐渐加大，希望程度越高的个体，其人格解体的程度就越低；希望程度越低的个体，其人格解体的程度就越高。而心理资本的其他三个维度：韧性、自我效能和乐观对人格解体的调节作用不显著。

由此可见，随着教师工作压力的加大，希望对人格解体有着显著的调节作用。人格解体是一种对人、事、物消极冷漠的反应。高希望的个体会对自己的工作和生活抱有期待，能看到光明的前景和美好的未来，也会更倾向于表现出积极向上的一面，期盼自己的努力会赢得更好的成果。当压力加大时，高希望的人会将其当作一次很好的展示自我的机会，会保持较高的工作热情，从而减低对事物的冷漠感，降低人格解体的程度。而希望程度低的人面对不断提高的工作压力时，往往会认为前景不明，甚至前途黯淡，在思想意识上也会自我加压，对工作和生活失去希望，最终导致工作倦怠感的增加。

2. 减少工作压力和倦怠感的建议

(1)平衡工作与生活，减轻教师角色压力

本书研究发现，高角色压力会引起高工作倦怠感，因此对角色压力进行分析，从中找出减轻教师工作倦怠感的方式方法尤为重要。

多重角色及角色间的冲突导致教师群体心理冲突的加剧和心理压力的加重。教师的日平均工作时间较长、工作项目繁多，加上教师的责任感，使得许多教师常常是全力顾及工作而顾不了家庭，顾及学生的前途而顾不了子女的未来。有很多优秀的教师在学生眼中备受尊敬，在自己子女心里却是备受怨恨。不少优秀的教师培养了一届届优秀的学生，对学生、对学生的家长都很负责任，对自己的孩子却充满了愧疚。就这方面来说，教师在扮演好丈夫或妻子、女儿或儿子、爸爸或妈妈的角色方面就需要付出很大的努力。

为了平衡好教师的工作与生活，可以采纳的建议有以下几点：第一，树立平衡的价值观。教师应该树立起“个人工作不是生活的全部，工作是为了更好的生活”这一价值观念。第二，划清工作和生活的界限。工作的时候专注工作，休闲的时候放下工作。第三，制订计划。包括工作相关的和工作无关的活动，按照轻重缓急分类，先做重要的事情，删除不必要的事情。第四，利用技术提高效率。在日常工作中，可以把技术作为一种工作，充分利用它能获得较高的效率。比如，一些软件可以帮助教师整理大量的信息和方便快捷地进行存取。第五，学习时间管理的技巧。时间对每一个人都是公平的，教师要学习时间管理的技巧，合理安排时间，提高时间的利用效率。第六，学会寻求社会支持。在压力沉重、艰难困苦的时候可以和亲人、朋友交谈，寻求他们的帮助和支持，也可以和校领导沟通，让他们知道自己的困难，甚至可以和专家(比如心理教师或顾问)进行交谈，接受他们更专业的指导。

(2)建立科学的评价制度，减少教师工作环境压力

研究发现，高工作环境压力会引起高工作倦怠感，因此对工作环境压力进行分析，从中找出减轻教师工作倦怠感的方式方法尤为重要。

工作环境压力主要指的是学校因素，即教师个人所处的小环境。一方面，学校的管理和条件对教师各方面工作的影响都非常大。Cooper 对英国教师进行的全国性调查表明，“学校的管理和结构”与“教师角色模糊”(包括对自己责任的范围和程度不明确等因素)是教师压力的主要来源，英国教师视班级规模大、学生人数过多为压力源之一。另一方面，学校内的人际关系影响教师的心态，导致教师压力的产生。耶鲁大学心理系的 M. D. Litt 等指出，在教师工作压力量表中，“与上司的人际关系”是与压力最密切相关的因素之一。

教师管理是学校管理的核心，教师管理效果的优劣不仅影响着教师工作的主动性和积极性，而且影响着整个教学质量。现有的一些学校过分强调科学管理，强调量化考评，以严格的管理制度、硬性规定的数字去约束教师，严重损害了教师群体的自主性。因此，改变学校的管理理念，增强人性化管理思想，对改善教师的生存状态、缓解教师压力问题具有重要意义。其中，最重要的是要构建科学、公平的教师聘用制度和合理的评价制度。教师聘用制能激励教师努力工作，激发教师的事业进取心，使教师形成竞争意识和忧患意识。但同时也带来了负面影响，在这种制度下，领导容易形成“权本管理”，从而给教师造成人为的精神负担。教师聘任制是以教师评价为工具的，它的合理性在很大程度上取决于评价制度本身的科学性。因此，建立合理的评价制度是科学管理的关键。现代教育过于注重终结性评价，教师评价主要以教学业绩来评定。教学业绩可以量化，但教学目标不仅包括学生掌握知识的数量，也包括发展学生的能力和培养学生的个性品质，而后者是无法量化的。所以，我们需要另一种评价理念来改善教师评价中现存的问题。王斌华教授在其著作《发展性教师评价制度》中提到，“以促进教师未来发展为目的的发展性教师评价制度是一种形成性评价制度。它没有将教师评价制度作为奖励和惩罚的机制。其目的是，在没有奖惩的条件下，促进教师的专业发展，从而实现学校的发展目标”。发展性教师评价制度是一种面向未来的评价制度，目的在于激发教师的自我发展需求，帮助教师制定发展目标，并为教师提供发展机会，从而实现学校的发展目标。因为它不以评价结果作为奖惩依据，主张在和谐的环境中促进教师的专业发展，这不仅有助于缓解教师压力，而且在消除教师压力来源方面具有积极作用。①

① 文红玉、李小英：《教师压力：成因分析与应对策略》[J]，《当代教育论坛：宏观教育研究》，2006 年第 7 期，第 70—71 页。

(3)增强韧性，提高教师心理复原力

研究发现，韧性能够降低高工作压力引起的工作倦怠感，尤其对由角色压力造成的工作倦怠的调节作用更加显著。从心理资本内部韧性维度研究减轻教师工作倦怠感十分有效和必要。

坚韧性是人们从逆境、冲突、痛楚、失败、责任、压力甚至兴奋等情境中迅速回复的心理能力，对于提升个人能力有重要的意义。Benard 指出，坚韧性能够对效能、情绪智力起到重要作用，从而能进一步影响领导者和员工的绩效。临床心理学家还发现，当个体从一个不利的事件中回到甚至超过平衡状态之后，他的坚韧性会增强。这种积极反馈被称作螺旋上升效应(Upward spiraling effects)。

对韧性的开发可以从组织和个人两个层面展开。在组织层面开发韧性应着重从以下两点入手：一是营造和谐的环境，改善学校内部人际关系，协调、消解各种人际冲突，加强同领导、平级及下属的沟通和联系，提供尽可能开放、宽容、和谐的环境和情感交流气氛，在学校中宣传、传播韧性相关知识，使教师们广泛了解心理资本韧性的含义及其影响，有针对性地进行相关知识的教育以及社交技巧的训练等。二是开展一些有益于提高韧性的竞赛活动，在进行人力资源甄选、使用、晋升等环节的测评、考核时，将心理韧性作为其中的一项内容，让大家认识到韧性的重要价值。个人层面的心理疗法可以通过三种方法来实施：一是通过情绪的调节。有利于身心健康的积极情绪，如愉快、喜悦、乐观、平静等，可以增加力量，调动教师的潜能，提高教师对环境的适应能力。二是通过语言的调节。使用适当的语言可以消除教师心理与生理上的不快，使用不适当的语言则会加重教师身心方面的挫折感，严重的还会引发疾病。三是通过学习的调节。个体的行为是从社会环境中学习得来的，心理与行为异常是错误的和不良的社会压力影响的结果，故也可以用学习的方法来消除压力，增强复原力。

(4)改善动机，提升教师的希望水平

研究发现，希望能够减轻高工作压力引起的工作倦怠感，尤其对由角色压力和工作环境压力造成工作倦怠的调节作用更加显著。从心理资本内部希望维度研究减轻教师工作倦怠感十分有效和必要。

希望是一种与动机有关的积极的状态，它建立在目标导向的主观能动性和为实现目标成功实施计划的交互作用的基础上。作为一个心理学概念，希望由三个理论基础组成：媒介、路径和目标。媒介可以理解成达到预定或者期望的效果的强烈意愿。[①] 因此，希望包含了一种追求目标的媒介，也就是一种状态性的激励型能量。另外，希望也包含路径要素和目标要素。这其中不

① 李敏：《高校教师心理资本的内容结构及其相关研究》[D]，河南大学硕士学位论文，2010 年。

仅包括确定一级目标和二级目标，也包括确定达成这些目标的方式和路径。

在学校的教育教学工作中，可以通过以下方法来开发和培育希望：第一，确定具体的、富于挑战性的、可衡量的组织目标和个人目标，并将其分解为容易管理和实现的阶段性分目标，这些目标容易达成，且易获得阶段性成功以及成功的直接经验。第二，通过教师参与和授权提升希望实现的动力。参与和授权可以增强教师把握自身及学校现在和未来发展的感受，而且当校领导显示出对教师的信心并把他们看成即将成功的人才时，可以大幅度提高其希望实现的动力及意志力。第三，形成多条可供选择的目标持续达成的途径及与目标相对应的行动计划来提升"准备状态"。利用内心演练，想象重要的即将发生的事件，预料可能出现的障碍，对意外情况进行假定分析，探讨应对计划的选择，从而增强处理障碍的准备状态。第四，提高意志力，通过明确而清晰的途径形成对现实认识的初步框架，即障碍出现，会激发克服困难的持久力，不会因暂时的困难而放弃。第五，鼓励享受迈向目标的过程中所获得的乐趣，而不仅仅关注最终的结果。第六，具备处理特定状况的技能，即在最初实现目标的途径不可行或没有成效时，能确定在什么时间、选择哪种备选途径来实现目标。第七，学会当遭遇不可克服的目标障碍时，知道在什么时间、怎样对目标进行再设定，以避免陷入错误希望的陷阱。

第四节　助推高端教师成长案例介绍："百人名师"项目

教师的成长有其自身的规律，在助力教师成长的过程中，教育主管部门的支持是重要的一环。本节中的实践案例——海淀区基础教育"百人名师"项目，体现了在人力资源管理中如何使用各方资源助力教师的成长，而这也正是承诺型人力资源管理的关键体现之一。

一、项目整体情况

海淀区"十三五"时期基础教育"百人名师"培养项目是针对骨干教师队伍提升开展的一个教师发展促进项目，该项目针对学科带头人、骨干教师如何进一步成为特级教师、教育名家等高端人才，选配专家力量，开展了多种形式的指导，促进高端教师队伍的快速成长。

"百人名师"培养项目启动以来，得到了教育主管部门领导的高度重视和关心支持。项目组始终以习近平关于教师的重要论述为指引，以着力培养新时代"四有好教师"和"四个引路人"为根本要求，为使项目达到预期目标，外请专业的研究所进行合作，高位谋划、精心设计项目实施方案，依据教师专业发展规律和学员成长需求，以培育高素质、专业化、教育家型教师为目标量身定制课程模块和培训主题，采取集中授课、1 对 1 个性化指导、主题研究、综合实践、成果展示等举措完成了一个周期的培育工作。为将学员快速成长为师德高尚、理念先进、能力突出、风格鲜明的基础教育领军人才梯队，除了做好课程模块设计以外，项目组组建了高规格、高水平、阵容强大的指导专家团队，按照1对1的标准为每一个学员配备理论指导教师和实践指导教师。其中，理论指导教师来自中国教科院、北京师范大学、中国人民大学等科研院所和高等学府的知名专家学者，均为正高级职称的博士生指导教师或博士后指导教师；实践指导教师由来自海淀区中小学、幼儿园的特级教师及名师工作站的名师组成。

历经两年半时间，项目组先后聘任了36位指导教师和11位辅导教师，安排了14次专题讲座、4次主题研讨、2场专题辅导、2次诊断性评估、2次学术沙龙、2次组织学员参加国际性学术研讨会和2次国内高端学术论坛，圆满完成了各项工作和培养方案制定的各项任务，最后第一梯队的28名学员顺利结业。

二、项目流程与做法

项目秉持集中培训和个性化指导相结合、理论学习与实践操作相结合、个体成长与团队成长相结合的指导思想，通过理论学习、实践研修、课题研究、学术交流等多元途径和方式对学员进行专业化、全方位培养。

1. 学校推荐

项目学员的确定，由个人申请、学校推荐、专家诊断，最后由海淀区教育人才服务中心确认遴选程序，面向海淀区属地范围内的幼儿园、中小学、区教师培训基地、教学研究机构、少年宫(含少年之家、科技馆/站)、职业高中、特殊教育学校、工读学校的在编在职在岗教师开展公开、公平、公正的遴选工作。遴选时坚持师德第一、注重业绩、适当倾斜的原则。据此，海淀区各类学校在充分讨论、研究的基础上，向海淀区教育人才服务中心上报推荐名单，名师工作站也从导师制学员中择优向海淀区教育人才服务中心提交了推荐名单。

2. 诊断遴选

项目组从海淀区教育系统聘请10名正高级或特级教师组建专家组，根据《海淀区“十三五”时期基础教育百人名师梯队培养项目学员遴选暂行办法》，参照北京市特级教师评审办法，坚持公平公正原则，在对学员现有水平做出诊断的基础上，综合考虑学段、学科、学校的合理分布，最终确定80名梯队培育对象。学员们均为在教育一线实践多年的教师，拥有较高的教育理想和教育情怀，这也为项目的实施奠定了良好基础。

3. 需求调研

为加强项目实施的针对性和实效性，项目组专门研制学员学习需求调查问卷和访谈提纲，全面摸查学员现有水平、研究方向、理论短板、实践需求，综合判断学员理论知识和实践技能的需求走向，为进一步完善培养方案，科学制定课程模块、理论专题和活动课程提供重要根据，并对后续的个性化培养阶段和综合实践环节提供参考依据。

4. 日常管理

为保证项目正常开展，项目组安排专人进行项目的日常管理工作。同时，项目组制定了指导教师管理制度、学员管理制度、学习过程管理制度等各项班级管理制度，组建了班集体，制定了严格的考勤制度；出台了制度文件，保障固定学习时间；遵循名师成长规律，兼顾学员需求；突出目标导向，加强针对性培养。

5. 集中授课

项目组按课程模块和研修主题要求，邀请国内知名专家学者组织举办了14次教育理论知识讲座，围绕中小学教育科研和课题申请、科研选题、论文写作、论文发表、研究课分析等方面进行集中专题辅导，为学员科研成果的写作与发表以及研究课的准备奠定了坚实的理论基础。

6. 个性化指导

项目组在对学员学习情况进行再一次诊断的基础上，根据学员的学习表现，最后选定28名学员进入个性化培养阶段。个性化培养遵循“一生一案”的原则，指导教师针对每个学员制定个性化指导方案，上报项目管理部门同意，备案后实施。个性化指导环节包括理论指导和实践指导两个方面，项目为每位学员都配备1名理论指导教师、1名实践指导教师和1名辅导教师。指导教师根据学员的学习需求和努力方向，通过与学员深度交流、理念引领、理论指导、定位定型等形式，着力打造教育家型教师。

7. 开展主题研究

理论指导教师针对每个学员的具体情况，在教育思想、教育理念和教育研究课程等方面进行个性化指导，重点指导教育教学研究的选题、开题、研究过程，论文(专著)写作和发表(出版)等。学员在导师的指导下开展课题研究，包括选题、开题、实施等，并独立完成1篇1万字以上的研究报告。

8. 研究课指导

项目组鼓励学员参加由理论指导教师组织开展的研究课经验交流会1—2次，并结合学习内容、教育教学或课题研究等给同行做至少1次专题学术讲座。实践指导教师根据每个学员的专业发展情况，指导学员开展教育教学案例研究，与学员共同观课、研课、磨课，打造精品展示课，参加市区级研究课、公开课和教学比赛等活动。

9. 提交研究成果

结合学员教育教学实际，围绕教育教学研究和教育教学主张，在前期专题学习的基础上，围绕主题研究和研究课的开展，要求学员完成并提交至少1篇(部)研究成果，作为学习成果交流。对达到要求的优秀成果，项目组择优推荐至有关刊物发表或至出版机构出版。

三、项目取得的成效

在两年多的培育过程中，项目组开展了如下大量细致的组织培育及管理工作，尽量为学员创造更好的学习、提高、历练的条件。

1. 着力培养教育家型教师

项目组通过理论学习、实践研修、课题研究、学术交流等多元途径和方式对学员进行专业化、全方位培养，使其不仅能够掌握教育教学前沿理论、提升自身文化素养、构建独具个人特色的教育教学理念、积累丰富的课堂教学及改进经验、形成独特的教育教学风格，而且能够在学科专业及教育教学改革等方面具有突出的研究能力，对所研究的问题有一定创见，让学员能够做到以教育家型教师的品格审视自己、要求自己、雕琢自己，为他们的专业成长提供了更加明确的指导。

2. 教育理论修养不断提升

在诊断阶段，项目组发现学员们虽然具备了成为名师培养对象的基本条件，但在科研能力和水平方面尚较为薄弱；非常关注“热门”和“实用”的理论和实践，缺少扎实的教育理论知识、厚实的教学实践本领，尤其缺乏将先进的教育理念与日常教学工作紧密相融，从而影响高超的立德树人本领的形成。项目组通过教育理论专题学习，采用指导教师面对面指导、课题驱动和行动研究方法，有利于引导和帮助学员形成扎实的教育基本理论知识、形成独具特色的教学风格和理念，不断提升综合素养。

3. 理论与实践交会融合

从28名结业学员的情况来看，项目组特有的3导师制有效地帮助学员们将实践经验提炼到了学术高度，更好地把握教育真谛，更好地将教育思想、教育理论、教育实践融为一体。据统计，在学习期间，学员主持市级以上课题10余项，出版论著20余部，公开发表论文50余篇，每名学员都开展了1门市区级以上研究课。

4. 研究意识更加浓厚

学员们秉持求真务实的科研精神，增强了教育科研责任意识，把开展课题研究和教育教学工作的实践紧密结合起来，切实发挥了课题实施对教师专业发展的促进作用；加强了学习和教学反思，提高了自身的理论素养，促进了专业化发展；开阔了研究视野，增强了开展教学研究的能力，从而总体提升了立德树人能力。

5. 带动一批青年教师成长

学员们本身大多为市区学科带头人或骨干教师，在项目学习的过程中，通过课题驱动和行动研究方法，在理论导师和实践导师共同精心指导下，形成了较高的教育理论修养和教学实践素养。项目组要求每位学员要带动所在学校青年教师，建立教师专业成长共同体，将培育成效辐射到所在集体和团队，发挥其领军、带头、带动作用。

四、项目主要经验

通过各方努力，海淀区“十三五”时期基础教育“百人名师”梯队培养项目圆满完成了各项任务，实现了项目的预期目标，为教师队伍领军人才的梯队建设做出了积极的努力，并积累了如下经验。

1. 院区合作机制的效果良好

在外请研究所和区教委的合作框架下，我们立足海淀区教育改革发展现状及需求，结合研究所的专业优势和平台优势，量身定制“海淀区‘十三五’时期百人名师梯队培养项目”方案，科学设置课程模块和研修主题，为教育教学领军人才快速成长发挥了积极作用，承担了优秀教师培养站、教师专业发展的加速器和名师成长的孵化器的任务，为基础教育持续、高位、优质、均衡发展提供了强有力的人才保障。目前看来，这样的院区合作模式是成功的，经验值得总结和推广。

2. 3 对 1 导师制指导模式的效果良好

本项目着眼于培养教育家型的基础教育名师，聘请造诣精深的理论导师和有影响力的实践导师为学员成长提供具有引领性和前瞻性的理论指导、经验积累及系统性的教育教学实践指导，使学员的教育理论水平、教学实践能力和教育科研能力得到综合提升，手把手引导学员提升教育思想境界，形成独特教学风格。我们根据外请研究所特有的人才资源优势，为每位学员配备专门的教育研究人员作为辅导教师，填补了理论指导教师和实践指导教师的指导空档，将学员学习过程中遇到的具体问题在最短时间、最近距离得到解决。实践证明，3 对 1 导师制指导模式对促进教师专业成长效果良好。

但在项目实施过程中也发现了一些需要进一步完善的方面，比如学员的工作与学习时间时有冲突，工学矛盾突出，部分学员很难保证学习出勤率。今后假若开展类似工作，需要进一步探索如何保障学员们的有效学习时间。

第五节　建构合理的教师专业能力评价指标体系

一、推行量化评价体系的背景与意义

自 2016 年职称制度改革以来，相关文件明确要求各区根据全市中小学教师专业技术水平评价标准，结合本地教育发展情况，研究制定区内的具体量化评价标准。同时，建立职称评审信息化管理系统，实现教育"互联网＋政务服务"，推进教育治理体系和治理能力现代化，探索大数据辅助的科学决策和教育治理机制，有效支持教育政策的制定、教育教学改革及学校管理等。

基于以上文件精神和现实需要，海淀区于 2016 年开始筹建中小学教师职称评审系统，2018 年开始试行量化评价，2019 年将量化评价体系纳入职称评审系统，实现在线评价。量化评价的实施，有如下多方面的积极意义。

(1)教师方面：便于明确教师发展路径，为教师自我诊断、自我"画像"提供重要依据，引导教师合理规划个人职业发展路径，持续弥补短板、快速成长，促进教师队伍健康有序发展。

(2)学校方面：有利于学校科学评估教师专业能力，实现用数字说话，减少评选过程中的争议，同时有助于提升初评推荐质量，切实做到择优推荐、高效使用参评指标。

(3)评委方面：有利于统一评审尺度，减少主观判断频次，提升评委评价的质量和效果，使职称评审工作更加准确、全面、公平、客观。

(4)区级管理方面：便于使用大数据挖掘技术，全面获取全区各校教师队伍发展状况的数据，并进行全面的深入分析。

二、量化评价体系的建构与探索

1. 建构目标

充分发挥人才评价的正向激励作用，突出品德、能力和业绩评价导向，科学、客观、公正地评价人才，让教育人才价值得到充分尊重和体现。

2. 建构原则

(1)突出品德评价。坚持德才兼备，把品德作为人才评价的首要内容。

(2)坚持立德树人，把教书育人作为教育人才评价的核心内容。充分体现中小学教师岗位特点的评价标准，重点评价其教育教学方法、教书育人工作业绩和一线实践经历。

(3)坚持共通性与特殊性相结合、水平业绩与发展潜力相结合、定性评价与定量评价相结合、主观评价与客观评价相结合，分类建立健全涵盖品德、知识、能力、业绩和贡献等要素，科学合理、各有侧重的人才评价标准。

(4)坚持动态调整。科学设置评价标准，建立评价标准动态更新调整机制。坚持凭能力、实绩、贡献评价人才，克服唯学历、唯资历、唯论文等倾向，注重考查各类人才的专业性、创新性和履责绩效、创新成果、实际贡献。着力解决评价标准“一刀切”问题，合理设置和使用论文、专著等评价指标，实行差别化评价，鼓励教育人才在不同岗位做出贡献、追求卓越。

3. 建构思路

职称评价体系专门针对区高级评委会(代行中级评委会)职责，涉及对高级教师和一级教师申报人员的评价。根据《北京市深化中小学教师职称制度改革实施方案》(以下简称《实施方案》)和《北京市中小学教师专业技术职务评聘工作实施细则》(以下简称《实施细则》)规定的相关条件，评价体系分三部分，第一部分是基本要求，第二部分是荣誉、业绩和贡献等，第三部分是教育教学(或教育教学管理)能力。

第一部分的基本要求包含七个考核项目，可视为申报的“门槛”，属于定性评价，除破格申报外，须全部满足。只有合格或不合格两种情况，没有中间状态，其中一项不满足则无法进入后续量化评价阶段。第一项是师德，违反师德规范一票否决。第二项到第七项的履职年限、教师资格证、学历、班主任年限、课时量和继续教育，均来自《实施细则》中的规定。

第二部分和第三部分是量化评价的核心部分。第二部分荣誉、业绩和贡献等的考查载体为《业绩成果量化评价表》，共包含七项，其中五项为基本项目，包括基本条件、育人荣誉、教育教学、教育教学研究和影响力，另设“加分项”和“初级考评小组评价项”。(1)本评价体系主要区分了专任教师、教育教学管理、教育学/教科研/德育等三类人员，实施分类评价，针对不同类型的岗位人员，主要在教育教学和教育教学研究方面设置了不同的评价指标。其中，专任教师重在考查教育教学业绩，因此其教育教学一项的分值设置最高，教育教学研究一项分值相应地设置较低；而对于教育学/教科研/德育的申报人员，重在考量教科研能力，因此其教育教学研究的分值设置最高，教育教学部分分值设置明显低于教育教学研究。(2)加分项方面，突出了对于支教、班主任、乡村教师和承担毕业班教学等工作的政策倾斜，希望能够对从事上述工作的教师起到一定的正向激励作用。(3)初级考评小组评价方面，主要是学校根据教师在校实际表现进行评价，特别是在一线岗位和校内贡献上进行评价，该评价为多角度的评价，包括上下级的评价、同行在专业上的评价、学生和家长的评价。设置该指标，旨在解决在区级统一的基本标准下难以体现各学校对于人才评价的实际需要的问题。

第三部分教育教学(或教育教学管理)能力的考查载体为《说课答辩量化评价表》，主要是针对现场的说课和专业上的答辩情况进行评价。评价指标基本是主观性的专业性评价，与第二部分共同构成评价的整体，体现了定性评价与定量评价相结合、主观评价与客观评价相结合的原则。

近几年，根据学校反馈的实际情况，海淀区动态调整了部分评价指标，同时对分值标准也进行了调整。如高级教师说课答辩的标准从 30 分、32 分升至 2022 年的 34 分(按百分制为 85 分)，总分同样由 75 分、80 分调整到 85 分。标准的提高，主要是为了使真正符合标准的优秀教师脱颖而出，坚持宁缺毋滥的原则。如果不能严格坚持标准，长期下去可能影响教师成长的积极性，影响区域教师队伍的整体发展，出现后劲不足的问题。经过 5 年的试行，职称的评价体系总体得到了区域内各类学校和教师的认可，在促进教师职称评审工作的客观性、规范性、科学性方面切实起到了作用。

第七章 如何提高人事管理效率
——教育人力资源管理信息化的探索

现代教育人力资源管理离不开信息化技术的支持。随着时代的发展，信息化技术越来越深地融入人力管理的方方面面，尤其是在人员信息管理、招募与测评、职称评审、生涯发展管理等方面，信息化技术发挥着日益重要的作用。本章对人力资源管理的信息化解决方案进行了探索，介绍了多系统联动提升招聘效率的教育人才网与微信公众号、小程序；高效进行各类人才甄选的教育人才综合测评系统；有效解决人员信息及业务流程管理问题的教育人力资源管理与服务平台；解决无纸化职称评审问题的教师职称评审系统；使“区聘校用”业务管理工作更为便捷的教育人才储备库管理服务平台等教育人力资源管理工具。信息化管理极大地提升了人力资源工作的效率，为教育人力资源治理体系和治理能力的现代化提供了支撑。

第一节 教育人力资源管理信息化的目的、作用及重要性

教育人力资源管理信息化作为教育信息化的重要组成部分，是以信息系统、数据资源、基础设施为基本要素，利用信息技术转变管理理念、创新管理方式、提高管理效率，支撑教育决策、管理和服务，推进教育治理现代化的进程。

根据人力资源管理的业务需求开发的多个信息管理系统，对于工作效率的提高和规范化管理起到了突出作用，同时也积累了海量的业务数据。随着新型技术手段的不断涌现，孤立的信息管理系统建设阶段将终结，将迎来信息系统的整合与共享。在信息技术日益发达的今天，没有可能再返回用传统手段处理问题的阶段，只有拥抱新技术，充分利用新技术，才能使教育人力资源管理在信息化快速发展的潮流中受益，使管理水平得到跨越式提升。教育人力资源管理信息化的核心是教师管理的信息化，教师数据是核心数据，其水平的提高必将对教师队伍建设产生重大影响。

为方便起见，以下对各信息系统进行分项说明，在介绍建设现状的同时，结合教育人力资源管理的业务逻辑，不难形成其信息化建设的思路，即各信息系统充分有机融合、良性运转，逐步实现教育人力资源信息化领域的互联

互通、信息共享、业务协同，提升现代教育治理能力。

第二节 教育人力资源管理信息化解决方案的探索

一、系统联动提升招聘效率——教育人才网与微信公众号、小程序

现在的人才招聘工作已经不能脱离信息化手段的支持，网站、微信、小程序以及直播平台等都成为传播招聘信息的重要途径。互联网经历了PC互联网阶段、移动互联网阶段，再到基于社交＋支付的商业社交互联网阶段。在商业社交互联网里，每个人都是一个流量体，通过社交关系，尤其是熟人社交，可以让流量无限裂变，不再有一个垄断的流量组织。基于社交产生的流量动力是巨大的。

相应地，我们的招聘工作手段也随着互联网时代的演变开发了教育人才网、教育人才微信公众号和教育人才招聘小程序。我们在第三章对网络招聘途径已经进行了比较详细的分析研究，以下重点介绍相关网站和微信公众号、小程序的功能。

1. 教育人才网的相关功能介绍

(1)日常招聘功能

针对学校用人需求，可随时发布招聘职位信息，并可在网站首页发布含有大幅招聘图片的广告，具体分为以下几种形式。

①网站日常招聘

招聘信息发布到最新招聘单位栏目中，以滚动的形式不断刷新。对于已有的招聘计划，岗位需求不急迫的可以将招聘信息发布到网站日常招聘，目的是为学校长期用人规划做人才储备。

②首页置顶招聘广告

招聘信息呈现在网站最顶部，持续呈现10秒，这种形式更加醒目。对于有迫切、大量用人需求的单位，可以将招聘信息发布到首页置顶广告，能够达到较好的招聘效果。

③首页固定广告链接招聘

在网站底部以单位标识及招聘信息图片的形式展示，样式醒目、直观，能够达到吸引求职者的目的。

(2)网络双选会功能

海淀教育人才网不定期举办专场网络双选会，通过集中招聘的方式吸引更多求职者关注，以达到更高效的招聘人才的目的。

(3)人才引进专栏

海淀教育人才网建有“人才引进”专栏，专栏中包括“人才引进”相关政策

以及对五类引进人才的介绍，该页面同时展示学校对人才引进的需求。求职者可以根据自身条件直接将简历投递到招聘邮箱；学校亦可将单位的名师名校长相关介绍、单位风采等相关内容推荐到该专栏，达到宣传推广的目的。

(4)与第三方网站合作招聘

海淀教育人才网与北京市教育人才网、高校毕业生就业信息网、中关村人才市场、首都师范大学、北京师范大学等网站均有推广合作，若遇急需教师或人才引进等情况，可以将招聘需求、岗位要求等信息通过海淀区教育人才服务中心以招聘广告形式发布到以上合作网站。

(5)个人端功能

个人中心是应聘者参与网站招聘活动的个人后台，个人用户后台包含了信息中心、简历中心及招聘中心三个模块(见图 7-1)。信息中心设置了“面试通知”“系统消息”“公告消息”，简历中心设置了“我的中文简历”和“我的英文简历”，招聘中心设置了“找工作”“职位搜索器”。

图 7-1　个人中心首页

2. 教育人才微信公众号

海淀教育人才网以改版为契机，推出了官方微信平台，搭建了更加便捷的信息推广新渠道。结合人才中心工作，定期推送海淀公立校、人才中心代理单位最新招聘信息、人才中心最新工作动态、区教委或市教委最新政策通知。官方微信平台上线以来，通过“一校一宣，多岗直招”系列招聘活动，为学校吸引优秀人才的同时，起到了宣传和推广的作用。

3. 教育人才招聘小程序

教育人才招聘小程序(以下简称“小程序”)是2020年发生新冠疫情以后，为应对长期居家办公造成的教师招聘困难而开发的一种招聘手段。学校的人力资源管理者通过手机快速发布招聘职位、收取简历、发送面试通知。

(1)单位端功能

小程序和教育人才网的账号是通用的。区教委所属单位和签订人事代理协议的单位可以使用网站账号直接登录小程序。为保证信息发布的安全性，一个单位只可获得一个账号，且不允许多台手机同时登录。

学校在小程序中可以填写并发布招聘职位信息，网站与小程序的招聘信息是一致的。无论在网站还是小程序发布信息，两边都可以同步查看。完成信息发布后，小程序首页会根据单位发布的招聘信息自动推荐简历，在“消息”—“收到简历”里可查看应聘者投递的简历(见图7-2)。

图7-2 查看简历页面

点击简历查看详情，可以复制个人简历中的电话号码直接进行沟通，在页面上方可以收藏简历、发送面试通知。如果应聘者有反馈操作，招聘单位会收到应聘者是否准时参加面试的消息，接下来就可以安排应聘者在线测评或者面试了。

(2)个人端功能

应聘者的小程序账号和教育人才网账号同样是通用的。个人填完简历后就可以投递简历。在小程序首页可以根据搜索条件搜索职位或单位(见图 7-3)。从搜索结果中选择并查看感兴趣的职位信息(见图 7-4)，在职位详情中点击“投递简历”就可以把简历发给招聘单位。简历投递完成后，就可以跟踪进度。在“消息”菜单栏里，可以查看是否有面试通知(见图 7-5)、向哪些单位及职位投递过简历、哪些单位查看过自己的简历。接下来，就需要与单位沟通在线测评或者面试。

图 7-3　搜索职位页面

图 7-4　查看职位页面

二、高效进行各类人才甄选的教育人才综合测评系统

为了高效完成对人才引进教师、调入教师等的甄选测评工作，我们开发了教育人才综合测评系统。系统的建设经历了三个阶段。第一阶段主要是根据市场推出的测评产品或高校推荐的测评工具开发成专项软件使用，重点解决心理或人格方面的测评需要。第二阶段以调入人员测评工作为契机，开始了正式的教育人才测评系统建设。系统中使用了 16PF 测验、心理健康测验、能力倾向测验、教育教学观念测验，但总体的自动化程度较低，主要满足在线答题需要，分数和报告仍然需要人工完成。第三阶段建设覆盖面更全、开放性更高、灵活性更强的教育人才综合测评系统。从覆盖面上看，从以往针对单一测评工具或单一测评任务转变到覆盖各类型工具、各类型测评任务。从开放性上看，当前纳入的测评工具和类型只是已成形的部分，后续会根据需要新增测评工具，可以方便地嵌入现有测评系统框架中，高效地完成测评任务（系统核心业务流程及功能结构分别见图 7-6、图 7-7）。后续仍然可以将各

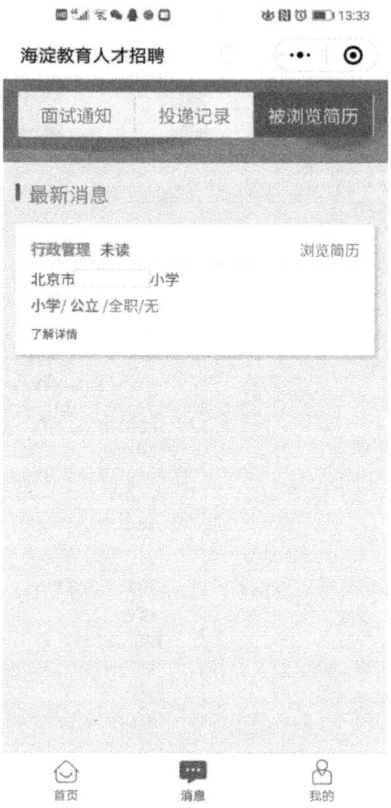

图 7-5 查看面试通知页面

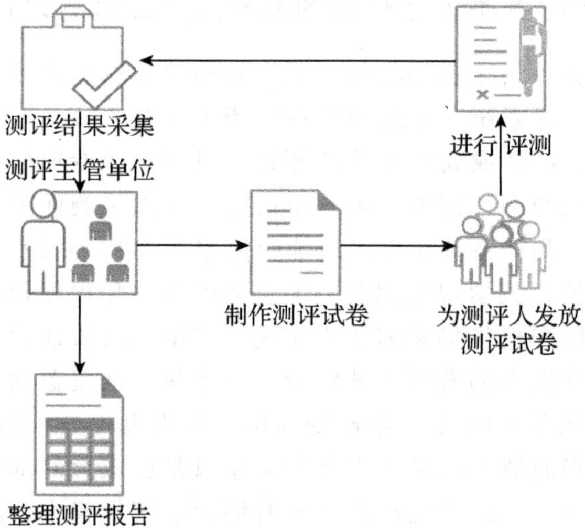

图 7-6 测评系统核心业务流程图

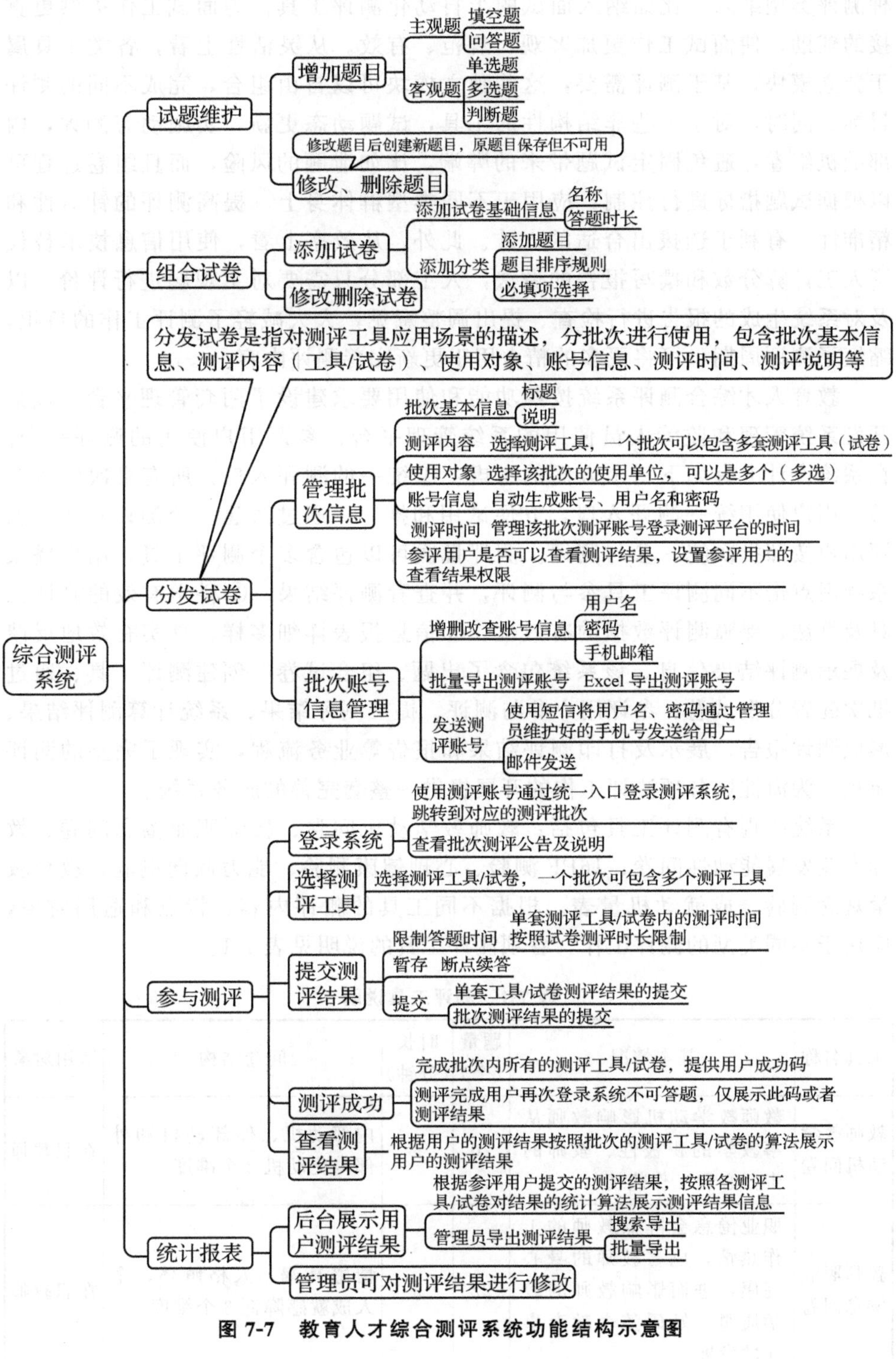

图 7-7　教育人才综合测评系统功能结构示意图

种测评类型纳入，比如纳入面试的半自动化测评工具，为面试工作提供更直接的辅助，使面试工作更加客观、规范、有效。从灵活性上看，各类工具属于独立模块，基于测评需要，这些独立模块可以自由组合，完成不同的测评目标。同时，对于一些非结构性的工具，试题动态更新，实施动态测评，内部随机组卷，避免固定试题带来的弊端，比如泄题的风险，而且组卷过程可以根据试题指标进行控制，应用于不同类型群体身上，提高测评的针对性和精准性，有利于选拔出合适的人才。此外，从效率上看，使用信息技术替代了人工计算分数和撰写报告的做法，人工部分只需要对主观题进行评价，以及对系统生成的报告进行检查、提出调整意见，大大减轻了测评工作的负担，缩短了测评周期，可将更多的精力用于更新完善测评内容。

教育人才综合测评系统按照功能和使用要求建设了两套管理平台，包括开发系统管理和监管人员使用的系统管理平台、参评用户使用的测评平台。在系统设计上有如下三个方面的考虑：①统一的测评入口，所有批次的所有参评用户使用统一测评入口，方便试用和推广。通过搭建一个测评批次，测评用户按照批次统一参与测评。测评批次可以包含多个测评工具，用户登录系统后点击不同测评工具参与测评，并查看测评结果。②科学有效的测评工具及算法，保障测评数据的有效性。③信息报表详细多样，真实有效地反馈及展示测评结果信息。该系统包含了出题、组合试卷、创建测评工具、通过批次配置分发试卷、参评用户参与测评、提交测评结果、系统计算测评结果、形成测评报告、展示及打印测评结果和报告等业务流程，实现了完整的测评流程，为海淀区各项测评工作的开展提供一整套完善的服务系统。

系统中现有测评工具包括：教师教学动机问卷、教师职业倦怠问卷、教师专业发展能动性问卷、16PF 测验、心理健康测验、能力倾向测验、教育教学观念测验、成就动机量表。根据不同工具的测评内容、特点和适用对象，应用于不同类型的测评工作，各项测评工具的说明见表 7-1。

表 7-1　测评工具说明

工具名称	基本情况	题量（个）	时长（分钟）	问卷结构	适用对象
教师教学动机问卷	教师教学动机影响教师从事教学的积极性、教师的责任心和工作热情	20	5	内部动机、外部动机和外部内化动机 3 个维度	在职教师
教师职业倦怠问卷	职业倦怠会降低教师的工作热情，危害教师的身心健康，进而影响教师的教学质量，妨碍整个教育事业的发展	22	5	情感衰竭、人格解体、个人成就感降低 3 个维度	在职教师

续表

工具名称	基本情况	题量（个）	时长（分钟）	问卷结构	适用对象
教师专业发展能动性问卷	教师专业发展的能动性可以使教师转化为一个学习者、一个持续的实践探究者、一个行动的研究者，最终成为专业发展主体	13	5	教师专业发展个人能动性、教师专业发展环境能动性	在职教师
16PF 测验	人格测验	187	45	16 种人格因素，从 16 个方面描述个体的人格特征。这 16 个因素或分量表的名称和符号分别是：乐群性（A）、智慧性（B）、稳定性（C）、影响性（E）、活泼性（F）、有恒性（G）、交际性（H）、情感性（I）、怀疑性（L）、想象性（M）、世故性（N）、忧虑性（O）、变个性（Q1）、独立性（Q2）、自律性（Q3）、紧张性（Q4）	初三以上文化程度的正常青年、壮年和老年人
心理健康测验	心理健康测验主要测查个体在情绪、态度、应对方式、责任心等方面的状况。其中情绪的稳定性、兴奋性、忧虑性、紧张性以及应对生活事件的方式等是反映心理健康与否的重要指标	150	35	情绪、态度、应对方式、责任心 4 个维度	各类教师
能力倾向测验	能力倾向主要体现了与各种职业胜任力密切相关的一系列心理潜能。这些潜能是从业和胜任的基本条件，也影响着个体从事职业活动的效率和成功的可能性。能力倾向测验既非一般的智力测验，也不同于某职业领域内通用的基础知识测验和具体的专业知识及技能测验，它是对职业工作需要具备的多种能力的综合考查	30	45	类比推理、言语理解、逻辑判断、资料分析 4 个维度	各类教师

续表

工具名称	基本情况	题量（个）	时长（分钟）	问卷结构	适用对象
教育教学观念测验	教育教学观念测验主要考查个体对相关的教育教学专业知识和技能的理解与判断	36	40	学生的发展及其多元性、班级管理与学习环境设置、教育教学方法与策略、教育教学测量与评价、专业化发展与人际互动5个维度	新教师
成就动机量表	成就动机量表主要用来了解教师在内在驱动力、职业精神等方面的特质。通过测试来了解教师在以高标准要求自己并力求取得活动成功的动力。一般具有这种成就动机因素的人，能够战胜困难和障碍，并具有更大的可能最终取得成功	30	6	希望成功的动机和回避失败的动机2个维度	各类教师

三、有效解决人员信息及业务流程管理问题的教育人力资源管理与服务平台

为了适应教育发展需要，促进区域教育人力资源管理和服务水平的提升，海淀区教委建成一套新型人力资源信息化平台，并将其命名为“海淀区教育人力资源管理与服务平台”(以下简称“人力资源平台”)。该平台投入运行后，人力资源业务管理水平和数据质量得到了明显提升。

人力资源平台包括人力资源管理子系统、教师服务子系统、微信服务子系统和应用支撑系统4个子系统，其中含有约40个一级模块、110个二级模块和400个三级/四级模块(平台逻辑结构、功能结构和架构分别见图7-8、图7-9、图7-10)。

人力资源平台体现出以下优势和特点。

一是教育机构全覆盖。平台覆盖了区域内所有中小学、幼儿园等基础教育相关机构，不再只是区教委所属的教育机构。

二是用户层级全覆盖。用户从原来的区级、校级深入到个人层级。教师是个人信息的第一责任人，在数据维护与报送中的卷入程度会逐渐加深。这有利于调动个人积极性，发挥个人优势，减轻相关管理人员负担，提升数据质量。

三是人员类型全覆盖。编制内、编制外人员均纳入系统管理。

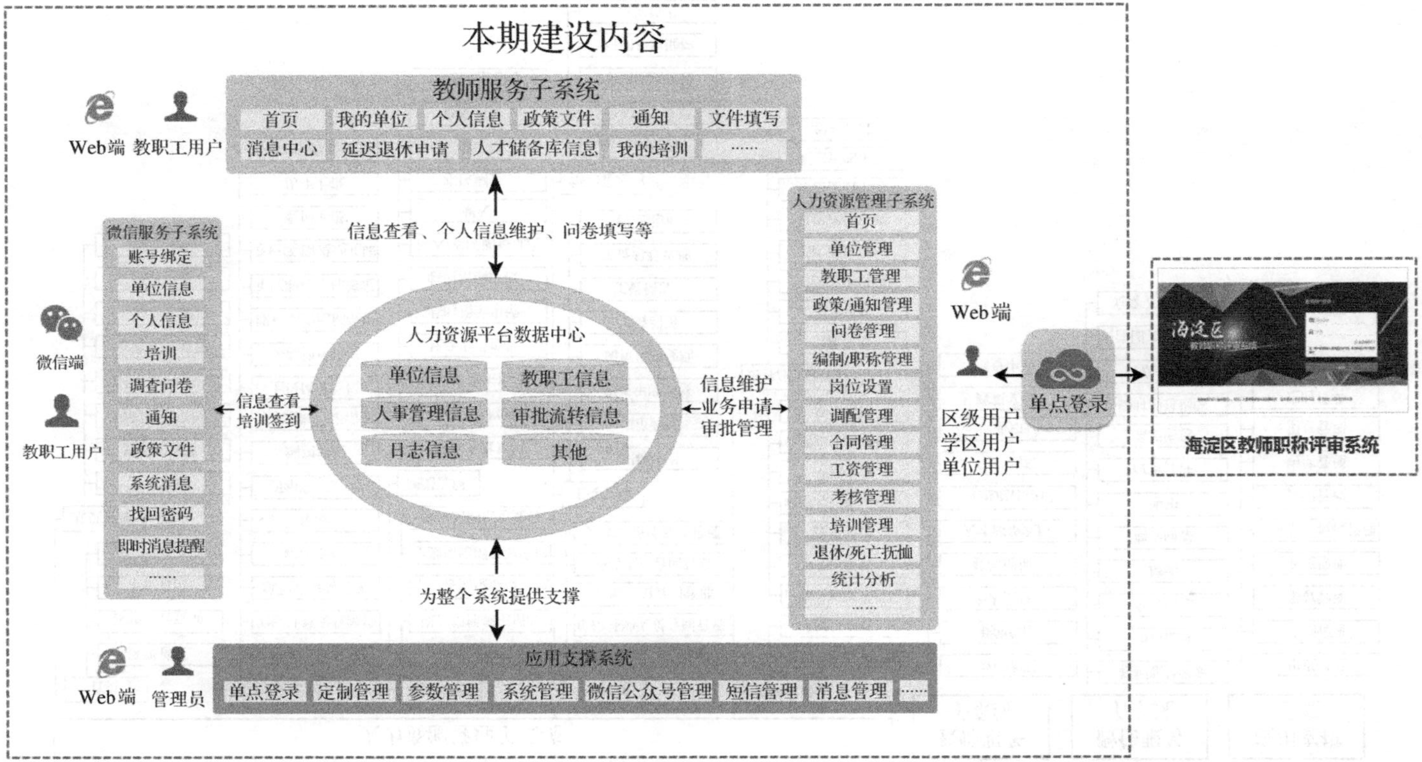

图7-8　人力资源平台逻辑结构图

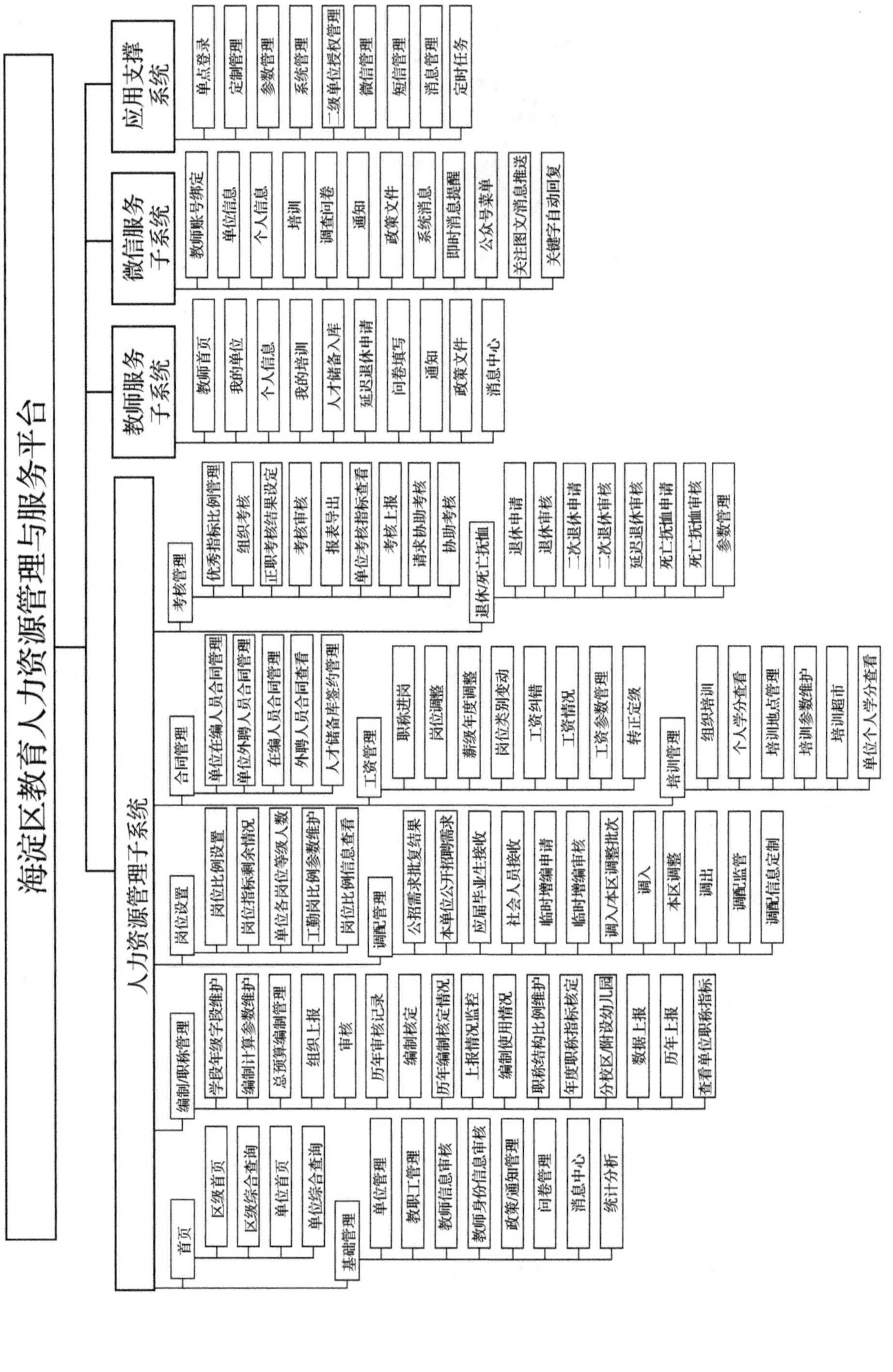

图7-9 人力资源平台功能结构图

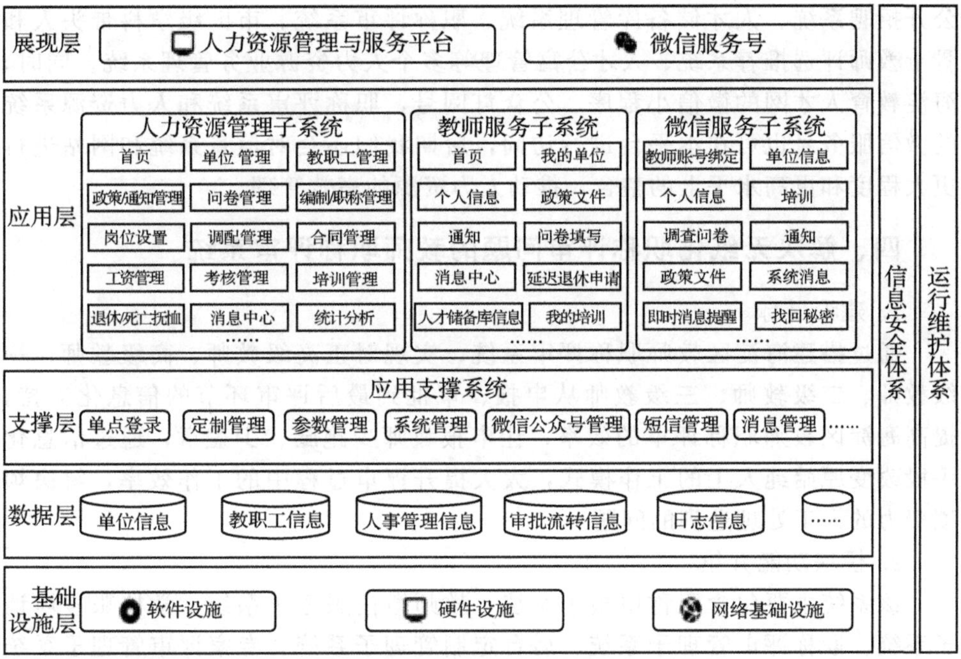

图 7-10　人力资源平台架构图

四是流程更加完善和严谨。按照人力资源管理逻辑主线，各项业务模块真正联动起来，并相互制约和影响。以编制管理作为起点和依据，对岗位设置、人员调配以及后续一系列人力资源工作流程进行了更为严谨的设计，数据的关联性更强，也更加准确和透明。编制和岗位等关键数据都可进行动态管理。这些变化都能为相关决策提供更高质量的参考数据。另外，多项业务的指标审批单可在线实时查看。

五是强化网络安全责任。区级和校级管理员一人一号，各负其责。各类用户的登录、查询和审核操作等记录全部留痕，便于明确用户安全使用的责任。

六是推进平台互联互通、数据共享。为贯彻减轻中小学教师负担的工作，我们与市教师管理信息系统进行对接，成为市区级教育信息平台双向对接交互的首个案例。教师信息不用再到两个平台中重复填报，切实减轻了教师负担。

七是技术规范性加强。为实现多平台对接，本项目从开始建设就按照市级平台的数据字典、运行模式等规范进行设计，并结合区级相关教育信息系统的情况进行梳理规范。同时，底层技术框架灵活性和开放性提高，这些都为今后开展升级建设奠定了坚实的基础。

八是集合各类系统和工具。平台集合了海淀教育人才网、人才测评系统、公开招聘系统、人才储备库管理系统、职称评审系统、市区级学科带头人和骨干教师评选推荐系统、人才公寓管理等多个人力资源业务管理系统。同时，海淀教育人才网的微信小程序、公众订阅号，职称评审系统和人力资源系统的微信服务号也可在本平台进行访问，后期我们还会对信息系统和网站进行更大程度和更高水平上的整合，推动人力资源的高效管理。

四、解决无纸化职称评审问题的教师职称评审系统

1. 建设目标

通过搭建海淀区教师职称评审系统，实现对正高级教师、高级教师、一级教师、二级教师、三级教师从申报、审批到最后评审环节的信息化支持，提高海淀区教师职称评审的效率，让申报教师少跑腿、少盖章，通过信息化手段改变原始纯人工的工作模式，大大提升评审过程中的工作效率，解决烦琐费力的人工处理遇到的问题。

2. 模块功能介绍

该系统主要包含职称申报子系统、教师微信服务子系统、学校账号申请子系统、职称评审管理子系统、后台定制管理子系统、专家评审管理子系统等(系统逻辑结构和架构分别见图 7-11、图 7-12)。

(1)职称申报子系统

职称申报子系统主要面向申报教师，实现教师登录认证、个人信息维护、个人资料库维护、密码修改、在线填报申报材料、审批状态跟踪、材料补正、申报指南及找回密码等功能。

(2)教师微信服务子系统

主要面向申报教师使用，教师可进行账号绑定、账号注销、找回密码、修改密码、个人信息查看、个人资料库维护、审批进度跟踪、通知和系统消息查看等。

(3)学校账号申请子系统

学校账号申请子系统主要面向海淀区的民办校和他办校，强化民办校、他办校单位账户申请管理。只有民办校、他办校的单位账户通过区级审核，其教师才允许进行教师职称申报。主要包含学校账号注册、登录、提交开通申请、开通状态查询、短信通知等功能。

(4)职称评审管理子系统

职称评审管理子系统主要实现海淀区教委所有管辖单位、海淀区教师进修学校继教办、海淀区教育人才服务中心及人力资源科对教师申报的审批及评审的组织工作。系统除了实现各类用户的账号登录、密码修改、密码找回等通用功能外，还实现申报单位对单位信息和教师信息的维护、组织教师申报、上报说课答辩名单、上报待核实继教名单、对教师上报材料进行审核、填

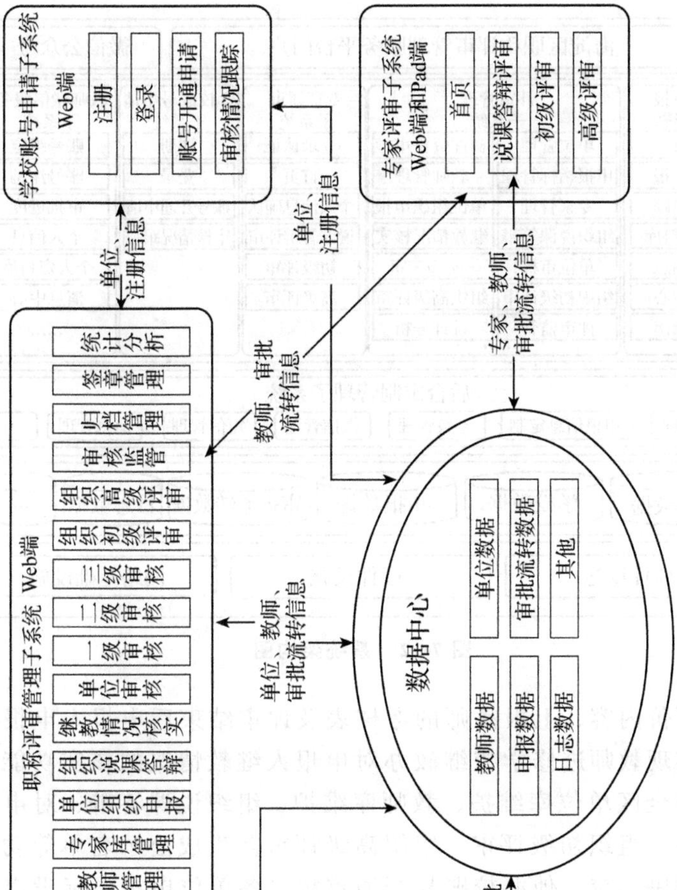

图7-11　系统逻辑结构图

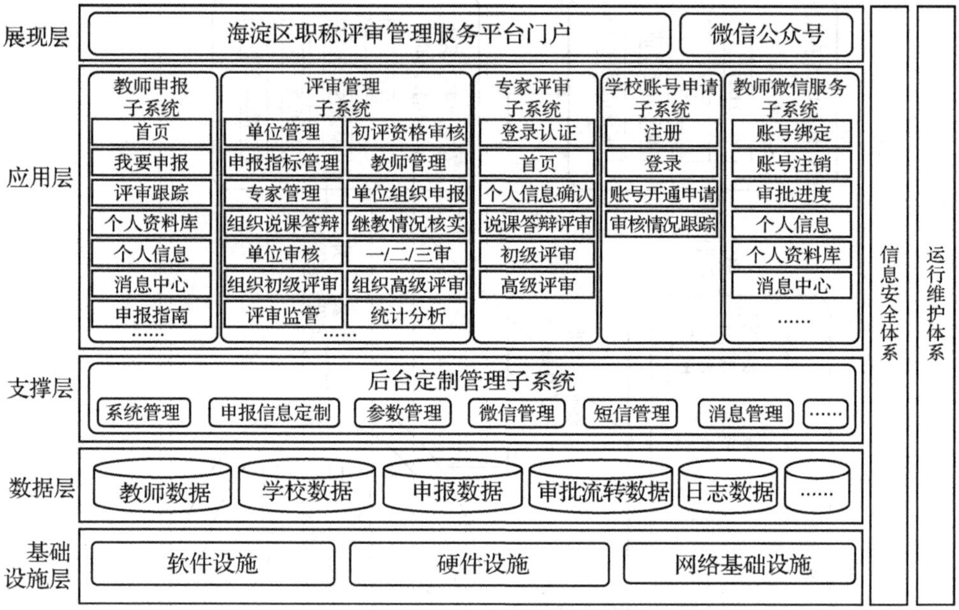

图 7-12　系统架构图

写修改各项评价内容、上报教师的考核表及评审结束后申报人申报材料的下载等功能；实现教师进修学校继教办对申报人继教情况的核实功能；实现人才服务中心对全区单位库维护、教师库维护、组织说课答辩、对申报人上报材料进行审核、组织初级评审、组织高级评审及生成公示名单等功能；实现人力资源科对民办校、他办校账号开通审核、各单位申报指标设定及各单位初级考评小组资格的审核等功能；评审结束后可将申报材料、评审记录等信息进行归档；通过专家库实现对专家的统一管理；实现对申报信息、评审信息进行多维度的统计分析；实现对评审过程的审核监管。

(5)后台定制管理子系统

建立后台定制管理子系统，主要是为了对其他业务应用子系统提供支撑，实现短信管理、通知管理、申报年度的维护、申报事项定制管理、申报材料定制管理、申报人资料库默认目录的维护、图片优化的规则设定、用户管理、角色管理、菜单管理、权限管理、数据字典管理、微信管理等功能。

(6)专家评审子系统

主要针对专家在线进行说课答辩评价、教师职称的初级评审和高级评审的相关工作，实现学科评审、碰头会、投票及录入综合评议表等功能。

3. 职称评审系统建设的意义

(1)有利于提高评审工作效率，有效节约资源

本系统建设是优化海淀区教师职称评审工作效率的主要手段，使用信息

化系统和技术手段代替原有的人工填报、组织和评审方式，历年的评审数据也得以保留并重复利用，在帮助优化评审业务流程的同时，节约了大量人力、物力、时间资源，能够极大地提高评审工作效率，实现"向管理要效益"的目标。

(2)有利于基础信息库的搭建，实现基础信息"一次生成、多方复用，一库管理、互认共享"

通过平台的搭建和使用，可以逐步形成三大基础库：教师库、单位库和专家库，可为各类管理评价工作提供信息服务，实现信息"一次生成、多方复用，一库管理、互认共享"。

(3)有利于提高投票的公平性、真实性、严密性、快捷性和投票结果的可验证性

通过信息化系统和技术手段代替原有的人工投票，做到了对投票现场的实时监控，可快速、真实地反映出投票结果，保证了投票数据的准确性和及时性，杜绝了从前人工投票时选票可能损坏、丢失、篡改等现象，保证了职称评审的公平、公正，更好地提高了评审效率。

五、使"区聘校用"业务管理更为便捷的教育人才储备库管理服务平台

教育人才储备库入库人员已经发展到了近千人，后续还将逐年增加或内部不断进行调整，在涉及对象众多、管理过程复杂的情况下，亟须建立业务管理系统来规范人才储备库的管理工作，提高管理、沟通的效率，通过统计分析为决策提供依据，并对管理过程进行实时监控。

教育人才储备库平台项目搭建有如下六个业务应用子系统。

1. 教师服务子系统

面向拟入库教师和在职教师，实现教师登录系统、找回登录密码、修改密码、完善个人基本信息、材料被驳回后补正上报、查看签约信息、查看工资信息等操作。

2. 教师微信服务子系统

主要面向申报教师使用，教师可进行账号绑定、账号注销、找回密码、修改密码、个人信息查看、工资条查看、通知和系统消息查看等操作。

3. 人才储备库管理子系统

人才储备库管理子系统主要实现海淀区所有人才库教师的招聘、入库、签约、绩效考核、薪酬管理、调岗、出库等管理工作。系统除了实现各类用户的账号登录、密码修改、密码找回等通用功能外，实现了对单位信息和教师信息的维护、招聘审核、入库审核、签约审核、工资发放审核、绩效考核、人才库评测审核、调薪审核、调岗审核、出库审核等功能；实现了对人才库

在职人员进行多维度的统计分析和薪酬成本统计分析等功能；同时为了对其他业务应用子系统提供支撑，实现了短信管理、通知管理、工资上报时间管理、工资结构管理、个税基数维护、个税税率维护、北京最低工资标准维护、扣缴项扣缴比例维护、高端人才库薪酬范围、一般人才库岗位薪酬维护、各单位上一年度岗位绩效工资基数、应届生试用期薪酬范围、特岗人才储备库薪酬范围、各个模块的审核环节管理、最低课时总量限制、入库类别排序管理、退休年龄参数管理、用户管理、角色管理、菜单管理、权限管理、数据字典管理、微信管理等功能。

4. 高端教师测评申报子系统

高端教师测评申报子系统主要面向申报教师，实现教师登录认证、个人信息维护、个人资料库维护、密码修改、在线填报申报材料、审批状态跟踪、材料补正及找回密码等功能。

5. 高端教师测评管理子系统

高端教师测评管理子系统主要实现海淀区教委所有管辖单位、人才服务中心对测评教师申报的审批及评审的组织工作。系统除了实现各类用户的账号登录、密码修改、密码找回等通用功能外，还实现了申报单位对单位信息和教师信息的维护、组织教师申报、对教师上报材料进行审核及评审结束后申报人申报材料的下载等功能；实现了人才服务中心对全区单位库的维护、对教师库的维护、对申报人上报材料进行初步审核等功能；实现了对评审过程的审核监管。

6. 人才储备库工资银行账号管理子系统

人才储备库工资银行账号管理子系统主要实现对海淀区所有人才库教师的银行账号的维护以及月工资与银行账号的匹配功能。

教育人才储备库管理服务平台实现了对高端人才储备库人员、一般人才储备库人员、特岗人才储备库人员、返聘人才储备库人员的信息化支持，实现了对招聘、测评、入库、签约、绩效考核、薪酬管理、调岗以及人才出库的全流程管理，提高了教育人才储备库人员的信息化管理水平，大大提升了工作效率。

第三节　教育人力资源管理信息化的未来发展方向

基于数字化特征的互联网，大数据、人工智能、机器学习等新兴技术和教育的深度融合是未来智慧教育发展的主题。教育人力资源信息化建设需要跟上信息技术时代的快节奏步伐，使新时代的教育人力资源信息平台更智能化、更人性化，以数字化取代传统的管理方式。

现在提到智慧教育，人们关注的往往是智慧学习、智慧课堂，与学生关联较多，但是对智慧教育的管理层面关注较少，对教师管理的层面关注更少。在现有的智慧教育或者教育信息化文件中，涉及教育管理或教师管理的内容并不是特别多，且在实践层面的改革动作稀缺而艰难。同时，从教育人力资源管理者的需求来看，人事决策对于教育大数据、信息技术手段的依赖越来越大，期待也越来越高。但正如其他诸多政务领域的信息化，教育人力资源信息化建设也面临着系统整合不足、数据共享不畅、服务体验不佳、设施重复建设等突出问题。

未来要以数据为驱动力，利用新一代信息技术提升教育人力资源管理的数字化、网络化、智能化水平，推动教育决策由经验驱动向数据驱动转变、教育管理由单向管理向协同治理转变、教育服务由被动响应向主动服务转变，以信息化支撑教育人力资源治理体系和治理能力的现代化发展。

相信随着信息化技术的发展，新时代教育人力资源管理信息化制度体系会越来越完善：信息系统实现优化整合，一体化水平大幅度提升；数据实现“一数一源”，数据“孤岛”得以打通，数据效能充分发挥；在线服务灵活便捷，“一网通办”深入普及，服务体验明显提升；现代化的教育人力资源管理与监测体系基本形成，多元参与的应用生态基本建立；教育人力资源管理决策科学化、管理精准化、服务个性化水平全面提升，从而支撑构建更高质量的教育体系。

参考文献

[1]袁勇志，何会涛，彭纪生．承诺型人力资源实践与知识共享的作用机制研究——组织内社会资本中介作用的实证检验[J]．科学学与科学技术管理，2010，31（1）：171－177.

[2]崔勋．员工个人特性对组织承诺与离职意愿的影响研究[J]．南开管理评论，2003(4)：4－11.

[3]段锦云，施嘉逸，凌斌．高承诺组织与员工建言：双过程模型检验[J]．心理学报，2017，49(4)：539－553.

[4]宋培林，林亚清．被感知承诺型人力资源管理、组织信任和员工个人绩效关系的实证分析[J]．管理学家(学术版)，2010，3(9)：25－39.

[5]张正堂，李瑞．企业高绩效工作系统的内容结构与测量[J]．管理世界，2015(5)：100－116.

[6]王朝晖．承诺型人力资源管理与探索式创新：吸收能力的多重中介效应[J]．科学与科学技术管理，2014，35(10)：170－180.

[7]王朝晖．高承诺工作系统与企业竞争优势：社会氛围和探索式创新的复合多重中介作用[J]．科学与科学技术管理，2016，37(7)：159－169.

[8]阎海峰，陈灵燕．承诺型人力资源管理实践、知识分享和组织创新的关系研究[J]．南开管理评论，2010，13(5)：92－98.

[9]何宪．公共部门人力资源开发与管理[M]．北京：中国劳动社会保障出版社，2013.

[10]李燕萍，刘宗华．高承诺人力资源管理实践对知识分享的影响机制[J]．南京大学学报（哲学・人文科学・社会科学版)，2015，52(4)：140－149.

[11]李辉，苏勇，吕逸蜻．承诺型人力资源实践总能带来员工承诺吗？一个被中介的调节效应模型[J]．中国人力资源开发，2015，32(23)：46－54.

[12]刘远，周祖城．员工感知的企业社会责任、情感承诺与组织公民行为的关系——承诺型人力资源实践的跨层调节作用[J]．管理评论，2015，27(10)：118－127.

[13]刘小平，中国情境下的员工组织承诺研究[M]．北京：社会科学文献出版社，2012.

[14]刘宗华，李燕萍，毛天平．高承诺人力资源实践与员工绩效——组织支持感的中介作用[J]．软科学，2015，29(10)：92－95.

[15]田立法．高承诺工作系统驱动知识共享：信任关系的中介作用及性别的调节作用[J]．管理评论，2015，27(6)：148－159.

[16]罗杰，周瑗，陈维，等．教师职业认同与情感承诺的关系：工作满意度的中介作用[J]．心理发展与教育，2014，30(3)：322－328.

[17]罗帆，徐瑞华．高承诺人力资源管理实践对亲组织非伦理行为的影响——组织支持感的中介作用与道德认同的调节作用[J]．中国人力资源开发，2017，34(10)：28－38.

[18]李伟．教师知识分享：瓶颈、过程与系统促进策略[J]．教育发展研究，2021，41(12)：28－36.
[19]温忠麟，张雷，侯杰泰，等．中介效应检验程序及其应用[J]．心理学报，2004(5)：614－620.
[20]胥兴春，张大均．教师职业价值观与其工作满意度的关系——工作绩效的中介作用分析[J]．西南大学学报(自然科学版)，2012，34(4)：134－138.
[21]林丛丛，李秀凤．承诺型人力资源管理实践与团队创新：一个跨层次研究模型[J]．科学学与科学技术管理，2019，40(5)：150－164.
[22]何洁，丁宁宁，工冬冬．承诺型人力资源管理实践对员工敬业度的影响：自我决定与社会交换的整合视角[J]．中国人力资源开发，2015，32(13)：58－63.
[23]刘小强．教师流失问题研究前沿述评——学校组织的视角[J]．比较教育研究，2019，41(4)：67－74.
[24]宋岭．"以需为本"教师培训的实践危机与应对[J]．教育理论与实践，2018，38(28)：43－47.
[25]宋洪鹏，赵德成．把脉中小学教师绩效考核——基于绩效管理的视角[J]．中国教育学刊，2015(8)：92－95.
[26]周芬芬，梁爱萍，王利君．中小学教师团队合作的现状、问题与促进机制[J]．教育理论与实践，2016，36(10)：44－47.
[27]蒂莫西·A. 贾奇，斯蒂芬·P. 罗宾斯．组织行为学(第12版)[M]．李原，孙健敏，译．北京：中国人民大学出版社，2008.
[28]孙其松．浅析教育人力资源管理中的问题及对策[J]．教育导刊，2010(11)：60－62.
[29]高玉梅．高校校园招聘活动简论[J]．教育探索，2011(2)：151－152.
[30]于弘艺．网络招聘现状及对策分析[J]．经济研究参考，2014(29)：92－95，100.
[31]孙传玲，孙道银．大企业的"微"招聘[J]．企业信息化，2014(11)：103－105.
[32]李士伟．校企合作如何最优化[J]．教育与职业，2010(10)：60－61.
[33]冯艳，李海普．高校就业指导存在的问题及对策[J]．江苏高教，2012(5)：107－109.
[34]姚天增，李海鹏，崔昌华．企业校园招聘的问题及对策[J]．山西大学学报(社会科学版)，2011(38)：158－160.
[35]史珍珍，曾湘泉．中国情境下雇主网络招聘模式及其问题分析[J]．中国人力资源开发，2016(2)：53－57.
[36]赵清斌，纪汉霖，刘东波．我国网络招聘产业：发展现状、趋势与策略[J]．商业研究，2012(9)：43－49.
[37]吴文华，姚丽华，潘绵臻．求职者对网络招聘网站的用户体验：基于浙江省大学生求职者的探索性研究[J]．现代管理科学，2012(8)：88－90.
[38]白晓云，尹国杰．发展职业认知，促进师德养成[J]．兰州教育学院学报，2015(10)：70－72.
[39]刘如月．卓越教师全程化实践培养模式研究[D]．淮北：淮北师范大学，2014.
[40]程跃文，罗静，李霞．国际化视域下的小学教师职前培养模式研究[J]．合肥师范学院学报，2012(5)：115－119.
[41]李定仁，赵昌木．教师及其成长研究——回顾与前瞻[J]．教育理论与实践，2003(6)：

34－38.
[42]朱红梅．我国卓越小学教师职前培养文献述评[J]．淄博师专学报，2016(3)：22－25.
[43]张晓旭，朱海雪．高校卓越教师职前教育培养策略探索——以小学教育专业为例[J]．湖南科技学院学报，2016(11)：76－78.
[44]闫丽霞，UGS协同视野下卓越教师培养的教学与技能训练改革研究[J]．教育理论与实践，2017(11)：30－32.
[45]张清水．卓越小学教师职前教育培养的思考与探索[J]．大学教育，2014(16)：22－24.
[46]高闰青．卓越教师"三位一体"协同培养模式的实践探索[J]．课程·教材·教法，2015(7)：115－120.
[47]司成勇．教师专业发展视域中的卓越小学教师培养[J]．湖南第一师范学院学报，2016(3)：5－8，50.
[48]安鸿章．岗位胜任特征模型的构建与完善[J]．经济与管理研究，2003(4)：42－45.
[49]崔冰子．关于胜任力的研究[J]．社会心理科学，2009(2)：22－23.
[50]陈亮，张元婧．教师胜任力研究现状及未来研究方向[J]．人才开发，2009(1)：27－28.
[51]成鹏．小学教师胜任特征模型的建构与应用研究[D]．苏州：苏州大学，2009.
[52]陈韶峰．我国公立中小学教师招聘制度的问题及完善[J]．教学与管理，2007(9)：3－6.
[53]大卫·D. 迪布瓦．胜任力＝Competency[M]．杨传华，译．北京：北京大学出版社，2005.
[54]董垚灼，成云，张小林．我国公办中小学教师招聘研究——基于人力资源管理视角[J]．品牌(理论月刊)，2011(Z2)：125－126.
[55]范飞．中学教师胜任力的调查研究——以沙河市在岗中学教师为例[D]．保定：河北大学，2011.
[56]付慧芳．小学班主任胜任力现状调查研究[D]．上海：上海师范大学，2013.
[57]冯明，尹明鑫．胜任力模型构建方法综述[J]．科技管理研究，2007(9)：229－233.
[58]郭春才．信息化教育环境下教师胜任力研究[J]．中国远程教育，2012(9)：65－69.
[59]龚劲锋，王益宝．胜任力研究综述与展望[J]．经济论坛，2009，464(16)：98－101.
[60]龚文．关于胜任力模型及胜任力评估的思考[J]．人力资源管理，2012(1)：82－84.
[61]谷向东，郑日昌．基于胜任特征的人才测评[J]．心理与行为研究，2004(4)：634－639.
[62]李玉华，林崇德．国内外教师胜任力研究比较及思考[J]．辽宁教育研究，2008(1)：105－108.
[63]李云亮．小学语文教师胜任力模型研究[D]．大连：辽宁师范大学，2010.
[64]李英武，李凤英，张雪红．中小学教师胜任特征的结构维度[J]．首都师范大学学报(社会科学版)，2005(4)：115－118.
[65]徐建平．教师胜任力模型与测评研究[D]．北京：北京师范大学，2004.
[66]菲尔德．工作评价——组织诊断与研究实用量表[M]．阳志平，王薇，王东升，等译．北京：中国轻工业出版社，2004.
[67]杨卫星，吕佳．教师工作倦怠与管理策略[J]．河南师范大学学报(哲学社会科学版)，2005(2)：162－165.
[68]张悦红．论教师职业倦怠[J]．天水师范学院学报，2004(1)：80－84.
[69]徐富明，吉峰，钞秋玲．中小学教师职业倦怠问卷的编制及信效度检验[J]．中国临床

心理学杂志，2004(1)：13－14，95.
[70]李超平，汪海梅．时间管理与教师工作倦怠的关系[J]．中国临床心理学杂志，2009(17)：107－109.
[71]庞旭民．论教师心理健康问题的表现及成因[J]．河西学院学报，2003(1)：97－99.
[72]王以仁，陈芳玲．教师心理卫生[M]．北京：中国轻工业出版社，1999.
[73]赵鸣九．大学心理学[M]．北京：人民教育出版社，1997.
[74]马超．教师心理健康问题探析[J]．沈阳师范学院学报(社会科学版)，2002(4)：64－66.
[75]俞国良，曾盼盼．论教师心理健康及其促进[J]．北京师范大学学报(人文社会科学版)，2001(1)：20－27.
[76]黄和林．教师心理健康的现状分析与促进措施[J]．宁波教育学院学报，2000(4)：38－41.
[77]吴兴红．教师心理健康问题刍议[J]．学术探索，2002(5)：106－109.
[78]王加绵．辽宁省中小学教师心理健康状况的检测报告[J]．辽宁教育，2000(9)：23－24.
[79]吴樟兴．中学教师心理健康状况的调查研究[J]．教育探索，2002(5)：78－80.
[80]马雪．小学教师心理健康研究[J]．教学与管理(理论版)，2007(4)：29－30.
[81]谭贤政．论新课改条件下中小学教师心理压力产生[J]．桂林师范高等专科学校学报(综合版)，2006(4)：179－184.
[82]黄晓聃．关于教师压力的研究述评[J]．成才之路，2007(9)：1－2.
[83]汪晓琳，胡俊胜，余国新．减轻农村中小学教师工作压力的对策研究[J]．职业时空，2009(1)：117－119.
[84]朱从书，申继亮，刘加霞．中小学教师职业压力源研究[J]．教育管理与评价，2002(3)：50－54.
[85]饶淑园．珠三角地区中小学教师职业压力与管理的研究[J]．教育导刊，2009(7)：21－25.
[86]耿敏，李洪玉．中小学教师职业压力的现状研究[J]．教育科学研究，2008(12)：30－32.
[87]张勇．中小学教师工作压力管理策略[J]．现代中小学教育，2002(3)：55－57.
[88]王燮辞，刘仕莲．中小学教师工作压力源与应对策略[J]．职业与健康，2008(24)：2714－2715.
[89]温磊，七十三，张玉柱．心理资本问卷的初步修订[J]．中国临床心理学杂志，2009，17 (2)：148－150.
[90]李敏．高校教师心理资本的内容结构及其相关研究[D]．开封：河南大学，2010.
[91]方伟．工作要求-资源模型与工作倦怠：心理资本调节作用的实证研究[D]．北京：中国人民大学，2008.
[92]张文．中小学教师心理资本问卷的编制及其特征分析[D]．重庆：西南大学，2010.
[93]曾晖，周详．开发成功心理资本[J]．企业管理，2005(11)：95－96.
[94]万俊．组织行为中心理资本的开发[J]．市场营销，2008(7)：82－83.
[95]郑延芳，尹平．国内外教师压力研究现状与趋势[J]．教育研究，2009(23)：11－13.

[96]马丽，徐枞巍．人力资源管理的新视角：工作-生活平衡[J]．企业经济，2010(6)：66—68.

[97]文红玉，李小英．教师压力：成因分析与应对策略[J]．教师教育研究，2006(23)：70—71.

[98]赵殿涛，等．人才测评技术在教师招聘中的应用[M]．北京：学苑出版社，2015.

[99]Arthur J B. The Link Between Business Strategy And Industrial Relations Systems in American Steel Minimills[J]. Industrial & Labor Relations Review，1992，45(3)：488—506.

[100]Arthur J B. Effects of Human Resource Systems on Manufacturing Performance and Turnover [J]. Academic of Management Journal，1994，37(3)：670—687.

[101]Chadwick C. Examining Non-linear Relationships Between Human Resource Practices and Manufacturing Performance[J]. Industrial & Labor Relations Review，2007，60(4)：499—521.

[102]Chen S L. Cross-level Effects of High-Commitment Work Systems on Work Engagement：The Mediating Role of Psychological Capital[J]. Asia Pacific Journal of Human Resource，2017 (1)：1—18.

[103]Hauff S，Alewell D，Hansen N K. HRM Systems Between Control and Commitment：Occurrence，Characteristics and Effects on HRM Outcomes and Firm Performance[J]. Human Resource Management Journal，2014，24(4)：424—441.

[104]Kehoe R R，Collins C J. Human Resource Management and Unit Performance in Knowledge-Intensive Work [J]. Journal of Applied Psychology，2017，102 (8)：1222—1236.

[105]Macduffie J P. Human Resource Bundles and Manufacturing Performance：Organization Logic and Flexible Production Systems in the World Auto Industry[J]. Industrial & Labor Review，1995，48(2)：197—221.

[106]Jarka S，Rucin'ski M. Culture as a Moderator in High Commitment Management：Affective Commitment Link [J]. Management，2015，10(3)：235—254.

[107]Lepak D P，Snell S A. Examining the Human Resource Architecture：The Relationships Among Human Capital，Employment，and Human Resource Configurations[J]. Journal of Management，2002，28(4)：517—543.

[108]Xiao Z，Bjorkman L. High Commitment Work Systems in Chinese Organizations：A Preliminary Measure[J]. Management and Organization Review，2006，2(3)：403—407.

[109]Farh J L L，Tsui A S，Xin K R，et al. The Influence of Relational Demography and Guanxi：The Chinese Case[J]. Organization Science，1998，9(4)：471—488.

[110]Wood S，Menezes L D. High Commitment Management in the UK：Evidence From the WIRS and Employers' Manpower and Skill Utilisation Survey[J]. Human Relations，1998，51(4)：485—515.

[111]Zheng C，Morrison M，O'Neill G. An Empirical Study of High Performance HRM Practices in Chinese SMEs[J]. International Journal of Human Resource Management，

2006，17(10)：1772—1803.

[112]Walton R E. From Control to Commitment in the Workplace[J]. Harvard Business Review，1985(1)：15—29.

[113]Whitener E M. Do "High Commitment" Human Resource Practices Affect Employee Commitment? A Cross-Level Analysis Using Hierarchical Linear Modeling[J]. Journal of Management，2001，27(5)：515—535.

[114]Youndt M A，Snell S A，Lepak D P，et al. Human Resource Management，Manufacturing Strategy，and Firm Performance[J]. Academy of Management Journal，1996，39(4)：836—866.

[115]Bou J C，Beltran I. Total Quality Management，High-Commitment Human Resource Strategy and Firm Performance：An Empirical Study[J]. Total Quality Management & Business Excellence，2005，16(1)：71—86.

[116]Bisschoff T，Grobler B. The Management of Teacher Competence[J]. Journal of In-service Education，1998，24(2)：191—211.

[117]Richard E B. The Competent Manager：A Model for Effective Performance[M]. John Wiley & Sons，1982.

[118]Combs A W. The Professional Education of Teachers：A Humanistic Approach to Teacher Preparation[M]. Allyn & Bacon，1974.

[119]Danielson C. Enhancing Professional Practice：A Framework for Teaching[DB]. Alexandria. VA：Association for Supervision and Curriculum Development，1996.

[120]Heneman H G，Milanowski A T. Alignment of Human Resource Practices and Teacher Performance Competency[J]. Peabody Journal of Education，2004，79(4)：108—125.

[121]Heneman R L，Ledford G E. Competency Pay for Professionals and Managers in Business：A Review and Implications for Teachers[J]. Journal of Personnel Evaluation in Education，1998，12(2)：103—121.

[122]Maurer T J，Wrenn K A，Pierce H R，et al. Beliefs About "Improvability"of Career-Relevant Skills：Relevance to Job/Task Analysis，Competency Modelling，and Learning Orientation[J]. Journal of Organizational Behavior，2003，24(1)：107—131.

[123]McClelland D C. Testing for Competence Rather Than for"Intelligence"[J]. American Psychologist，1973，28(1)：1—14.

[124]McClelland D C. The Knowledge-Testing-Educational Complex Strikes Back[J]. American Psychologist，1994(49)：66—69.

[125]Mirabile R J. Everything You Wanted to Know About Competency Modeling[J]. Training and Development，1997，51(8)：73—77.

[126]Shippmann J S，Ash R A，Batjtsta M，et al. The Practice of Competency Modeling [J]. Personnel Psychology，2000，53(3)：703—740.

[127]Spencer L M，Spencer S M. Competence at Work：Models for Superior Performance [M]. John Willey & Sons Ltd.，Canada，1993.

[128]Tigelaar D E H，Dolmans D H J M，Wolfhagen I H A P，et al. The Development and

Validation of a Framework for Teaching Competencies in Higher Education[J]. Higher Education, 2004, 48(2): 253—268.

[129]Williams R S. Performance Management: Perspectives on Employee Performance[M]. International Thomson Business Press, 1998.

[130] Athanasios D K. Personal Characteristics and Job Satisfaction of Greek Teachers [J]. The International Journal of Educational Management, 2001(15): 354—358.

[131]Goldsmith A H, Veum J R, Darity W. The Impact of Psychological and Human Capital on Wages[J]. Economic Inquiry, 1997(35): 815—829.

[132]Goldsmith A H, Darity W, Veum J R. Race, Cognitive Skills, Psychological Capital and Wages [J]. Review of Black Political Economy, 1998(26): 13—22.

[133]Luthans F, Avolio B J, Walumbwa F O, et al. The Psychological Capital of Chinese Workers: Exploring the Relationship with Performance[J]. Management and Organization Review, 2005(1): 249—271.

[134]Luthans F, Youssef C M, Avolio B J. Psychological Capital: Developing the Human Competitive Edge[M]. Oxford, UK: Oxford University Press, 2007.

[135]Luthans F B, Avolio B J, Walumbwa F O, et al. The Psychological Capital of Chinese Workers: Exploring the Relationship with Performance[J]. Management and Organization Review, 2015, 1(2): 249—271.

[136]Maslach C, Schaufeli W B, Leiter M P. Job Burnout[J]. Annual Review Psychology, 2001(52): 397—422.

[137]Thomson W C, Wendt J C. Contribution of Hardiness and School Climate to Alienation Experienced by Student Teachers [J]. The Journal of Educational Research, 1995, 88(5): 269—274.

[138]Michelle R W. Skills Training in the Long-Term Management of Stress and Occupational Burnout [J]. Current Psychology, 2000, 19(3): 215—228.

[139]Anderson M B, Iwanicki E F. Teacher Motivation and Its Relationship to Burnout [J]. Educational Quarterly, 1984, 20(2): 94—132.

[140]Friedman I A, Farber B A. Professional Self-Concept as A Predictor of Teacher Burnout [J]. Journal of Educational Research, 1992, 86(1): 28—35.

[141]Gold Y. Does Teacher Burnout Begin with Student Teaching [J]. Education, 1985, 105(3): 254—258.

[142] Fred C L. Locus of Control, Pupil Control Ideology, and Dimensions of Teacher Burnout [J]. Journal of Instructional Psychology, 1992, 19(1): 13.

[143]Maslach C, Jackson S E, Leiter M P. Maslach Burnout Inventory Manual (3rd ed.) [M]. Palo Alto, CA: Consulting Psychologist Press, 1996.

[144]Cooper C L, Sloan S J, Williams S. Occupational Stress Indicator Management Guide [M]. Windsor, UK: NFER-Nelson, 1988.

[145]Kyriacou, Sutcliffe. Teacher Stress, Prevalence Sources and Symptoms British [J]. Journal of Educational Psychology, 1978(48): 159—167.

[146]Fimian M J. The Development of an Instrument to Measure Occupational Stress in

Teachers: The Teacher Stress Inventory [J]. The British Journal of Occupational Psychology, 1984(57): 277—293.

[147]Clark E H. An Analysis of Occupational Stress Factors as Perceived by Public School Teachers[D]. Unpublished Doctoral Dissertation, Auburn University, 1980.

[148]Anthony Saville. Teacher Stress is a Problem for Many in Suburban Nevada[J]. The Phi Delta Kappan, 1981, 62(9): 676.

[149] Juan F Manso-Pinto. Occupational Stress Factors as Perceived by Chilean School Teachers[J]. The Journal of Social Psychology, 129(1): 127—129.

[150]Joseph J B. A Qualitative Analysis of Sources of Teacher Stress: Consequences for Performance[J]. American Educational Research Journal, 1986, 23(1): 13—40.

[151]Goodman V B. Urban Teacher Stress: A Critical Literature Review [J]. ERIC Document Reproduction Service, 1980(48).

[152]Schnacke S B. Burnout: Coping with Predictable Professional Life Crises [J]. Paper Presented at the Annual Meeting of the American Association of Colleges for Teacher Education, Houston, TX, 1982.

[153]Kyriacou C, Sutchcliffe J. Teacher Stress: Prevalence, Sources and Symtoms [J]. British Journal of Educational Phychology, 1978(48): 159—167.

后　记

本书是在北京市海淀区委教工委、区教委的领导下，由海淀区教育人才服务中心创作完成的，是对海淀区教育人才服务中心在教育人力资源管理理论和实践方面的成果的总结。北京师范大学心理学部姚梅林教授、中国人民大学公共管理学院李超平教授、首都师范大学管理学院刘红霞副教授、中国教育科学研究院张布和教授、首都师范大学初等教育学院和继军老师在本书创作过程中给予了专业支持并参与了部分内容的研究和编写，研究过程中得到首都师范大学、北京师范大学的大力支持，特此表示感谢！

本书是研究团队集体智慧的结晶，其中全书框架和章节安排由赵殿涛、潘利若拟定，第一章由赵殿涛、刘红霞、潘利若完成初稿，第二章由赵殿涛、王斌、杨艺等完成初稿，第三章、第四章、第五章由赵殿涛、潘利若等完成初稿，第六章由赵殿涛、潘利若、王斌、翟彦斌、刘珍珍完成初稿，第七章由赵殿涛、翟彦斌完成初稿，全书统稿、文字校对由赵殿涛、潘利若完成。此外，赵静、田艳芬、王辉、鲁婉云、刘庆淳、封雪、匡媛、王莹、陈晓峥、刘志慧、邓然、李响、李飒、吴丹、张一鸣、刘丰宾等也参与了本书的研究工作。由于编写者水平所限，不足之处恳请提出宝贵意见！